中國學術思想 研究輯刊

六 編

林 慶 彰 主編

第 29 冊

天臺宗性具圓教之義理根據及其開展之獨特模式

尤 惠 貞 著

花木蘭文化出版社

國家圖書館出版品預行編目資料

天臺宗性具圓教之義理根據及其開展之獨特模式／尤惠貞 著
— 初版 — 台北縣永和市：花木蘭文化出版社，2009〔民98〕

目 2+188 面；19×26 公分
（中國學術思想研究輯刊 六編：第 29 冊）
ISBN：978-986-254-084-8（精裝）
1. 天臺宗　2. 佛教教理
226.41　　　　　　　　　　　　　　　　　98016008

ISBN - 978-986-2540-84-8

中國學術思想研究輯刊
六　編　第二九冊　　　　　ISBN：978-986-254-084-8

天臺宗性具圓教之義理根據及其開展之獨特模式

作　　者　尤惠貞
主　　編　林慶彰
總 編 輯　杜潔祥
出　　版　花木蘭文化出版社
發 行 所　花木蘭文化出版社
發 行 人　高小娟
聯絡地址　台北縣永和市中正路五九五號七樓之三
　　　　　電話：02-2923-1455／傳真：02-2923-1452
網　　址　http://www.huamulan.tw 信箱 sut81518@ms59.hinet.net
印　　刷　普羅文化出版廣告事業
封面設計　劉開工作室
初　　版　2009 年 9 月
定　　價　六編 30 冊（精裝）新台幣 50,000 元

天臺宗性具圓教之義理根據及其開展之獨特模式

尤惠貞　著

作者簡介

尤惠貞，（1953～）生於依山傍海的花蓮，特別喜歡悠遊於大自然中。從當上臺大的新鮮人到獲得東海的哲學博士，持續地浸淫於哲學義理與宗教實踐的人文關懷之中。深深地感動於星雲大師百萬人興學之宏願，所以選擇以南華大學為家。堅信十年樹木、百年樹人之志業，視教學即修證的道場。著作有《大乘起信論如來藏緣起思想之探討》、《天臺宗性具圓教之研究》與《天臺哲學與佛教實踐》等專書，以及〈天臺學之傳衍與開展──從智顗之圓頓教觀到湛然之性具圓教〉、〈天臺圓教的義理詮釋與觀點建立之省思〉、〈天臺哲學底「形上學」詮釋與省思──以智顗與牟宗三之「佛教」詮釋為主的考察〉、〈從天臺智者大師的圓頓止觀看病裡乾坤〉、〈天臺智顗「觀病患境」之現代詮釋──從身心之整體調適談起〉、〈天臺智顗的佛教哲學與生命實踐──實相哲學與圓頓止觀的交響〉、〈天臺止觀與生死學之關涉──從日常生活之身心調適談起〉等學術論文多篇。

提　　要

本論文關懷之核心議題為天臺宗性具圓教之義理根據及其開展之特殊模式，文分四章：

論文之第一章主要是針對天臺宗性具圓教之歷史背景與思想淵源進行探討，在此章節中對於當時所流行之思潮與所面對之問題，如「一闡提可否究竟成佛？」與「三乘究竟，一乘方便」與「一乘究竟，三乘方便」等具諍論性議題，以及天臺宗開創時所承繼之思想皆有所探討與說明。又除了受當時之思想影響外，智者大師所以開創天臺宗獨特的性具思想，自有其思想上的淵源與傳承。從慧文、慧思到智顗之師承關係而觀，皆深受《大智度論》及《中論》等般若思想之影響，同時皆重視《妙法蓮華經》之講誦與修持，有所謂「法華三昧」之行法；故有關天臺宗之思想淵源不但依憑般若中觀，而且更深受《妙法蓮華經》之開權顯實與發跡顯本精神的影響。

論文第二章所探討的是天臺宗性具圓教之義理根據，主要是依一念三千以論述天臺宗如何構成性具圓教之存有論，亦即：一、即一念心觀三千不思議境；二、從無住本立一切法。其次則是由當體即是談天臺宗之性具圓教，亦即：一、由無明與法性之同體依即說三道即三德；二、依圓頓止觀以顯圓融三諦。

論文第三章則環繞著天臺宗性具圓教開展之獨特模式及其所具之特殊義涵作深入地探討，吾人依兩方面以論述天臺宗性具圓教所以開展的模式，即一、不離前三教而顯天臺宗性具圓教；以及二、依《妙法蓮華經》之開權顯實、發跡顯本以言天臺宗性具圓教之開麤顯妙。其次，則是透過智者大師所說之七種二諦與七種權實二智，並藉著荊溪湛然與四明知禮二師之精簡別圓與力辨山家與山外等資料，探討有關天臺宗性具圓教所具之特殊義涵，亦即一、依七種二諦與七種權實二智之層層升進顯天臺宗性具圓教所具之開發決了義；二、由精簡別圓以顯天臺宗性具圓教之殊義。

藉此論文之探討，對於具體暸解天臺宗性具圓教之義理以及此義理得以開展之特殊模式應有所助益，同時對於天臺宗性具圓教思想對於中國佛教內部義理之發展，以及對於現實人生所可能具有之意義及影響亦能有所掌握。

目次

緒　論

　　回顧多年以前，初接觸佛學時，除了深爲釋迦牟尼佛的無比智慧與廣大
悲願所感動外，也著實爲了煩瑣的名相與浩瀚的經論而震撼！其後因爲對於
佛教內部教義的發展以及不同宗派之基本教義仍繼續探究，因此，原來深藏
於內心中的一些問題也就逐漸地明朗開來。從初學時只知三法印、四聖諦、
八正道等根本教義以及空宗、唯識宗、華嚴宗、天臺宗等各宗有各宗的不同
教義，到進一步追問：佛教所以分大小乘之根據何在？什麼是「以有空義故，
一切法得成」？爲什麼說阿賴耶緣起不同於如來藏緣起？何以有性起思想與
性具思想之區別？又禪宗何以強調「不立文字，教外別傳」？等等的問題，
的確是不斷地盤據在心中。因爲這些問題對於吾人之瞭解佛教義理及其發展
與演變有著密切的關係，因此除了不時放在內心中蘊釀以外，也希望能產生
一些具體的發酵作用，亦即希冀能將個人的研究心得有系統地表達出來，此
即是本論文之所以寫作的緣起。

　　本論文之研究可說是繼續筆者碩士論文所已作之工作，因爲筆者的碩士
論文「《大乘起信論》如來藏緣起思想之探討」的研究範圍，主要是以《大乘
起信論》的思想爲中心而探討佛教對於一切法之存在問題如何說明。依《大
乘起信論》之思想，乃是透過如來藏自性清淨將生死流轉法與涅槃還滅法加
以總攝、起現。《大乘起信論‧解釋分第三》有云：「顯示正義者，依一心法
有二種門。云何爲二？一者心眞如門，二者心生滅門，是二種門皆各總攝一
切法。〔註1〕順此「一心開二門」之如來藏緣起思想再往前推進一步，則爲華

〔註 1〕 馬鳴菩薩造，梁、眞諦譯，《大乘起信論》，《大正藏》三十二，第 576 頁上。

嚴宗所說真如心「隨緣不變，不變隨緣」之法界緣起思想，亦即真如心隨染淨緣起現一切染淨法之「性起」思想。〔註2〕不論是如來藏緣起思想或性起思想，皆肯定唯一真心迴轉起現染淨法，因此，在解釋無漏清淨功德法時自是順理成章，因為只要眾生本具之如來藏自性清淨心完全朗現，即能成就無漏清淨功德法。《大乘起信論》有云：「自體相熏習者，從無始世來，具無漏法，備有不思議業，作境界之性。依此二義，恒常熏習，以有力故，能令眾生厭生死苦，樂求涅槃，自信己身有真如法，發心修行。」〔註3〕然而，對於虛妄分別有漏法之說明，則並非如此直接，而是必須經過一間接的過程，亦即因眾生忽然一念不覺之「無始無明」，方能說明眾生本來自性清淨，何以會起心動念，造作諸業。此即《大乘起信論》所說的：「當知無明能生一切染法，以一切染法皆是不覺相故。」〔註4〕又「當知世間一切境界，皆依眾生無明妄生而得住持。是故一切法，如鏡中像，無體可得。唯心虛妄，以心生則種種法生，心滅則種種法滅故」。〔註5〕

又華嚴宗之性起思想，主要是就毗盧遮那佛法身所呈現之清淨法界而說。華嚴宗二祖智儼在《華嚴一乘十玄門》中，曾明白表示《華嚴經》之主要宗旨在說明法界緣起，亦即「明一乘緣起自體法界義者」；〔註6〕此種一乘緣起不同於大乘、二乘緣起，因為「大乘、二乘緣起，但能離執常斷諸過等，此宗不爾，一即一切無過不離，無法不同。」〔註7〕而此種法界緣起所呈現者，乃是佛自體之因與果，「所言因者，謂方便緣修體窮位滿，即普賢是也。所言果者，謂自體究竟寂滅圓果，十佛境界一即一切。」〔註8〕由此，吾人可以清楚地看出，華嚴宗所說的法界緣起，並非就眾生因位以說明一切法的生滅流轉與涅槃還滅，而是就毗盧遮那佛所證悟之圓果以說明清淨無染之佛法界。毗盧遮那佛在華嚴莊嚴世界海中依海印三昧而隨機示現種種法，此乃是佛之圓明性德對應眾

〔註2〕「性起」一詞原出晉譯《華嚴經》（六十卷）之〈寶王如來性起品〉，後唐所譯之八十《華嚴》稱為〈如來出現品〉，乃是就如來之示現以說明唯一真心之總該萬有。又賢首法藏《華嚴經探玄記》對「性起」之界定則為：「真理名如名性，顯用名來名起，即如來為性起。」

〔註3〕《大正藏》三十二，第578頁中。

〔註4〕《大正藏》三十二，第577頁上。

〔註5〕《大正藏》三十二，第577頁中。

〔註6〕《大正藏》四十五，第514頁上。

〔註7〕《大正藏》四十五，第514頁上。

〔註8〕《大正藏》四十五，第514頁上～中。

生之不同根機而方便示現，而非「染而不染」之識心的隨緣起現。《華嚴經・華嚴世界品》第五之一有云：「……此華嚴莊嚴世界海，是毗盧遮那如來往昔於世界海微塵數劫修菩薩行時，一一劫中親近世界海微塵數佛，一一佛所淨修世界海微塵數大願之所嚴淨。」〔註9〕它是當下呈現，亦即將因地中普行普解的種種法，隨眾生根欲樂見而示現、透顯。換言之，華嚴法界緣起乃是特指佛法身示現所成之佛法界（事事無礙法界），不同於識心隨緣起現之事法界或理事無礙法界。故賢首法藏在《華嚴一乘教義分齊章》中即稱華嚴圓教爲「別教一乘圓教」，以其專就佛法身而言，「別」立於三乘之外。

依上文所述，吾人可看出順著《大乘起信論》或華嚴宗之性起思想，對於無漏清淨功德法自能充分說明並保障其存在之客觀意義，因爲無漏功德法乃順著吾人之清淨本心的朗現而達成，故是一自然而合理的存在。然而有漏染污法則是順吾人之虛妄分別心而生起，在追求證悟佛果的理想下，必須憑藉精進修行，去除一切執著，亦即去除一切染污法，方能證入正道佛果。如此，一切染污法之存在則無客觀的必然性，以其必斷盡九界染法方能成佛故也。是故，性起思想對於一切法之存在的客觀性並無一整合的安立，亦即對於一切法的說明並不究竟圓滿。而順此問題，筆者希望透過天臺宗之性具思想作進一步的探討。

相對於《大乘起信論》與華嚴宗之性起思想，天臺宗乃是立於《妙法蓮華經・方便品》所說之「是法住法位，世間相常住」〔註10〕以及「低頭舉手皆成佛道」〔註11〕而提出了「一念心即具十法界三千法」的性具思想。依天臺宗性具圓教之理論，對於一切法的存在，必須是整體地肯定，故言「一念無明法性心」具足三千法，一念覺則三千法皆眞實如理，一念不覺則三千法皆虛妄分別。如此，不論是無漏清淨法或有漏雜染法皆在一念心之攝持中。是故，依天臺宗之判釋教相，華嚴性起思想乃是「緣理斷九」，亦即緣中道實相理而修證，然在緣修的過程中須隔斷九法界法方能證成佛法界果，天臺宗判其爲別教，以其爲「結佛界水爲九界冰，融九界冰歸佛界水，此猶屬別。」〔註12〕天臺宗認爲必

〔註9〕《大正藏》十，第39頁上。

〔註10〕《大正藏》九，第9頁中。

〔註11〕典出《妙法蓮華經・方便品》：「或有人禮拜，或復但合掌，乃至舉一手，或復小低頭，以此供養像，漸見無量佛，自成無上道，廣度無數眾」之偈語，見《大正藏》九，第9頁上。

〔註12〕典出知禮《金光明經玄義拾遺記》卷第二，《大正藏》三十九，第23頁中。

須是「若知十界互具如水，情執十界局限如冰，融情執冰，成互具水，斯為圓理。」〔註13〕

依上文所述，吾人可大致瞭解華嚴宗「性起」思想與天臺宗「性具」思想對於一切法存在的說明有著很大的差異，而本論文原初的動機即是立基於此前提，同時也希望透過對於天臺性具圓教所以構成之義理根據及其開展之獨特模式作詳細的探討，以期對於一切法之存在問題能作更深入地反省與檢討。因是之故，本論文之題目乃訂為：「天臺宗性具圓教之研究」。以下即就本論文之進行方式及各章節所處理之問題作一簡單的說明。

吾人在具體說明天臺宗性具圓教之義理所以得以構成之根據以前，必須先對其思想之背景與淵源稍作瞭解，故論文之第一章乃是探討「天臺宗性具圓教之歷史背景與思想淵源」，在此章節中將對當時所流行之思潮與所面對之問題，以及天臺宗開創時所承繼之思想作一探討與說明。吾人在探討天臺宗創教之歷史背景時，不僅發現當時佛教大小乘經論之傳譯已非常興盛，同時對於如何修證成佛的問題也相當的關懷，因此有所謂「一闡提有無佛性」、「一闡提可否究竟成佛」以及「三乘究竟，一乘方便」與「一乘究竟，三乘方便」等論諍。就佛教內部教義之發展而言，這些問題實是關聯著一切眾生是否悉有佛性，以及成佛如何可能等問題而發。天臺宗智者大師面對如此的外在環境，自然也會對這些問題深加反省與探究，吾人或可說這些思潮與問題乃是形構天臺宗性具圓教的一些重要歷史因素。因此，吾人於第一節「天臺宗性具圓教之歷史背景」中分兩小節來加以探討，即：（一）天臺宗創立之時代及其歷史背景；（二）《法華經》之傳譯與一佛乘思想之發揚。

又除了受當時思想環境之影響以外，智者大師所以開創天臺宗獨特的性具思想，自亦有其思想上的淵源與傳承。因此，吾人於第二節中即探討「天臺宗之思想淵源及其傳承」。吾人一方面瞭解智者大師學法於南岳慧思禪師，慧思禪師又傳之於北齊慧文禪師；不論是慧文禪師或慧思禪師皆深受《大智度論》及《中論》等般若思想之影響，故有關天臺宗之思想淵源必須追溯至龍樹菩薩所傳的般若中觀，尤其是所謂「三智一心中得」之思想，更是天臺宗「一心三觀」之所依。其次，慧文與慧思兩禪師皆重視《妙法蓮華經》之講誦與修持，有所謂「法華三昧」之行法，智者大師即是立基於所修之「法華三昧」，並進一步依《妙法蓮華經》之開權顯實與發跡顯本的精神而開展出

〔註13〕知禮《金光明經玄義拾遺記》卷第二，《大正藏》三十九，第 23 頁中。

天臺宗之性具圓教。

　　吾人既依上述兩方面以論述天臺宗之思想淵源，則對於《大乘止觀法門》一書實有必要作一探究。因爲有關此書之作者，或云爲慧思禪師所作，或云爲後人假託之僞作，眾說紛紜，莫衷一是。因此，對於此書是否爲慧思所作？是否能代表慧思禪師之思想？又是否可據此以論說天臺宗之思想淵源以及「性惡」思想？等等問題自需加以探究。故吾人於論文第一章第二節的第二部分中，特別探討《大乘止觀法門》與天臺宗性具圓教之關係。吾人認爲經此簡別後，對於天臺宗之思想淵源與義理根據之說明，將可較清晰而不含混。

　　經過以上的探討與釐清，吾人進一步即是正面探討智者大師如何形構天臺宗性具圓教？亦即所謂性具圓教之義理根據究竟爲何？故論文第二章所要探討的是「天臺宗性具圓教之義理根據」。針對這個問題，吾人必須先從智者大師所說之「一念心」或「一念無明法性心」談起，瞭解智者大師所說的一念心，進一步才能瞭解何以智者大師依一念心說三千不思議境，同時也才能明了何以智者大師要強調「從無住本立一切法」。故本章的第一節中吾人主要是依「一念三千」以論述天臺宗如何構成性具圓教之存有論。而要說明此存有論，吾人可分兩方面來加以探討：（一）即「一念心」觀三千不思議境；（二）從無住本立一切法。又智者大師在說明一切法的存在情形時，並不若唯識宗阿賴耶緣起以阿賴耶識爲一切法之依持；亦不採《地論》師之主張以眞如或如來藏自性清淨心爲一切法之依持。依智者大師之分判，此二者對一切法之說明皆屬別教，以其所說之一切法與眾生之一念心有所隔別，所謂有縱有橫，不若天臺宗由一念心即具十法界三千法，則一念心與三千法非縱非橫，亦無有前後，即一念心即是三千法，即三千法即是一念心，如此方能充分極成「即具」之意義。至於智者大師何以如此強調一念心即具三千法？此則源自於《妙法蓮華經》之開權顯實與發跡顯本。因爲既主張開權以顯實，發跡以顯本，則表示「本實」不離「權跡」，本實須由權跡方得以顯現。又本實非但不離權跡，且權跡一經開發決了即是本實，故權與實、跡與本之間實含有可相即之機，所謂「決了聲聞法，是諸經之王」即是此意。智者說明此可相即之機，主要是就無明與法性皆無所住而相互依即來闡明，此即吾人於本章第二節「由『當體即是』談天臺宗之『性具圓教』所要進行的工作，而此節亦可分爲兩小節來說明：（一）由無明與法性之同體依即說「三道即三德」；（二）依圓頓止觀以顯圓融三諦。

　　明瞭了天臺宗性具圓教之義理根據，則吾人必須進一步探討天臺宗性具圓教得以開展是否具有特殊之模式？又若有特殊模式，則藉此模式所開展出之天臺宗性具圓教是否具有特別的義涵？因此論文第三章之論題即為「天臺宗性具圓教開展之特殊模式及其所具之特殊義涵」。於此章中吾人大體是依天臺智者大師所創之「五時八教」的判教理論來比較天臺宗之性具圓教與其它教派之差異。因為智者大師所提出之教判理論，乃是將在其之前的諸種教判皆一一加以研究批判，然後去蕪存菁，才提出「五時八教」以判釋佛一代之教法。透過智者大師的「五時八教」不僅對於佛教大小乘諸經論之性質與特色有一概略的認識，同時對於佛說法的方式以及所說法之內容亦可以有相當的瞭解。其中尤其是「化法四教」中所分別的藏、通、別、圓四種教義，可說是將佛所說之教法作了非常詳盡而清晰的分判。所以，透過天臺宗「五時八教」的分判，可幫助吾人瞭解佛之本懷以及諸佛出現於世之因緣，亦即可令吾人具體掌握佛一代說法之不同教相與教義。於本章第一節中，吾人先依兩方面以論述天臺宗性具圓教所以開展的模式，即：（一）不離前三教而顯天臺宗性具圓教；（二）依《妙法蓮華經》之開權顯實、發跡顯本以言天臺宗性具圓教之開麤顯妙。其次，則於第二節中探討有關天臺宗性具圓教所具之特殊義涵，吾人可透過智者大師所說之「七種二諦」與「七種權實二智」，並藉著荊溪湛然與四明知禮二師之精簡別圓與力辨山家與山外等資料來加以說明，所以此節即分兩部分進行：（一）依「七種二諦」與「七種權實二智」之層層升進顯天臺宗性具圓教所具之開發決了義；（二）由精簡別圓以顯天臺宗性具圓教之殊義。又於「精簡別圓」部分中，吾人實是關聯著佛教內部義理對於一切法的不同說明來加以反省，希望透過如此的簡別，能較具體地彰顯圓滿具足一切法的佛教式存有論，亦即對於一切法之安立問題有更究竟圓滿之說明。

　　以上即是本論文所要探討的方向與範圍，藉此論文之探討，吾人不僅希望能具體瞭解天臺宗性具圓教之義理及此義理得以開展之特殊模式，更希望能進一步探討天臺宗性具圓教思想對於中國佛教內部義理之發展以及對於現實人生具有那些意義及影響，此則屬於論文結論部分所要反省及檢討的範圍，故吾人就四方面以作總結：（一）圓觀「一念三千」方顯天臺宗性具圓教義；（二）天台圓教所具之圓滿融攝義；（三）天臺宗性具圓教對於現實人生之積極意義與具體價值；（四）結語。

第一章 天臺宗性具圓教之歷史背景與思想淵源

第一節 天臺宗性具圓教之歷史背景

壹、天臺宗創立之時代及其歷史背景

　　南北朝陳隋之間（陳太建七年，西元 575 年），智顗法師（538～597）率領徒眾入浙江省台州縣之天臺山建寺傳法，創立獨特之教觀，後並於此入寂，故世稱「天臺大師」，而其所創之教派則稱爲天臺宗。又因依《妙法蓮華經》爲宗骨，以之判釋佛一代之教法，故又稱爲天臺法華宗、天臺法華圓宗或單稱法華宗。

　　在天臺大師開宗之前，佛教之傳譯已非常興盛，諸大乘經論如《般若經》、《大智度論》、《中論》、《華嚴經》（晉譯六十卷《華嚴》）、《大般涅槃經》、《維摩詰經》、《金光明經》及《法華經》等皆已流傳甚廣。當時對於鳩摩羅什（344～413）所傳譯之般若系經論的研究極盛，由於這方面之經論皆強調由般若空慧而入中道實相理，因此這種中道觀法對於禪修者有很大的影響。又有關眾生是否皆有佛性、如何得以究竟成佛等問題，亦廣爲佛教界所關心與探討，此則與《大涅槃經》所說之佛性義有關。當時羅什門人竺道生在《大涅槃經》尚未傳入之前，即已倡言一闡提人皆得成佛的思想，然因當時所依爲六卷《泥洹經》，如法顯本卷四有云：「一切眾生皆有佛性在於身中，無量煩惱悉除滅

已，佛便明顯，除一闡提」〔註1〕故竺道生之說法不僅不爲時人所接受，且大眾皆認爲竺道生之說法於經無憑，故斥之爲妄。後大本《涅槃經》共四十卷，經北京天竺沙門曇無讖傳介入中土，經中果稱一切眾生皆可成佛，一闡提亦有佛性，亦得成佛。自此，大眾始知竺道生乃是孤明先發，故尊稱其爲「涅槃之聖」，後南朝研究涅槃學之風遂盛。

依上文所述，可見南北朝時之佛教思潮主要集中在「般若」與「佛性」兩觀念上。〔註2〕如蕭登福於其所著之《漢魏六朝佛道兩教之天堂地獄說》一書中，在論及當時人們所關心的問題以及流行的思潮，即特別強調人們對於「佛性」之不同看法，並謂：「所謂佛性，乃是佛教虛構出來的一種宗教精神本體，它不是通過感性、理性和科學實踐可以證實的。這一佛教思想中心問題的實質是：人們能不能進入天國？人們能不能成佛？成佛是在當下，還是在遙遠的將來？因此，歸納起來，它實際是提出了兩個問題，即：一、人的本性是否含有佛性？也就是人有沒有成佛的可能？是不是所有人都有佛性，都能成佛？二、從時間上來說，則是需要累世修行呢？還是『頓悟』？即所謂放下屠刀，立地就可成佛？……因此，它關於人性即佛性的說法，具體言之，大略可分爲四種：第一種，認爲『法性』即是心生，立腳於唯心，以心生爲實在。……第二種，認爲現實的一切都是『識』這一最高精神性實體的變現。……第三種，認爲佛性即爲佛教的眞如之理，這個『理』也就是所謂的如來藏心或大圓覺心。……第四種，認爲無論內心外界，都有所謂理法，也就是所謂一即一切，於萬法之上認有佛性。」〔註3〕雖然吾人認爲蕭登福將「佛性」界定爲「乃是佛教虛構出來的一種宗教精神本體」，實值得進一步之商榷，不過由其研究當中亦可見出南北朝當時對於有關「佛性」等問題之重視與研究趨向。其次，當時各種大小乘經論之傳譯雖然非常興盛，但各種經典之教說又不盡相同，究竟何者爲究竟了義？因之，遂有經典分類，亦由之而有各種不同的教相分判，此即「判教」之所由生。當時流行者有所謂的「南三北七」十家不同之教相判釋理論。而智者大師〔註4〕面對當時社會上所

〔註1〕參看湯用彤所著《漢魏兩晉南北朝佛教史》第十六章「竺道生」第648頁。
〔註2〕參看牟宗三所著《佛性與般若・序》，第3頁。
〔註3〕參看蕭登福所著《漢魏六朝佛道兩教之天堂地獄說》，第27～28頁。
〔註4〕隋晉王廣爲揚州總管時，曾迎請智顗法師入揚州傳戒授法，因欽仰大師之風範，遂向大眾宣佈曰：「大師禪慧內融，應奉名爲智者！」此即是「智者」大師一名之由來。參看釋慧嶽編著之《天臺教學史》，第68頁。

流行之諸種教說，憑藉著其個人之智慧與體悟，經過一番吸收與消化，遂依《法華經》而開創天臺宗之性具圓教，其所提出之「五時八教」就是其消化各大小經論之最佳例證。因此，諦觀《天臺四教儀》開首即云：「天臺智者大師以五時八教判釋東流一代聖教，罄無不盡。」〔註5〕

又南北朝時佛教的情形大致是南朝「輕禪重講」，而北朝則是「重禪輕講」。〔註6〕前者主要是受魏晉以來的清談的影響，加上當時王室貴族之倡導與護持，故對於佛所說的教義，大體是從「解」的面向來探討；後者則主張應如實觀照自心，以期能如實證悟佛所說之教法，此可說是強調由「行」悟道。智者大師對於當時南北佛教界之兩種發展情形，認爲均有所偏差，此可由其《摩訶止觀》卷第十上中所說的一段話得知，智者云：

> 夫聽學人，誦得名相，齊文作解，心眼不開，全無理觀。據文者生，無證者死。夫習禪人，唯尚理觀，觸處心融，闇於名相，一句不識。誦文者守株，情通者妙悟。兩家互闕，論評皆失。〔註7〕

可見智者大師認爲既不可「全無理觀」，亦不可「闇於名相」，亦即解行不可偏廢，是故開展出所謂「教觀雙美，解行並重」的天臺宗性具圓教，而這種獨特的天臺教則可由其種種著作中得到具體的證明：既說「玄義」，又修「止觀」；同時強調玄義必依止觀方得以照明，而止觀則須立基於玄義乃能實證。因此，吾人可說南北朝時流行的種種教觀，對於智者大師之創立天臺宗教觀實有很大的影響。

貳、《法華經》之傳譯與一佛乘思想之發揚

上文曾提及在南北朝時，《法華經》之傳譯與研究已非常盛行。《法華經》前後共有三譯：一、西晉、竺法護所譯之《正法華經》（十卷）；〔註8〕二、姚秦、鳩摩羅什所譯之《妙法蓮華經》（七卷）；〔註9〕三、隋、闍那崛多與達摩笈多共譯者，稱《添品妙法蓮華經》（七卷）。〔註10〕有關《法華經》之研究，

〔註5〕《大正藏》四十六，第774頁下。
〔註6〕參看釋慧嶽編著，《天臺教學史》，第55～61頁。
〔註7〕《大正藏》四十六，第132頁上。
〔註8〕參看《大正藏》九。
〔註9〕參看《大正藏》九。
〔註10〕參看《大正藏》九。

在鳩摩羅什之前已有竺法深、竺法開、竺法崇、竺法義、竺法曠等法師依《正法華經》講說法華思想並爲之著疏。而自羅什在弘始八年譯出《妙法蓮華經》後，其門下弟子研究法華思想者更加興盛，如曇影、僧叡、慧觀與道生等人皆依《妙法蓮華經》或講說或著疏。〔註 11〕至南岳慧思禪師更是專誦《妙法蓮華經》，並由之悟得「法華三昧」。而智者大師更與《妙法蓮華經》有宿世之因緣，因其往大蘇山從慧思禪師習法，慧思禪師一見即謂曰：「昔共靈山聽《法華經》，宿緣所追，今復來矣。」〔註 12〕智者大師不但追隨慧思禪師行法華三昧，且讀至《妙法蓮華經・藥王菩薩本事品第二十三》所說之「是眞精進，是名眞法供養如來」，〔註 13〕更豁然開悟，從此即常代慧思禪師講經說法。後更講《妙法蓮華經玄義》、《法華文句》與《摩訶止觀》，並稱法華三大部。

　　以上說明了有關《法華經》之傳譯與研究，其次則是進一步探討《法華經》之主要思想爲何？當時之高僧何以如此重視此經？又智者大師何以依《妙法蓮華經》而開創天臺教觀？《妙法蓮華經・序品》中一再強調佛欲爲一切眾生宣說希有之法，所謂「爲諸菩薩說大乘經，名無量義教菩薩法，佛所護念」，〔註 14〕亦名「妙法蓮華教菩薩法，佛所護念」。〔註 15〕是故，文殊師利菩薩告訴彌勒菩薩及諸大士：「善男子等，如我惟忖，今佛世尊，欲說大法，雨大法雨，吹大法螺，擊大法鼓，演大法義。諸善男子，我於過去諸佛曾見此瑞，放斯光已，即說大法。是故當知，今佛現光亦復如是。欲令眾生咸得聞知一切世間難信之法，故現斯瑞。」〔註 16〕而此所謂世間希有難信之法，指的即是「三乘方便，一乘究竟」之圓滿教義。佛爲眾生開、示、悟、入佛之知見，其中實蘊含著諸佛菩薩之無限慈悲與智慧。因爲以佛菩薩之大智大慧，方能照見一切世間的實相，即所謂「唯佛與佛乃能究盡諸法實相」，並方便開示眾生，令眾生得以解除生死的煩惱和苦痛。而在此過程中，諸佛菩薩所以能開、示，一切眾生所以得以悟、入，其關鍵則在於「一切眾生皆有佛性，皆可成佛」所表現的「唯一佛乘」的思想。正因諸佛慈悲心廣，憐憫各類眾生，以種種善巧方便之法門爲眾

〔註11〕《高僧傳》有詳細之記載與說明，可資參考。又參看黃懺華著，《中國佛教史》第二章第十節「法華初期之講解流通」。

〔註12〕參看荊溪湛然之《止觀輔行傳弘決》第一之一，《大正藏》四十六，第 147 頁下。

〔註13〕《大正藏》九，第 53 頁中。

〔註14〕同上書，第 2 頁中。

〔註15〕同上書，第 4 頁中。

〔註16〕同上書，第 3 頁下。

生說法，如此乃有三乘教義之差別；然而佛說法的最終目的則在於藉種種方便之開示，令一切眾生皆能悟入佛之知見，同證佛果。可見佛為眾生說唯一佛乘的教義，終極目的在於令一切眾生知自身如佛無二無別，皆當作佛，如此《法華經》強調佛為眾生「授記」，方有內在的依據，而此行為也才有實質的意義。

由此可知《法華經》之主要思想乃是為了暢佛本懷，欲令眾生開示悟入佛之知見，故以種種方法宣說諸法實相。《妙法蓮華經・方便品》有云：「世尊法久後，要當說真實。」〔註17〕而此所謂的真實法，指的當然是諸法實相，亦即是說一切眾生皆有佛性，皆得授記成佛之「一佛乘」思想。其〈方便品〉處處皆強調唯一佛乘之思想，如下列諸引文所示：

> 佛告舍利弗，諸佛如來，但教化菩薩，諸有所作常為一事，唯以佛之知見示悟眾生。舍利弗，如來但以一佛乘故為眾生說法，無有餘乘若二若三。〔註18〕

> 舍利弗，我今亦復如是。知諸眾生有種種欲，深心所著，隨其本性，以種種因緣譬喻言辭方便力而為說法。舍利弗，如此皆為得一佛乘一切種智故。舍利弗，十方世界中尚無二乘，何況有三？〔註19〕

> 舍利弗，過去諸佛以無量無數方便，種種因緣譬喻言辭，而為眾生演說諸法，是法皆為一佛乘故。〔註20〕

> 舍利弗，汝等當一心信解受持佛語。諸佛如來言無虛妄，無有餘乘，唯一佛乘。〔註21〕

> 十方佛土中，唯有一乘法，無二亦無三。〔註22〕

> 未來世諸佛，雖說百千億，無數諸法門，其實為一乘。諸佛兩足尊，知法常無性，佛種從緣起，是故說一乘。〔註23〕

依上述引文，吾人可知〈方便品〉乃是廣說「開三顯一」之思想，即說「三乘方便，一乘究竟」之一佛乘思想。由之，《法華經》可說是開顯一佛乘思想代表。

〔註17〕《大正藏》九，第6頁上。
〔註18〕同上書，第7頁中。
〔註19〕同上書，第7頁中。
〔註20〕同上書，第7頁中。
〔註21〕同上書，第7頁下。
〔註22〕同上書，第8頁上。
〔註23〕同上書，第9頁中。

又《妙法蓮華經・譬喻品第三》藉著舍利弗之親身經歷，以說明佛所以說三乘，只是教化之隨機施設，而眾生卻執以為實，故生無明虛妄分別。經云：

> （舍利弗白佛言）我昔從佛聞如是法，見諸菩薩授記作佛，而我等不豫斯事，甚自感傷，失於如來無量知見。世尊，我常獨處山林樹下，若坐若行，每作是念：我等同入法性，云何如來以小乘法而見濟度？是我等咎，非世尊也。所以者何？若我等待說所因成就阿耨多羅三藐三菩提者，必以大乘而得度脫。然我等不解方便隨宜所說，初聞佛法，遇便信受，思惟取證。世尊，我從昔來終日竟夜，每自剋責，而今從佛聞所未聞未曾有法，斷諸疑悔，身意泰然，快得安隱。今日乃知真是佛子，從佛口生，從法化生，得佛法分。〔註24〕

此即表示舍利弗聽聞佛說唯一佛乘真實法門後，方悟以前唯證小乘法，乃自身不解佛方便說法之咎。如今方知真是佛子，必定成佛，故心生歡，喜而此正是《法華經》會三歸一之一佛乘思想。因此，元曉《法華宗要》認為《法華經》「正以廣大甚深一乘實相為所詮宗」，〔註25〕而所謂「一乘實相」則可分別為「能乘人」及「所乘法」來加以說明，其說大要如下：

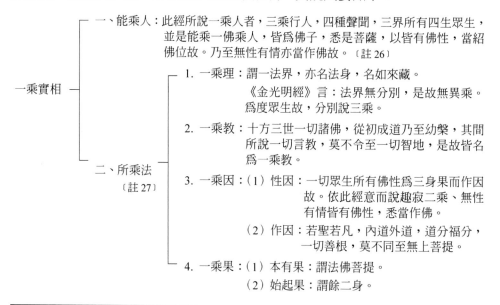

一、能乘人：此經所說一乘人者，三乘行人，四種聲聞，三界所有四生眾生，並是能乘一佛乘人，皆為佛子，悉是菩薩，以皆有佛性，當紹佛位故。乃至無性有情亦當作佛故。〔註26〕

一乘實相

二、所乘法〔註27〕

1. 一乘理：謂一法界，亦名法身，名如來藏。
   《金光明經》言：法界無分別，是故無異乘。為度眾生故，分別說三乘。

2. 一乘教：十方三世一切諸佛，從初成道乃至泥槃，其間所說一切言教，莫不令至一切智地，是故皆名為一乘教。

3. 一乘因：(1) 性因：一切眾生所有佛性為三身果而作因故。依此經意而說趣寂二乘、無性有情皆有佛性，悉當作佛。

   (2) 作因：若聖若凡，內道外道，道分福分，一切善根，莫不同至無上菩提。

4. 一乘果：(1) 本有果：謂法佛菩提。

   (2) 始起果：謂餘二身。

〔註24〕《大正藏》九，第10頁下。
〔註25〕《大正藏》三十四，第871頁上。
〔註26〕同上書。
〔註27〕同上書，第871頁上～下。

依此，可知《法華經》所宣說之教義乃是一切眾生皆有佛性，皆爲佛子，只要如實明了一乘理教因果，自能照見諸法實相，悉當作佛。此種一佛乘的思想對於一切眾生之修行求道，實是一正面而積極的肯定，亦即依一佛乘的思想，眾生之成佛有必然的保證。吾人或可因之推測當時佛教界對《法華經》之講誦與研究如此之興盛，即是因《法華經》特別強調一佛乘思想的緣故。

以上吾人已說明《法華經》主要是暢佛本懷，宣說唯一佛乘的思想。至於諸佛開示悟入一切眾生的方法則是「開權顯實，發跡顯本」，亦即依久遠之實本方有近跡所施化之權法，而必藉近跡之教道權法方能彰顯遠本之真實妙法。《妙法蓮華經・譬喻品第三》有云：「舍利弗，我昔教汝志於佛道，汝今悉忘，而便自謂已得滅度。我今還欲令汝憶念本願所行道故，爲諸聲聞說是大乘經，名妙法蓮華教菩薩法，佛所護念。」〔註28〕佛於此處告訴舍利弗，欲令其「憶念本願所行道」，此即表示久遠以前，舍利弗已然發願求大乘法，願成佛道，只是今已忘記，故佛以種種方便力將其「喚醒」。〔註29〕此即是相對於「近跡」之「遠本」。而說「遠本」，目的在於說明近跡之有所本，所謂「從本發跡」。同時，依跡顯本，方能知諸佛實已成道久遠。如此，本跡二而不二，不二而二。故智者大師於《法華文句》中將《妙法蓮華經》七卷二十八品科判爲跡本二門，從〈序品第一〉以至於〈安樂行品第十四〉，判屬爲跡門開權顯實；從〈涌出品第十五〉以至第二十八之〈普賢菩薩勸發品〉，則屬本門之開權顯實或發跡顯本。智者大師即依《妙法蓮華經》此種開權顯實、發跡顯本之特色而開展出天臺宗性具圓教之獨特教觀。

荊溪湛然（711～782）於《金剛錍》中曾藉一問答以探討天臺宗之性具圓教義理所依以開展的經論，文中荊溪特別指出《法華經》才是成就天臺宗性具圓教義理之所依，文云：

> 客曰：其理必然，僕深仰之，此爲憑教？爲通依諸部？爲專在一經？
>
> 余曰：斯問甚善，能使其理永永不朽。雖則通依一切大部，指的妙境出自《法華》。故〈方便品〉初，佛歎十三方三世諸佛所得微妙難解之法，所謂諸法實相如是相等。當知如是相等即是轉釋諸法實

〔註28〕《大正藏》九，第11頁中。
〔註29〕參看《佛性與般若》下冊，第579頁。

－13－

　　相：以諸法故，故有相等；以實相故，相等皆是；實相無相，相等皆如。〔註30〕

依荊溪此處所說，實明指天臺宗性具圓教之義理雖通依一切大乘經論，然由此性具圓教所呈現之一念三千不思議境則是依《法華經》所說之諸法實相而進一步開展出來的。其中關聯著十法界、十如是與三十種世間等思想，由是方得以構成天臺圓教一念無明法性心即具三千法即空即假即中之圓融不思議境界。（相關之具體內容詳見第二章之說明）

第二節　天臺宗之思想淵源及其傳承

壹、天臺宗之思想淵源及其傳承

　　天臺宗灌頂法師（561～632）筆錄其師智者大師所說的《摩訶止觀》，於最初之序中，曾對天臺宗的思想淵源與傳承作了一些提示：（一）依據《付法藏因緣傳》〔註31〕說明從釋迦付法迦葉為初祖，及至師子比丘為止，其中共歷經二十三代祖師。此代代祖師所傳之法，即為天臺宗眾祖師所宗之法。（二）以龍樹為高祖，其後則依序為北齊慧文、南岳慧思而後為智者大師。因此，天臺宗六祖湛溪湛然（711～782）〔註32〕於《摩訶止觀輔行傳弘決》中，稱前之二十三祖為「金口祖承」，後之四祖則為「今師祖承」，〔註33〕並說明何以須分別說此二種師承之意。荊溪云：

　　於中先明祖承，付法由漸，若不先指如來大聖，無由列於二十三祖；
　　若不列於二十三祖，無由指於第十三師；若不指於第十三師，無由
　　信於衡崖台岳。故先譬其由，如尋源討根。今之《止觀》興於像末，
　　如流如香；金口梵音，如根如源。挹者斟酌也。……如來依理隨機
　　立名，像末四依弘宣佛化。受化稟教，須討根源。若迷於根源，則
　　增上濫乎真證；若香流失緒，則邪說混於大乘。由是而知台衡慧文

〔註30〕《大正藏》四十六，第785頁下。
〔註31〕參看《大正藏》五十。或疑為偽書，依宋代‧契嵩之《傳法正宗論》卷上，推定其為北魏曇曜所偽作，可參看聖嚴法師著，〈天臺思想的一念三千〉，《天臺思想論集》，第207頁，《現代佛教學術叢刊》五十七。
〔註32〕若以智者大師開創天臺宗為初祖，則荊溪為第六祖。
〔註33〕《大正藏》四十六，第147頁下。

宗於龍樹，二十三聖繼踵堅林，實有由也，良可信也。〔註34〕

由上荊溪所述，吾人可大致瞭解天臺宗思想傳承之根源，一方面可遠溯自印度釋迦牟尼佛之傳法教化與龍樹之弘揚佛教，另一方面則由北齊慧文傳南岳慧思，再由南岳傳天臺智者，於是開創了天臺宗一家之宗風。其中龍樹爲解釋《大品般若經》而作之《大智度論》〔註35〕以及破有顯空之《中論》〔註36〕對於天臺宗思想有極大之影響。（關於此吾人將於下文中再作進一步的說明）因此，吾人若將龍樹視爲思想傳承上之初祖，則天臺宗歷代之重要祖師可列表如下：

龍樹……→ 北齊慧文 → 南岳慧思 → 天臺智顗 → 章安灌頂 → 縉雲智威 → 東陽慧威 → 左溪玄朗 → 荊溪湛然 → 興道道邃 → 至行廣修 → 正定物外 → 妙說元琇 → 高論清竦 → 螺溪義寂 → 寶雲義通 → 四明知禮：共十七世〔註37〕

依此表雖共列十七世祖師，然眞正開創天臺宗之特殊教義者則是隋朝的天臺智者大師。因爲智者大師承繼了慧思禪師自北齊慧文禪師處所習得之「三智一心中得」及「一心三觀」，並依《法華經》而倡言性具圓教，自此，天臺宗一家之教觀可說是教觀雙美，體系完備。智者大師之後，天臺宗性具圓教歷經唐代荊溪湛然之精簡別圓，〔註38〕與宋代四明尊者知禮對於天臺教義之復興以及對山家、山外之辯明，〔註39〕方使得吾人對於天臺宗性具思想之義理及其開展有一較具體的綱領可依循。故本論文第二章及第三章所要探討的問題，主要是依智者大師、荊溪湛然以及四明知禮（960～1028）三者之思想作一探討，以期對於天臺宗之性具圓教能有一客觀的瞭解與掌握。

〔註34〕同上書，第143頁中。
〔註35〕梵文書名爲 Mahāprajñāpāramitaśastra，見《大正藏》二十五。
〔註36〕梵文書名爲 Mūlmadhyamaka-kārikā，見《大正藏》三十。
〔註37〕參看《佛性與般若》下冊，第1097頁。
〔註38〕知禮於《十不二門指要鈔》卷下中特別強調，「此宗，若非荊溪精簡，圓義永沈也」，見《大正藏》四十六，第716頁上。
〔註39〕宋朝法登於《議中興教觀》一文中曾明白指出：「舉世皆謂四明中興天臺教觀，而不知所謂中興也。……是知《指要鈔》中立『別理隨緣』，乃中興一家圓頓之教，『立陰觀妄』顯一家境觀之道。祇此二說乃中興教觀之主意也。」轉引自《佛性與般若》下冊，第1102頁。又知禮所作《別理隨緣二十問》、《天臺教與起信論融會章》以及《四明十義書》等皆是爲了精簡別圓，亦即爲了辯破山外諸師而作。

又關於天臺宗之傳承，多位研究天臺宗思想的學者曾作了一些整理，例如李世傑在其所著〈天臺宗的成立史要〉〔註40〕一文中，即參考天臺宗相關的典籍以及日本佛教大師最澄的看法，將天臺宗思想的源流問題，要約地分為下列五種相承的系統：

一、金口相承（二十三祖相承的系統）——如《摩訶止觀‧序》中所述者。

二、今師相承（龍樹乃至天臺四祖相承的系統）——源自上金口相承，「這是天臺正統的師資說，是思想上的系統」。〔註41〕

三、直授相承（靈山直授的系統）——此乃日本天臺宗最澄法師在《內證佛法相承血脈譜》中之主張：

常寂光土第一義靈山淨土久遠實成多寶塔中大牟尼尊——靈山聽
眾——龍樹——須利耶蘇摩——鳩摩羅什——┌《法華經》
　　　　　　　　　　　　　　　　　　　└《大智度論》┐
┌傳大士┐
└慧　文┘——南岳慧思——天臺智顗

「天臺的教義，是天臺的己證，並不是古師的餘流，他靠著自己的啟示，而光闡了三觀四教的法門，多寶塔中的牟尼就是天臺的心源，這是精神上的直授系統說之。」〔註42〕

四、譯主相承（羅什天臺的系統）——此亦是日本傳教大師最澄的看法，「傳譯《法華》《大論》是羅什三藏，所以他當然也是天臺系統的一個承祖」。〔註43〕

五、九師相承（九師禪法的系統）——出於荊溪的《摩訶止觀輔行搜要記》，〔註44〕所謂九師實與六朝時代所流行禪法有密切的關係：

（1）諱明——多用七方便，恐即是小乘七方便。自智者已前，未曾有人立於圓家七方便故。

（2）諱最——多用融心，性融相融，諸法無礙。

〔註40〕李世傑著，〈天臺宗的成立史要〉，見《天臺宗之判教與發展》，第105～121頁，《現代佛教學術叢刊》五十六。
〔註41〕同上書，第106頁。
〔註42〕同上書，第107頁。
〔註43〕李世傑著〈天臺宗的成立史要〉，見《天臺宗之判教與發展》，第107頁頁。
〔註44〕此處所說之《止觀輔行搜要記》疑即是《摩訶止觀輔行傳弘決》，參看《大正藏》四十六，第149頁上～中。

（3）諱嵩——多用本心，三世本無來去，眞性不動。

（4）諱就——多用寂心。

（5）諱監——多用了心，能觀一如。

（6）諱慧——多用踏心，內外中間，心不可得，泯然清淨，五處止心。

（7）諱文——多用覺心，重觀三昧，滅盡三昧，無間三昧，於一切法心無分別。

（8）諱思——多用隨自意安樂行。

用次第觀——如《次第禪門》。

（9）諱顗——用不定觀——如《六妙門》。

用圓頓觀——如《大止觀》。〔註45〕

另外演培法師於〈天臺唯心說的探索〉一文中，則提到天臺宗的教觀可能亦可遠溯自小乘說一切有部的思想，其文云：

> 小乘說一切有部的觀法，重在四念處觀，換句話說，身、受、心、法的四念處觀，是說一切有部的根本。……天臺亦特別重視這個，所以作有《四念處》四卷，詳細論說這個問題。天臺所以重此，因四念處觀是六識的對境。這樣說來，天臺的妄心觀境，一方面固是繼承龍樹的思想，另方面還是遠依說一切有部的法相的。天臺唯心說的探索者，不可不注意天臺與有部間，有著歷史關係的存在。〔註46〕

依演培法師之分析，天臺智者特就「四念處」以明修觀，正與小乘說一切有部所強調之四念處觀有其相關性，因二者皆就六識所呈現之境界以明修觀。不過吾人在此必須注意天臺宗所觀之陰識心，固然是吾人之六識，然其卻是能一念即具三千法之識心，而不是單純相對於六塵具了別作用之六識。因此，吾人須對兩者之思想作詳細之比較後，方能作進一步的立論；而且依智者所倡說之「五時八教」的理論，小乘藏教乃是天臺圓教所開決之對象，因此二者雖同樣重視四念處觀，然對於能觀的六識心與所觀之四念處必然有其不同之詮釋，否則即不需有小乘藏教與大乘圓教之分判了。

依上文所述，吾人對於天臺宗之思想淵源及傳承，有了大概的瞭解。其次

〔註45〕參看《摩訶止觀輔行傳弘決》卷第一之一，《大正藏》四十六，第149頁上～中。

〔註46〕見《天臺思想論集》，第287頁，《現代佛教學術叢刊》五十七。

則是就前文所已提到之「今師相承」來進一步說明天臺宗之教觀與龍樹菩薩之關係究竟如何？又自龍樹菩薩以降以至於智者大師，所形構之天臺教觀究竟具何種特色？上引李世傑之文章中，關於「今師相承」曾表示「這是天臺正統的師資說，是思想上的系統」，此處所謂的思想上的系統，指的又是什麼呢？《摩訶止觀‧序》中，對於智者大師所承繼之宗法有如下之說明，文云：

> 智者師事南岳，南岳德行不可思議，十年專誦，七載方等。九旬常坐，一時圓證，大小法門朗然洞發。南岳事慧文禪師，當齊高之世，獨步河淮，法門非世所知，履天載地，莫知高厚。文師用心一依《釋論》，《論》是龍樹所說，付法藏中第十三師，智者《觀心論》云：「歸命龍樹師。」〔註47〕驗知龍樹是高祖師也。〔註48〕

上述引文中提到「文師用心一依《釋論》」，所謂《釋論》指的是龍樹菩薩解釋《大品般若經》所作的《大智度論》。北齊慧文禪師依龍樹菩薩《大智度論》卷第二十七所說之「三智一心中具」而悟「一心三智」的禪觀，並傳於南岳慧思，關於此吾人可由聖嚴法師所著之〈天臺思想的一念三千〉，得到具體的說明，其文云：

> 從思想的發展上看，天臺的一念三千，是受自南岳的一心三觀；南岳的此一思想，是來自北齊慧文的三智一心；北齊慧文又是淵源於《大智度論》第二十七卷的「三智實在一心中得」。可見此一禪法為中心的三位中國祖師之能開展成天臺學派，源頭是出於印度的龍樹菩薩。〔註49〕

所謂「三智一心中具」，乃是龍樹菩薩於《大智度論》卷第二十七釋《大品般若經》初品中「大慈大悲當行般若波羅蜜」之經文：「菩薩摩訶薩欲得道慧，當習行般若波羅蜜。菩薩摩訶薩欲以道慧具足道種慧，當習行般若波羅蜜。欲以道慧具足一切智，當習行般若波羅蜜。欲以一切智具足一切種智，當習行般若波羅蜜。欲以一切種智斷煩惱習，當習行般若波羅蜜。」時曾作了如下之說明：

> 問曰：一心中得一切智、一切種智，斷一切煩惱習。今云何言：以

〔註47〕智者大師《觀心論》原文云：「稽首龍樹師，願加觀心者，令速得開曉，亦加捨二心。」見《大正藏》四十六，第 585 頁下。

〔註48〕《大正藏》四十六，第 1 頁中。

〔註49〕《天臺思想論集》，第 208～209 頁。

> 一切智具足得一切種智，以一切種智斷煩惱習？
>
> 答曰：實一切智一時得。此中爲令人信般若波羅蜜故，次第差別説；
>
> 　欲令眾生得清淨心，是故如是説。〔註50〕

依此《釋論》之問答，可知龍樹菩薩認爲菩薩若能習行般若波羅蜜，則能一心具足道種智、一切智與一切種智，而斷一切煩惱習。其所以有三智之差別，乃是諸佛爲方便教化眾生，故爲眾生次第差別説。

　　由上可知，天臺智者大師之所以能開創天臺宗一家之宗風，是承繼了龍樹菩薩《大智度論》所説之「三智一心中得」，以及慧文禪師由「三智一心中得」所體悟出之「一心三觀」之觀法。不過除了承繼「一心三觀」的思想，智者更依其師慧思而悟法華三昧，並依《法華經》之開權顯實的圓融精神，提出「五時八教」之判教理論，如此一來，不但對佛一代所説之教法有一恰當之分判，同時也凸顯了天臺宗所以有別於其它教派之特色。關於智者大師開創天臺宗之思想淵源，演培法師曾作如下之説明：

> 約在南北朝時，北齊慧文禪師，依龍樹《智度論》及《中觀論》，悟得一心三觀之旨，以之而傳於南岳慧思，思則傳於天臺智者。由此可知，天臺宗主要的一心三觀的觀法，並不是智者個人所獨創的，而是由於慧文、慧思所傳承的。然因智者於此又加上五時八教的判釋，完備的樹立教觀二門，大振天臺宗風，所以後世以智者爲一宗的宗祖，復因智者是住於天臺山的，所以又被尊爲天臺大師。〔註51〕

又與此相類似之論點，吾人亦可由以下幾段引文看出。首先，吾人可藉荊溪爲員外李華所説之《止觀大意》，瞭解天臺宗一家教觀大概，文云：

> 略述教觀門户大概：今家教門以樹菩爲始祖，慧文但列内觀視聽已；泊乎南嶽天臺，復因法華三昧，發陀羅尼，開拓義門，觀法周備。消釋諸經，皆以五重玄解十義；融通觀法，乃用五科方便，十乘軌行。〔註52〕

另外，根據宋・志磐之《佛祖統記》卷第六，對天臺宗之思想傳承則有如下

〔註50〕參看眞善美出版社印行之版本，《大智度論》上冊，第397頁。

〔註51〕演培法師著〈天臺唯心説的探索〉，見《天臺思想論集》，第277頁，《現代佛教學術叢刊》五十七。

〔註52〕《大正藏》四卄六，第459頁上。

之記載：

> 北齊尊者，宿稟自然，不俟親承，冥悟龍樹即空即假即中之旨，立
> 爲心觀，以授南岳；南岳修之以淨六根，復以授諸智者；智者用之
> 以悟《法華》，乃復開鴻業，以名一家。〔註53〕

又根據荊溪湛然之《止觀義例》上所說，天臺宗師北齊慧文的教觀是：「以《智度》爲指南」，「以《大品》爲觀法」，由此可見羅什所傳之般若系經論對於天臺宗一家教觀之影響頗爲深遠。

另外，孫正心於〈天臺的思想淵源與其特質〉一文中，根據《傅大士錄》、《傅大士傳》、《佛祖統記》、《釋門正統》、《景德傳燈錄》等，認爲南朝梁武帝時之傅大士（名翕，號玄風），在其所作之《獨自詩》〔註54〕與《還元詩》等作品中，蘊含了《般若經》一心具萬行之思想，而此亦可能對天臺智者大師的教觀有所影響，其文云：

> 那麼大士的法門如何？其立腳點安於禪定，其根本思想屬於羅什的
> 三論法門，這是無可懷疑的。但其詩作《獨自精》中載有一心三觀
> 的法門。其他《還元詩》第一章有：「心性不浮沈，安住王三昧，萬
> 行悉圓收」；又第十章有：「還元去何須次第？求法去無前無後，一
> 念一時修」等句。要之，這些思想都是謳頌和南岳、天臺所謂一心
> 具萬行的同一思想。而且大士的著作中，並沒有一心緣起的思想，
> 徹頭徹尾，充滿一心具萬行的見解。所以大士的思想，不在於《華
> 嚴》，屬於《般若》，將羅什的思想，更加實踐化的。〔註55〕

依上文所述，不論傅大士之詩作是否眞對天臺宗之教觀產生影響，然吾人至少可以肯定的是，天臺宗的教觀與般若系經論所說「般若具足一切法」之思想有著密切的關聯。又關於龍樹菩薩所弘揚之觀思想與天臺宗之間的關係，李世傑亦曾作了如下之敘述：

> 空是實相的代表名詞，尤其《中論》二十七品的內容，無所不破，

〔註53〕《大正藏》四十九，第 177 頁下。

〔註54〕荊溪湛然在《止觀義例》卷上論及傅大士所作之《獨自詩》有云：「獨自精，其實離聲名。三觀一心融萬品，荊棘叢林何處生？獨自作，問我心中何所著？推檢四運並無生，千端萬累何能縛？」參看《大正藏》四十六，第 452 下。

〔註55〕見《天臺學概論》，第 316～7 頁，《現代佛教學術叢刊》五十五。

無所不空，無所不真，無所不中。北齊的慧文禪師，看到《中論》：
「因緣所生法，我說即是空，亦名為假名，亦名中道義」的時候，
豁然大悟，頓達一心三觀的妙旨，智者由此建立三諦的妙說；《摩訶
止觀》的觀法，很多地方，都是引用這個《中論》的。〔註56〕

另吾人亦可依智者大師於《四教義》中說明天臺宗所說之三觀（空、假、中
三觀）四教（藏、通、別、圓四教）與《中論》四句偈之關聯，更進一步地
瞭解《中論》思想對天臺教觀影響與重要，《四教義》卷第一有云：

問曰：四教從何而起？

答曰：今明四教還從前三觀而起。……

問曰：三觀復因何而起？

答曰：三觀還因四教而起。

問曰：觀教復因何而起？

答曰：觀教皆從因緣所生法四句而起。

問曰：因緣所生法四句因何而起？

答曰：因緣所生法四句即是心，心即是諸佛不思議解脫，諸佛不思
議解脫，畢竟無所有，即是不可說，故淨名杜口，默然無說
也。有因緣故，亦可得說者，即是用四悉檀，說心因緣所生
法四句，赴四種根性，十因緣法所成眾生而說也。〔註57〕

依上引文，可看出智者大師所說之教觀乃是立基於《中論·觀四諦品》第二十
四「因緣所生法」之四句偈而開展，不過智者大師更將「因緣所生法」四句總
攝於眾生當下之一念心，因此，眾生之一念心才是凡聖、迷悟一切法之關鍵所
在。就因智者大師以一念心總攝《中論》「因緣所生法」四句偈，因而有些學者
認為智者大師此種解釋為「變質」，如張曼濤曾依日本學者塩入良道所撰之
〈「空」，中國的理解與天臺之空觀〉一文，將中國佛學界如何吸收由印度傳來
之「空」的思想，以及天臺宗如何基於《中論·觀四諦品》之四句偈而進一步
將「空」的思想加以開展的過程，作了一番介紹與說明。不過張曼濤卻也表示：

它（天臺）的空卻衍生了「因緣所生四句即是心」，用心來攝納了因

〔註56〕見〈天臺宗的成立史要〉，《天臺宗之判教與發展》，第108～9頁，《現代佛教
　　　　學術叢刊》五十六。

〔註57〕《大正藏》四十六，第724頁上。

緣生的法性空義。此在認識龍樹思想的人，一眼就可看出，它已經
開始變質了，變得脫離原來的軌則了，儘管它仍然不斷地強調說，
因緣所生法是教觀的所本，可是已經從非心非物的緣起義蛻變爲唯
心的因緣義了。……但此一則是關係天臺教脫離龍樹思想的重大因
素，……按理說，天臺的空觀，既是依據《中論》的因緣所生法而
來，應該和僧肇一樣，最能接近龍樹的思想，可是實際上，它卻特
別接近了《法華》、《涅槃》一系的經教觀念。這也許就是所謂的中
國民族性，和中國特殊的文化型態所致。〔註58〕

張曼濤在此文中提到智者大師對於《中論》「因緣所生法」四句偈之解釋已經
「變質」，且「脫離原來的軌則」，「已經從非心非物的緣起義蛻變爲唯心的因
緣義了」，如果此處所說的「變質」無貶義，則吾人亦可以接受如此的見解；
不過吾人於其說天臺空觀脫離了龍樹的思想，不如說是就教義之發展及體系
之完備而言，更往前推進了一步。實際上，智者大師將「因緣所生法」等四
句收攝於一念心，並由之開展一念三千之性具思想，即是將《中論》單純從
般若空具足一切法的思想往法華圓教一念即具一切法推進，亦即由般若空觀
解切法而作用的具足一切法。〔註59〕

　　又 Paul L. Swanson 在其所著之《天臺哲學的基礎》〔註60〕一書中亦曾表
示：智顗對於《中論·觀四諦品》第二十四的四句偈之解釋，不但不是誤解，
進一步可說是將中觀的思想往前推進。〔註61〕Swanson 認爲智顗之三諦說，可
說是吸收了《中論》的觀法並往存有論的領域推進，〔註62〕所以由之而推論：
智顗所主張之「圓融三諦」消解了歷來有關有、無二諦的諍議，亦即唯有透

〔註58〕參看《天臺思想論集》，第 348 頁，《現代佛教學術叢刊》五十七。

〔註59〕參看牟宗三《佛性與般若》上冊第一部第一章第五節〈般若具足一切法〉，文
中對於般若之具足一切法與天臺宗性具圓教之具足一切法有詳細之分辨。

〔註60〕Swanson, Paul L. *Foundations of T'ien-T'ai Philosophy: The Flowering of the Two
Truths Theory in Chinese Buddhism.*1989 年由美國加州柏克萊的 Asian
Humanties Press 出版。

〔註61〕同上書，第 16 頁。原文爲：

　　" …… the Chih-i's interpretation of the Mūlamadhyamaka-kārikā chapter
twenty-four, verse eight, in terms of a threefold truth is not a misunderstanding,
misinterpretation, or deviance from the original intent and meaning of Nagarjuna's
writings or Madhyamika philosophy, but is in fact a useful device for explicating
Madhyamika philosophy in general and the two truths in particular. "

〔註62〕同上書。

過三諦才能將理事眞正圓融。〔註63〕

　　依上文所述，吾人可大致歸納出天臺宗之思想淵源，一方面是來自《般若》中觀之思想，另一方面則是立基於《法華經》之思想。通觀智者大師之著作及所講說者，吾人不難發現其除了重視「一心三觀」之觀法外，更將《般若經》所說之「一切法趣某某，是趣不過」，以及《中論・觀四諦品》所說之四句偈：「眾因緣生法，我說即是空，亦爲是假名，亦是中道義。」〔註64〕靈活地運用發展出即空即假即中之圓融三諦的思想；並配合《法華經》之「開權顯實、發跡顯本」的精神，而成就了天臺宗獨特之性具圓教系統，亦即依圓頓止觀以開展圓融三諦之唯一佛乘的不思議境界。

　　至於《維摩經》中所說之「從無住本立一切法」與「但除其病，而不除其法」以及《華嚴經》所說之「心佛與眾生，是三無差別」等思想，對於智者大師所以能形構天臺宗性具圓教亦有絕對的影響，此將於下文探討有關天臺宗性具圓教之義理根據及其開展之特殊模式時，再作進一步的說明。

貳、略論《大乘止觀法門》與天臺宗性具圓教之關係

　　牟宗三在論及天臺宗之性具圓教時，曾有專章討論「天臺宗之文獻」，將智者以降有關天臺宗思想之重要著作，作了一番整理與說明。〔註65〕在說明了天臺宗之相關文獻後，牟宗三有一附論，題爲：關於《大乘止觀法門》，〔註66〕此文乃是針對署名爲慧思所作之《大乘止觀法門》作詳細之考察，並由之推論出此文不但不能確定爲慧思所作，且亦不能據之以說明天臺宗之性具圓教。然而，相對於牟宗三此種觀點，有許多研究天臺宗思想之學者，不但不懷疑《大乘止觀法門》非慧思所作，且皆根據此文以論說天臺宗之思想淵源與義理發展。面對如此相反之態度，吾人實有必要加以探討，以期對天臺宗之思想作更進一步的瞭解與把握。

　　通觀有關天臺宗思想之研究著作，固有一些學者對於《大乘止觀法門》是否爲慧思禪師所作抱持懷疑的態度，然大多數研究天臺宗思想的學者，皆視《大乘止觀法門》爲慧思禪師所作，並以之說明智者大師之思想淵源與義

〔註63〕同上書，第 17 頁。
〔註64〕《大正藏》三十，第 33 頁。
〔註65〕參看《佛性與般若》下冊，第 1073～77 頁。
〔註66〕參看《大正藏》四十六。

理發展。又觀諸多位學者在引用《大乘止觀法門》一書時，皆知此文近於《大乘起信論》與《華嚴經》之思想，例如演培法師於〈天臺唯心說的探源〉一文中曾表示：

> 繼承慧文思想的慧思，以龍樹為指南，接受《大般若經》的空思想，特把唯心的說明，加於萬有諸法之上，雖沒有另外說明其所以唯心的理由，但從他銳意抱取禪定主義來看，可說他是個唯心主義的實行者。假定有人欲就慧思以求唯心的說明，自然只有依於《大乘止觀》。〔註67〕

上文所說之《大乘止觀》即是指《大乘止觀法門》，在提出以上之見解後，演培法師更進一步論說《大乘止觀法門》之內容與特色，由之而推論出《大乘止觀法門》之義理乃是「以《大乘起信論》為立腳地，以如來藏緣起之意辨之」，故完全贊同「《大乘止觀》為《大乘起信論》末論」及「《大乘止觀》為《大乘起信論》釋論」之說法。〔註68〕最終更作了如下之結論：

> 南岳的著作，本以《般若經》及《法華經》的思想為基礎。而有異於龍樹之空思想的，可是《大乘止觀法門》這書，一反向來的立場，以《華嚴經》的思想為基礎，以扶助《大乘起信論》及《攝大乘論》所說，成為一部最有力的唯心主義的著作。所以欲研究佛教唯心論的哲理，此書不可不讀。讀了此書，一方面固可了知佛教唯心的真理，另方面亦可認識南岳慧思的中心思想之所在。〔註69〕

由以上演培法師所作之結論觀之，乃是將天臺宗之所以有唯心之傾向，歸因於慧思禪師順《華嚴經》及《大乘起信論》之思想所作之《大乘止觀法門》，亦即因此文，遂開啓了天臺宗之唯心思想。然而綜觀慧思禪師及智者之著作，天臺宗固有唯心之傾向，然是否即能如此肯定地仕論其乃根源於《大乘止觀法門》？又此文是否為慧思所作尚待考證，遽然以其為慧思之作品，並由之以作為研究天臺宗思想之代表作，則有待商榷。更何況亦不曾見慧思禪師將《大乘止觀法門》思想傳予智者，因此，吾人是否能視《大乘止觀法門》為研究天臺宗思想淵源之重要著作，實需仔細探究一番。

〔註67〕參看《天臺思想論集》，第280頁，《現代佛教學術叢刊》五十七。
〔註68〕同上書，第281頁。
〔註69〕同上書，第282頁。

　　除了演培法師以外，吾人亦可舉倪清和之〈天臺思想要論〉作一例子。倪清和對《大乘止觀法門》之看法是這樣子的：

> 智者的著作大都研究如何修行的問題，所以哲學旨趣便欠缺，下愚
> 現在取材到非《法華》本經，而是採用《大乘止觀法門》的觀點來
> 進行討論。……進一步的研究之下，《大乘止觀》的基本觀點，皆接
> 受了唯識、華嚴二宗的影響，由這一點看，正是唯識、華嚴思想盛
> 行時的產物了。〔註70〕

倪文中不但以《大乘止觀法門》作為研究天臺宗思想之代表，而且也認為《大乘止觀法門》深受唯識、華嚴二宗的影響。那麼以「在唯識、華嚴思想盛行時的產物」作為說明有別於此二宗之天臺宗的思想，是否具代表性？又是否恰當？這些問題值得吾人好好深思。

　　另外，倪文中亦提及因為「智者的著作大都研究如何修行的問題，所以哲學旨趣便欠缺」，因此才以《大乘止觀法門》作為說明天臺宗思想之依據。吾人針對此種見解，有幾點需要釐清：首先，智者固然有許多關於修行的著作，如《摩訶止觀》、《釋禪波羅蜜次第法門》、《六妙門》、《修習止觀坐禪法要》等皆為智者就其自身所體悟之修行法門，一一加以說明；然除此之外，其亦有許多闡釋經義及發抒天臺宗一家教義之著作，如《妙法華蓮經玄義》、《法華文句》、《維摩經玄義》、《維摩經玄疏》、《金光明經玄義》、《金光明經文句》、《觀音玄義》、《觀音義疏》、《佛說觀無量壽佛經疏》等，或是對諸經逐文逐句地加以疏釋，或是藉「五重」（所謂釋名、辨體、明宗、論用、判教）以論說諸經所含之玄義。又《四教義》原是智者大師於大本《維摩經玄義》（總有十卷）中說「四教」之文，亦即是有關判釋教相之文，其中自然蘊含了智者藉以分判天臺宗性具圓教所以有別於前三教之義理根據。至於《四念處》雖是就身、受、心、法以明如何修四念處觀，然智者亦隨處分別四教之不同處。由以上對於智者之著作的分析而觀，吾人實難接受倪氏對於智者著作之評論，因為若非智者具有獨特之哲學思維與智慧，如何能開創出天臺宗如此完備的哲學體系？其次，智者本人亦一再強調「教觀並重」之必要，吾人於前文中已提及其對南北朝時禪觀與經教之兩極發展的情形有所批評，〔註71〕

〔註70〕參看《天臺學概論》，第271頁，《現代佛教學術叢刊》五十五。
〔註71〕參看《大正藏》四十六，第132頁上。

同時在《妙法華蓮經玄義》卷第一上亦曾云：

> 觀心料簡者，問事解已足，何煩觀心？
>
> 答：《大論》云：佛為信行人，以樹為喻；為法行人，以身為喻。今亦如是，為文字人，約事解釋；為坐禪人，作觀心解。又《論》作四句評：有慧無多聞，是不知實相。譬如大闇中，有目無所見。多聞無智慧，亦不知實相。譬如大明中，有燈而無照。多聞利智慧，是所說應受。無聞無智慧，是名人身牛。今使聞慧兼修，義觀雙舉。《百論》有盲跛之譬，《牟子》有說行之義。
>
> 《華嚴》云：「譬如貧窮人，日夜數他寶，自無半錢分」，偏聞之失也。下文云「未得謂得，未證謂證」，偏觀之失也。何者？視聽馳散如風中燈，照物不了，但貴耳入口出，都不治心。自是陵人，增見長非，把刃自傷，解牽惡道，由其不習觀也。若觀心人，謂即心而是，已則均佛，都不尋經論，墮增上慢。此則抱炬自燒，行牽惡道，由不習聞也。
>
> 若欲免貧窮，當勤三觀；欲免上慢，當聞六即。世間相常住，理也。於諸過去佛，若有聞一句，名字即也。深信隨喜，觀行即也。六根清淨，相似即也。安住實智中，分證即也。唯佛與佛究盡實相，究竟即也。修心內觀，則有法財；正信外聞，無復上慢。眼慧明聞具足利益，何得不觀解耶？〔註72〕

上述引文中所說之三觀，指的是「從假入空觀」（二諦觀）、「從空入假觀」（平等觀）與「中道第一義諦觀」（中道正觀）。六即則是就眾生依性起修之次第說明六個階段，所謂理即佛、名字即佛、觀行即佛、相似即佛、分真即佛與究竟即佛。透過三觀或六即，智者乃開展了一念即具三千之性具圓教義理，故此教觀可說是相輔相成的。正因智者特別重視「解行並重，教觀雙美」，故其所說之天臺圓頓止觀必須依據於天臺宗性具圓教義理而得以如實證成；天臺性具圓教亦必即於圓頓止觀而得以充分彰顯。明朝天臺宗智旭法師在其所作之《教觀綱宗》中曾謂：

> 佛祖之要教觀而已矣，觀非教不正，教非觀不傳。有教無觀則罔，有

觀無教則殆。然統論時教，大綱有八，依教設觀，數亦略同。〔註73〕

由此可見，智者之著作不但不欠缺哲學旨，而且是處處充滿智慧與體悟，否則何以能以「五時八教」判釋佛一代教法，並且講授如此多圓融而玄妙的義理呢？

又慧嶽法師所編著的《天臺教學史》一書，在第一章〈天臺思想的淵源〉的第四節中曾論及「南嶽慧思大師的教學」。慧嶽法師雖未依據《大乘止觀法門》以介紹慧思大師的主要思想，〔註74〕然其在談論有關慧思之著作時，卻將《大乘止觀法門》視爲慧思之著作，並對此文作了簡要的解析，其中言及：

> 本書（指《大乘止觀法門》）是大乘教義的實踐止觀方法。內容分爲：止觀依止、止觀境界、止觀體狀、止觀斷得、止觀作用等。……更關於一心的體狀，敍述眞如的理心，其體絕待無明相，本來具染淨二用，且能顯染淨二薰而依諸法，進而說空、不空兩種如來藏。然不空如來藏的眞如之體，即具染淨二性、染淨二事，故染淨迷悟的一切法，都攝歸一大眞如海，法法互攝，事事總是無礙絕待。……〔註75〕

上述引文中先指出「眞如的理心，其體絕待無明相」，此即表示眞如理心乃是絕對清淨，無有無明染污；然下文中又言「然不空如來藏的眞如之體，即具染淨二性」，此則表示眞如體具染淨二性，而不是絕對清淨。由此觀之，以上二說顯然是互相矛盾的，因爲眞如理心不可能又是絕對清淨無染污，同時又即具染淨二性。由此可見吾人實有必要先對《大乘止觀法門》的思想進行仔細的研究，然後才能進一步推論其是否能代表天臺宗性具圓教的思想。

又孫正心在〈天臺思想的淵源與其特質〉中亦將《大乘止觀法門》當作慧思禪師之著作，並且表示：

> 《大乘止觀》是和《宗鏡錄》相對，綜合大乘佛教的一大論文。本書中引用《起信論》的相大之文，稱眞如體大之中，具恒沙善惡法。這思想是天臺智者以爲性惡思想的源泉，實爲《大乘止觀法門》一部的異彩。〔註76〕

〔註73〕《大正藏》四十六，第936頁下。
〔註74〕依慧嶽法師文中所述，主要是依《法華安樂行義》、《諸法無諍三昧法門》等著作來說明慧思禪師之思想。
〔註75〕《天臺教學史》，第36～37頁，台北：中華佛教文獻編撰社印行。
〔註76〕參看《天臺學概論》，第317～318頁，《現代佛教學術叢刊》五十五。

依上文所說，孫正心不但不懷疑《大乘止觀法門》是否爲慧思所作，而且更以之作爲智者「性惡」思想之根源。但是除非孫正心先釐清兩個問題，否則作如此的陳述實難令人接受。首先須先說明《大乘止觀法門》確實爲慧思所作，其次必須說明《大乘止觀法門》所說「具恒沙善惡法」即等同於天臺宗之「性惡」思想，如此才能說前者爲後者之思想源泉。可惜孫正心並未作進一步的說明。對此問題，吾人將於下文比較《大乘止觀法門》之思想與天臺宗之義理時再作進一步之探討。

同文中又謂：

> 其次，由教理上言之，龍樹的教義是諸法實相論。而其繼承者南岳禪師，雖然也是諸法實相論者，但稍帶有緣起論的傾向，而至於觀心化。這可能是受了如來藏緣起說的影響。〔註77〕

吾人在上文談論天臺宗之思想淵源與傳承時，曾指出慧思禪師承繼了慧文禪師所悟之「一心三觀」，並依之以證悟法華三昧。可見慧思禪師所以強調觀心之重要性有其思想上之根源。然孫正心卻謂其乃是受如來藏緣起說之影響，並由之而推論其實相論帶有緣起論的傾向。吾人推測孫正心所以有此種推論，主要是因爲其以《大乘止觀法門》爲慧思禪師之代表作的緣故，而《大乘止觀法門》之思想既近於《大乘起信論》，自然是具有如來藏緣起之色彩。然而吾人於前文中已指出《大乘止觀法門》是否爲慧思所作尙待釐清，如此，孫正心之前提既有諍議，則其推論自然亦有可諍議處。

以上吾人已由所舉之諸例中，得知一般研究天臺宗思想之學者對於《大乘止觀法門》所採取之態度，此即牟宗三所表示的：「自馮友蘭《中國哲學史》依據此書（即指《大乘止觀法門》）述天臺宗，從此以後，一般坊間流行作品涉及此者亦多如此。」〔註78〕然牟宗三不僅指出陳寅恪已懷疑《大乘止觀法門》爲「習華嚴者之所僞託」，〔註79〕且經過詳細之分析與論證，乃推論出：「此書不足以代表天臺宗也。」〔註80〕

吾人於前一節探討有關天臺宗之思想淵源中，曾特別指出智者傳之於慧思者乃是「以《法華》爲宗骨」，天臺宗既依《法華經》立宗，又特倡「五時

〔註77〕同上書，第 318 頁。
〔註78〕參看《佛性與般若》下冊，第 1077 頁。
〔註79〕參看《佛性與般若》下冊，第 1077 頁。
〔註80〕參看《佛性與般若》下冊，第 1077 頁。

八教」之教相以分判其餘諸教派，對唯識、華嚴皆有所分判，則自不可能又依與其所批判之教義相類之著作以發展一家之宗風。因此，吾人首先須對慧思與智者兩者所傳承之思想有具體的瞭解，其次再探討《大乘止觀法門》之具體思想，如此方能進一步釐清《大乘止觀法門》與天臺宗性具思想之關係。

车宗三爲了說明以《大乘止觀法門》作爲解釋天臺宗思想之不合適，除了對《大乘止觀法門》何以不在慧思當時刻印流傳，而且無端地潛流於海外（日本），在智者之著作中亦未曾提及此書等諸問題，作了詳細的考察外；更依有關天臺宗的典籍，對慧思與智者兩人間之思想傳承作了一番探討，並由之以論證《大乘止觀法門》之思想根本與慧思傳予智者之教觀不同性質。

首先，车宗三據《摩訶止觀·序》中章安灌頂所記之「行法華經懺，發陀羅尼，代受法師講金字般若」而論慧思與智者之師資關係，並根據荆溪湛然在《止觀輔行傳弘決》卷第一之一之疏解來進一步論證「慧思與智者之關係乃以《法華經》爲樞紐。」荆溪之疏解如下：

> 「行法華經懺，發陀羅尼」者，習律藏已，詣大賢山持《法華經》。宿緣所薰，常好禪悅。怏怏江東，無足可問。聞光州大蘇山慧思禪師，遙餐風德，如饑渴矣。其地既是陳齊邊境，兵刃所衝。重法輕生，涉險而去。思初見，笑曰：「昔共靈山聽《法華經》，宿緣所追，今復來矣。」即示普賢道場，行法華三昧。經二七日行道，誦經，至〈藥王品〉諸佛同讚藥王菩薩言「是眞精進，眞法供養」，豁然入定，照了《法華》。將證白師，師曰：「非爾弗證，非我不識。所發定者，法華三昧前方便也。所發持者，初旋陀羅尼。縱令文字法師千群萬眾，尋汝之辯不能窮矣，於說法人中最爲第一。」
>
> 「代受法師」等者，即指南岳爲「受法師」。南岳造金字《大品經》（《大品般若經》）竟，自開玄義，命令代講。於是，智方日月，辯類懸河。卷舒稱會，有理存焉。唯三三昧（空三昧、無作三昧、無相三昧），三觀智，用以諮審，餘並自裁。思曰：「可謂法付法臣，法王無事者也。慧曠律師亦在會坐。思曰：「律師嘗聽賢子講耶？」曠曰：「禪師所生，非曠子也。」思曰：「思亦無功，《法華》力耳。」〔註81〕

〔註81〕原文見《大正藏》四十六，第 147 頁下～148 頁上，並參看《佛性與般若》下

牟宗三即據此而作出如下的論證曰：

> 據此，則慧思與智者之關係乃以《法華經》為樞紐。他們二人前生
> 同在靈山法華會上聽佛說《法華經》，這是「宿緣」。今生相會仍以
> 「行法華三昧」為入手。此荊溪所謂「以《法華》為宗骨」也。不
> 但「行法華三昧」，且仍稟承《般若》之傳統。慧思造金字《般若》，
> 自開玄義，命智者代講。此荊溪所謂「以《大品》為觀法」也。「法
> 付法臣，法王無事」，慧思所付之法不過《般若》與《法華》，不曾
> 以《大乘止觀法門》付智者也。此後者是以《起信論》為宗骨，以
> 唯識宗之三性三無性為觀法。（順三性三無性講止講觀）此則學脈全
> 異也。章安灌頂是智者直接弟子。智者所有作品，除《維摩經玄義》
> 為自作外，餘皆章安筆錄。荊溪是唐初復興天臺者。天臺宗人自述
> 其祖師之關係如此，當可憑信。〔註82〕

牟宗三又引《景德傳燈錄》卷二十七，有關慧思禪師之記錄：

> （師）以道俗所施，造金字《般若》、《法華經》。時眾請師講二經，
> 隨文發解。復命門人智顗代講。至「一心具萬行」，有疑請決。師曰：
> 「汝所疑，乃《大品》次第意耳，未是《法華》圓頓旨也。吾昔於
> 夏中一念頓發，諸法見前。吾既身證，不勞致疑。顗即諮受《法華》，
> 行三七日得悟。」〔註83〕

另外《景德傳燈錄》同卷有關智顗之部分則云：

> 陳乾明元年謁光州大蘇山慧思禪師。思一見乃謂曰：「昔靈鷲同聽
> 《法華經》，今復來矣。」即示以普賢道場，說四安樂行。師入觀
> 三七日，身心豁然，定慧融會，宿通潛發，唯自明了。以所悟白思。
> 思曰：「非汝弗證，非我莫識。此乃法華三昧前方便、初旋陀羅尼
> 也。縱令文字之師千萬，不能窮汝之辯。汝可傳燈，莫作最後斷佛
> 種人。」〔註84〕

冊，第 1080～1081 頁。

〔註82〕《佛性與般若》下冊，第 1081 頁。

〔註83〕同上書，第 1081～1082 頁。

〔註84〕同上書，第 1082 頁。

由上述二引文，可見與荊溪所說者大同小異。因此可證慧思傳予智者之教觀乃是以《般若》、《法華》二經爲主。其中並未出現慧思傳《大乘止觀法門》之思想給智者，而智者所傳之教觀中亦未曾提及《大乘止觀法門》之思想。

　　其次，通觀《大乘止觀法門》，吾人不難發現其乃是依《大乘起信論》而立說，其「明止觀依止」文中，曾謂：

> 所依止者，謂依止一心以修止觀也。……此心即是自性清淨心，又
> 名眞如，亦名佛性，復名法身，又稱如來藏，亦號法界，復名法性。……
> 問曰：云何名爲自性清淨心耶？
> 答曰：此心無始以來雖爲無明染法所覆，而性淨無改，故名爲淨。
> 　　　何以故？無明染法，本來與心相離故。云何爲離？謂以無明
> 　　　體是無，法有即非有，以非有故，無可與心相應，故言離也。
> 　　　既無無明染法與之相應，故名性淨，中實本覺故名爲心，故
> 　　　言自性清淨心也。〔註85〕

由上引文可見此書乃是以自性清淨心爲止觀之依止，而此自性清淨心實即是《大乘起信論》所說之眞如心、心眞如。依《大乘起信論》，眾生自性本來清淨無染，與佛無二無別，然因無明妄念虛妄分別，故流轉生死。此即是賢首法藏所說之「不變隨緣，隨緣不變」之性起思想，亦是荊溪所謂之「偏指清淨眞如心」。而觀諸慧思之思想，雖亦講眾生本來具足如來藏、法身藏，然卻未言其爲自性清淨心。根據牟宗三之考察，慧思於《法華經安樂行義》及《諸法無諍三昧法門》等文中所說之如來藏思想，「大體據經（指《法華經》），而未引及《起信論》」。〔註86〕且認爲「《起信論》是梁陳間出品，署名爲馬鳴造，梁眞諦譯，一般公認爲僞託。慧思是否及見，亦成問題，即曾見及，是否能運用之如此其熟練，如《大乘止觀法門》之所表現者，亦大成問題。故不因其講如來藏，即謂其能作《大乘止觀法門》也」。〔註87〕經由牟宗三之分析與論證，吾人不僅可清楚地看出慧思所說之如來藏的含義，同時也可確定其乃是依據《法華經》之思想而講如來藏，此實不同於立基於《大乘起信論》而言如來藏自性清淨心之《大乘止觀法門》的思想。

〔註85〕《大正藏》四十六，第642頁上～中。

〔註86〕參看《佛性與般若》下冊，第1083～1087頁。

〔註87〕同上書，第1087頁。

再者，吾人亦可透過智者之講如來藏以及對於《地論》與《攝論》二師之批評，而看出其思想實與阿賴耶緣起與如來藏緣起非常不同。因之，其思想自不可能根源於立基於如來藏緣起之《大乘止觀法門》。智者之言如來藏乃是就眾生理上即是佛而言如來藏理，故其解釋「六即」中之「理即」時，即云：

> 「理即」者，一念心即如來藏理。如故即空，藏故即假，理故即中。三智一心中具，不可思議，如上說。三諦一諦，非三非一。一色一香，一切法，一切心，亦復如是。是名理即是菩提心，亦是理即止觀。即寂名止，即照名觀。〔註88〕

智者雖言一念心即如來藏理，然其所說之一念心並非自性清淨心，而是眾生當下念念虛妄分別之剎那心、煩惱心。又此一念剎那心、煩惱心雖有無明虛妄，理上卻潛存著開悟成佛的可能性，亦即含藏與佛無二之如來藏理，故智者稱此一念心為「一念無明法性心」。〔註89〕就理上言，眾生是未證悟之佛，如來藏理隱而未顯；若能如理實修，將此本具之如來藏理充分彰顯，則能證成諸佛法身。且依智者所說之「六即」，從理即佛以至於究竟即佛，乃是即於眾生之一念無明法性心，依據「三道即三德」，〔註90〕亦即煩惱即菩提，生死即涅槃之「同體依即」〔註91〕的方式而達成。此實不同於性起思想以如來藏自性清淨心為一切法之依止，必須盡除一切無明虛妄染法，方能轉染成淨，證悟佛果。兩者之不同，依智者之分判，後者屬有次第之別教義，而前者則是無有次第歷別之圓教義。

其次，藉著智者在《摩訶止觀》卷第五上說明圓教之「一念三千」時，對於所謂的「賴耶依持」與「真如依持」之辯破，更可以清楚地看出智者所開創之天臺宗性具圓教義理，實有別於《地論》、《攝論》二師之思想。文云：

> 問：心起必託緣，為心具三千法？為緣具？為共具？為離具？若心具者，心起不用緣。若緣具者，緣具不關心。若共具者，未共各無，共時安有？若離具者，既離心離緣，那忽心具？四句尚不可得，云何具三千法耶？

〔註88〕參看《摩訶止觀》卷第一下，《大正藏》四十六，第54頁上～中。
〔註89〕此語出自智者《四念處》卷四，見《大正藏》四十六，第578頁下。
〔註90〕見下文第二章第二節（一）：由無明與法性之同體依即說「三道即三德」之闡釋。
〔註91〕見下文第二章第二節（一）：由無明與法性之同體依即說「三道即三德」之闡釋。

> 答:《地》人(《地論》師)云:一切解惑眞妄依持法性,法性持眞
> 妄,眞妄依法性也。《攝大乘》云:法性無所染,不爲眞所淨,
> 故法性非依持,言依持者阿黎耶是也。無沒無明盛持一切種子。
> 若從《地》師,則心具一切法。若從《攝》師,則緣具一切法。
> 此兩師各據一邊。

> 若法性生一切法者,法性非心非緣,非心故而心生一切法者,
> 非緣故亦應緣生一切法,何得獨言法性是眞妄依持耶?若言法
> 性非依持,黎耶是依持,離法性外,別有黎耶依持,則不關法
> 性。若法性不離黎耶,黎耶依持即是法性依持,何得獨言黎耶
> 是依持?又違經。經(《大涅槃經》)言:「非内非外,亦非中間,
> 亦不常自有。」又違龍樹。龍樹云:「諸法不自生,亦不從他生,
> 不共不無因。」更就譬檢。爲當依心故有夢?依眠故有夢?眠
> 法合心故有夢?離心離眠故有夢?若依心有夢者,不眠應有
> 夢。若依眠有夢者,死人如眠應有夢!若眠心兩合而有夢者,
> 眠人那有不夢時?又眠心各有夢,合可有夢。各既無夢,合不
> 應有。若離心離眠而有夢者,虛空離二,應常有夢!四句求夢
> 尚不得,云何於眠夢見一切事?心喻法性,夢喻黎耶。云何偏
> 據法性、黎耶生一切法?〔註92〕

智者於此文中明白指出吾人在說明一切法的存在情形時,不可「偏據法性、
黎耶生一切法」,可知天臺宗由「一念三千」所開展之性具圓教實不同於《地
論》與《攝論》二師依止於一超越的根據所說之性起思想。

又吾人於上文中曾言及《大乘止觀法門》說如來藏體備染淨二性,能起
染淨二事,依牟宗三之見解,此實爲「大誤」。〔註93〕牟宗三列舉了《勝鬘夫
人經》之「不染而染,難可了知」,《楞伽經》所說之「如來藏是善不善因」,
以及賢首法藏說眞如心爲「隨緣不變,不變隨緣」等,皆只在說明如來藏爲
一切善惡之依止,能隨染淨緣起染淨事,但並未說「如來藏眞心體具染淨二
性,起染淨二事」,牟宗三認爲:「說得如此死煞,如何可轉染爲淨?」〔註94〕

〔註92〕《大正藏》四十六,第 54 頁上〜中。另可參看《佛性與般若》下冊,第 1088
　　　　〜91 頁。
〔註93〕參看《佛性與般若》下冊,第 1092 頁。
〔註94〕參看《佛性與般若》下冊,第 1092 頁。

又《大乘起信論》乃是依如來藏具備無量無漏清淨功德，而言其為「不空如來藏」，故《大乘起信論》云：「復如者，依言說分別，有二種義：云何為二？一者如實空，以能究竟顯實故；二者如實不空，以有自體具足無漏性功德故。……所言不空者，已顯法體空無妄故，即是真心，常恒不變，淨法滿足，故名不空。」〔註95〕但《大乘止觀法門》是依如來藏體具染淨二性，能起染淨二事以言如來藏之不空，其文有云：「次明不空如來藏者，就中有二種差別：一、明具染淨二法以明不空。二、明藏體一異以釋實有。……次明具足染法者，就中復有二種差別：一、明具足染性；二、明具足染事。初明具足染性者，此心雖復平等離相，而復具足一切染法之性，能生生死死，能作生死。……」〔註96〕此顯然與《大乘起信論》所說不同。

　　另或有人謂《大乘止觀法門》主張「如來藏體備染淨二性」之說近於天臺宗之「性惡」思想，故以之以為性惡思想之根源。此種主張可由上文所提及孫正心之〈天臺思想的淵源與其特質〉一文以及其它學者之著作中看出。〔註97〕其中有篇由署名「悅西」所著之〈諸佛真不斷性惡嗎〉，此文不但主張天臺宗之性惡說根源南嶽慧思禪師之《大乘止觀法門》，且認為：「考台家所說性善性惡，淵源於南嶽《大乘止觀》。但《大乘止觀》名性染性淨、事染事淨，後輩改染為惡，改淨為善，改事為修。故吾人欲研究性善性惡之界說，不可不先讀《大乘止觀》。」〔註98〕實際上，《大乘止觀法門》所言之性染、性淨，乃是就眾生之心性以言其為染為淨；而天臺宗智者大師之言性（德）善與性（德）惡則是就性具十法界三千法而言眾生性德中本具一切善惡法門。因此，於其說是「後輩改染為惡，改淨為善」，勿寧說《大乘止觀法門》就眾生「主觀之心性」說心性染淨與天臺宗就「客觀法門之淨穢善惡」說性善性惡，根本是不同的思想，以其所論述的對象與範疇皆不同故也。又通觀悅西全文，不但視《大乘止觀法門》為慧思禪師所作，是天臺智者大師性惡思想之所依；同時，悅西很顯然地是立足於唯識之觀點來解釋天臺之性惡說。然唯識思想是依「種子——現行」之熏習關係來說明性與修的關係，而天臺宗強調一念心即具十法界一切善惡法門，實是依眾生當下之一念心之起心動念而言性德善、性德惡。一念心迷，則三千

〔註95〕《大正藏》三十二，第578頁上～中。
〔註96〕《大正藏》四十六，第646頁上～中。
〔註97〕參看《天臺學概論》，第291～350頁，《現代佛教學術叢刊》五十五。另外日本學者安藤俊雄所著之《天臺學根本思想とその展開》亦持有類似的看法。
〔註98〕參看《天臺思想論集》，第363頁，《現代佛教學術叢刊》五十七。

皆無明虛妄；一念心悟，則三千皆清淨無染。眾生當下之一念具主動發用之能力，而不若唯識所說的，必依阿賴耶識所含藏之種子，經熏習而後方能起現行。由此可見唯識宗「依種子熏習成現行」的思想與天臺宗所說之「心具」或「性具」實有根本上之差別。因此，此文不但未釐清《大乘止觀法門》與天臺宗「性惡」思想的關係，同時亦不明唯識與天臺兩宗之根本教義實有很大之差異，故自不可依唯識宗之義理以非難天臺宗之性惡思想。

　　智者大師有關性德惡的思想，主要見於《觀音玄義》、《維摩經玄疏》與《維摩經玄義》等著作中。根據這些著作，吾人可以很清楚地發現智者所說之「性德惡」，乃是就眾生性德上本有穢惡法門（如六道眾生法）而言，亦即是就「法門不改」說性德惡。《觀音玄義》卷上有云：

　　問：緣了既有性德善，亦有性德惡否？

　　答：具。

　　問：闡提與佛斷何等善惡？

　　答：闡提斷修善盡，但性善在；佛斷修惡盡，但性惡在。

　　問：性德善惡何不可斷？

　　答：性之善惡但是善惡之法門，性不可改，歷三世無誰能毀。復不可斷壞，譬如魔雖燒經，何能令性善法門盡？縱令佛燒惡譜，亦不能令惡法門盡。如秦焚典坑儒，豈能令善惡斷盡耶？〔註99〕

智者於此文中明白指出「性德善惡但是善惡法門」，而且此性德上之善惡法門無一可改，亦即既不可毀亦不可壞。可見智者所說之「性德善」、「性德惡」不同於《大乘止觀法門》所主張的：眾生心性具善性、惡性故能起現善惡事。眾生心與佛無二無別，佛既是「解心無染」，則眾生之心性依理亦應是無染。因此，六道眾生輪迴生死，只因迷執，而非心具染性故起染事，否則此染性既是本具，眾生如何得以轉染為淨？既不可轉，則成佛如何可能？此顯然有違經論之所言。此亦即牟宗三直就二者之根本不同處而加以分辨時所表示者：「智者說性惡是就『法門不改』說，並不說法性心具惡性起惡事也。三千法門本有淨善法門（如二乘菩薩佛），與穢惡法門（如六道眾生法）。惡是就穢惡法門說。『性惡』者言性德上本有此穢惡法門也。無論是念具三千，或智具三千，善惡法門一不可改。故成佛乃具九法界而成佛，並不云佛性心具染

淨二性起染淨二事也。故知禮云：『圓家斷證迷悟但約染淨論之，不約善惡淨穢說也。』……是則《大乘止觀法門》兩不著邊，既不合《起信論》與華嚴宗之『性起』，亦不合天臺宗之『性具』，由於根本處未透故也。」〔註100〕

　　經過以上之簡別，吾人可以清楚地看出慧思與智者所傳之天臺宗性具思想，實與《大乘止觀法門》之思想有著很大之差別。因此，吾人是否可遽據此書以討論天臺宗之思想淵源，的確值得深思。本節之探討工作，目的於顯示吾人在談論有關天臺宗的思想時，對於所依據的經論及相關作品，應加以仔細辨明，方能有較客觀的瞭解與推演。

〔註100〕參看《佛性與般若》下冊，第 1092～1093 頁。

第二章　天臺宗性具圓教之義理根據

第一節　依「一念三千」以構成天臺宗之性具圓教

　　荊溪湛然在說明天臺宗一家教觀時曾謂：「況所用義旨，以《法華》爲宗骨，以《智論》爲指南，以《大經》爲扶疏，以《大品》爲觀法，引諸經以增信，以諸論以助成，觀心爲經，諸法爲緯，織成部帙，不與他同。」〔註1〕牟宗三認爲若將此文中之「觀心爲經，諸法爲緯」改爲「以性具爲經，以止觀爲緯」則更能恰當地表現出天臺宗圓教之殊義。〔註2〕關於牟宗三此種說法吾人亦可由知禮對於天臺宗「性具思想」與「觀心」二者間之關係所持的態度得到印證，知禮曾云：「若不知具，但直觀心，何殊藏、通？藏、通何曾不云觀心。縱知心體是中，若不云具，未異別教教道也。」〔註3〕知禮此處所言之「具」即指「一念心即具三千法」之「心具」義，亦是「法性即於一切法而具備著一切法」之「性具」義；而所謂「觀心」即指《摩訶止觀》中所強調之「觀心」法門。可見「性具」與「止觀」實有著密切的關係。牟宗三爲了說明上述之意見，乃進而解釋「經」與「緯」之意義以更具體地論述「性具」與「止觀」之間的關係。牟宗三謂：「經者，縱線定常不移之謂。緯者，橫線重重密織之謂。就定常不移之經線連續不斷地密織以緯線，乃成布匹。動作運用全在緯線。故以圓頓止觀觀心之觀法爲緯，而以所觀之一念心即具

〔註1〕見《止觀義例》卷上「第五心境釋疑例」文中之第十九問，《大正藏》四十六，第452頁下。
〔註2〕參看《佛性與般若》下冊，第759頁。
〔註3〕見《十不二門指要鈔》卷上，《大正藏》四十六，第712頁下。

十法界之存有論的圓具（性具）為經，則恰當也。」〔註4〕此處所說之「所觀一念心即具十法」即是《摩訶止觀》卷五上第七「正修止觀」文中所說之「觀心為不可思議境」，智者即依所觀之不可思議境而說明一切法的存在，亦即依「一念三千」之不思議境以明天臺性具思想之圓滿具足一切法。由此可見欲明瞭天臺宗所說之性具圓教，必須先瞭解「一念心即具十法界」之具體內容；要瞭解「一念三千」之思想，則必先瞭解天臺諸師所說之「一念心」為何意義之心？其次才能進一步瞭解天臺宗依一念心說明一切法的存在情形，亦即明瞭天臺宗性具圓教所開展出來的存有論的具體意義。以下吾人即先探討天臺宗所說之一念心，進一步再說明如何觀此「一念三千」成所觀之不思議境。

壹、即「一念心」觀三千不思議境

章安灌頂在記錄其師天臺智者大師所說《摩訶止觀》之說法緣起時，曾說：「此之止觀，天臺智者說己心中所行法門。」〔註5〕故通觀《摩訶止觀》，吾人不難發現智者大師非常重視吾人當下之一念心，處處約「觀心」以說明一切教觀。其它在講述《法華》與《維摩》等經時，亦無不強調「觀心」之重要性。故日本學者關口真大在〈天臺止觀的構成和特色〉一文中，即指出此一特性：

> 天臺大師以《法華經》為始，對一切經典的注疏，均以因緣、約教、本跡、觀心之四種釋。論述其教義即以名、體、宗、用、教的五重玄義的方式，這是人所共知的。〔註6〕

因此，吾人要論述天臺思想的特色，必須從吾人當下一念心著手，亦即必須確切觀照自心，方能如實了知諸法實相。首先吾人須先釐清天臺所重視的「一念心」之確實義涵，其次方能進瞭解天臺由一念心所開展出來的「一念三千」之思想。智者於《摩訶止觀》中曾云：

> 質多〔註7〕者天竺音，此方言心，即慮知之心也。……今簡非者，簡積聚草木等心，專在慮知心也。〔註8〕

〔註4〕 參看《佛性與般若》下冊，第759頁。
〔註5〕 《大正藏》四十六，第1頁中。
〔註6〕 參看《天臺典籍研究》，第53頁，《現代佛教學術叢刊》五十八。
〔註7〕 此指梵語 citta 之譯音。
〔註8〕 《大正藏》四十六，第4頁上。

此處智者所謂的慮知心即是吾人當下能思慮分別之一念心，如對境能別、聞聲能辨等認知活動，皆是吾人能思慮分別之一念心的作用。又智者於《妙法蓮華經玄義》卷第一上明觀心時，曾對心作了如下之說明：

> 心如幻焰，但有名字，名之爲心。適言其有，不見色質；適言其無，復起慮想。不可以有無思度故，故名心爲妙。妙心可軌，稱之爲法。心法非因非果，能如理觀，即辨因果。〔註9〕

智者所說之心，雖爲慮知心，然又不可以有無思度之，故名之爲妙。因此，荊溪湛然於《法華玄義釋籤》卷第二對於智者此定義作了如下的解釋：

> 心性觀之，但有名字。言有即一念都無，況有十界質像也？言無則復起三千慮想，況一界念慮耶？不可以此有無思故。即一念心中道冷然，故知心是妙也。妙即三千，三千即法，法故三軌，故云可軌。此心法非因非果，此舉因果所依之體。能如理觀，此語能取因果之觀故。〔註10〕

依荊溪之疏解，心之所以爲妙，乃是「即一念心中道冷然，故知心是妙也」，亦即即於眾生之一念心而觀之，即見中道實相理。一念心即是三千法，依此三千法爲軌持而如理觀照，諸佛境界自能成就。此即智者所說之「能如理觀，因果成辦」之意。又智者對心作了如上的說明後，更進而指出此心所具之特性，智者云：

> 心本無名，亦無無名。心名不生亦復不滅，心即實相。初觀爲因，觀成爲果。以觀心故，惡覺不起。心數塵勞，若同若異，皆被化而轉，是爲觀心。〔註11〕

由上引文，可以看出智者對於吾人當下一念心之界定，不僅視心爲慮知心，且亦即此一念心而言諸法實相，所謂「心即實相」。依此即是實相之心法而觀，則此心法雖「非因非果」，然「初觀爲因，觀成爲果」，若能如理觀，因果自辦。又既云「妙心可軌，稱之爲法」，故一念心即具三千即爲所觀之不思議境。依智者之見解，此一念心雖是屬吾人五陰中能覺知、能分別之識心，然智者

〔註9〕《大正藏》三十三，第685頁下。
〔註10〕《大正藏》三十三，第829頁中。
〔註11〕《大正藏》三十三，第685頁下。

依《華嚴經》所說「心佛與眾生，是三無差別」，更將吾人當下之一念心詮釋為上通於佛果之樞紐，若能觀心，則惡覺不起，惡覺既不起，則一切虛妄分別自能於如理觀照自心之過程中，逐漸被轉化。智者認為因為眾生之一念心具足一切法，諸佛菩薩亦依其自身所已修習之心觀，為眾生說一切教法，因此特別強調依「觀心法門」以觀照一念三千所成的不思議境界，而此亦正是牟宗三說天臺宗「以性具為經，以止觀為緯」之所依。

吾人於第一章說明天臺宗之思想淵源時，曾提及智者大師所以開創天臺宗之獨特教觀，固然受龍樹《中論》之影響，然實以「一念心」為教相與止觀二門之所本，亦即以一念心總攝一切法，並由之開展出天臺宗所謂的性具圓教，此義可由智者《四教義》卷第一所說者見出，文云：

> 問曰：四教從何而起？
>
> 答曰：今明四教還從前所明三觀而起。……
>
> 問曰：三觀復因何而起？
>
> 答曰：三觀還因四教而起。
>
> 問曰：觀教復因何而起？
>
> 答曰：觀教皆從因緣所生四句而起。
>
> 問曰：因緣所生四句因何而起？
>
> 答曰：因緣所生四句即是心，心即是諸佛不思議解脫，諸佛不思議解脫，畢竟無所有，即是不可說，故淨名杜口，默然無說也。有因緣故，亦可得說者，即是用四悉檀，說心因緣所生之四句，赴四種根性，十二因緣法所成眾生而說也。〔註12〕

即於因緣所生法而如實觀照即是諸佛不思議解脫，本來如如而是，心行處滅、言語道斷，故畢竟無所有；然因眾生根機種種不同，諸佛依四悉檀〔註13〕為眾生方便說法，故有所謂的三觀四教。由此可見，智者所以強調要如實觀照吾人當下之一念心，乃是欲依此「觀心」而說諸法實相以及分判佛一代說法

〔註12〕《大正藏》四十六，第 724 頁上。

〔註13〕四悉檀指世界悉檀、各各為人悉檀、對治悉檀，與第一義悉檀四種說法方式。智者《妙法蓮華經玄義》卷第一下釋「四悉檀」名時云：「釋名者，『悉檀』天竺語。……南岳師例『大涅槃』梵漢兼稱。悉是此言，檀是梵語。悉之言遍，檀翻為施，佛以四法遍施眾生，故言悉檀也。」見《大正藏》三十三，第 686 頁下。

之各種教相。智者對於觀一念心之重視,亦是後來宋朝四明知禮中興天臺一家之教而與山外諸師論辯之核心所在,〔註14〕又知禮於《四明十義書》卷下第五中曾云:「學山家之教者,誰不知觀心是趣果上理之蹊徑乎?」〔註15〕由此可知智者大師在開創天臺宗之獨特教觀時,實依「觀心」法門以觀一念即具十法界之不思議境,故吾人不可不先辨明「觀心」之義。

　　智者於《妙法蓮華經玄義》卷第一上曾引證諸經論以說明觀心之重要性:

> 觀心引證者,《釋論》云「一陰名色,四陰名名」,心但是名也。《大經》云「能觀心性名爲上定,上定者第一義定」,證心是體。《大經》云「夫有心者皆當得三菩提」,心是宗也。《遺教》云「制心一處,無事不辦」,心是用也。《釋論》云:三界無別法,唯是一心作。心能地獄,心能天堂,心能凡夫,心能賢聖。覺觀心是語本,以心分別於心,證心是教也。〔註16〕

由上引文,吾人可看出智者除了引證諸經論以說明觀心之重要性外,更依「釋名、辨體、明宗、論用、判釋教相」五重以論觀心所具之玄義。其中《大涅槃經》所說之「能觀心性名爲上定,上定者第一義定」,正顯眾生心性爲修觀證悟之法體。亦因眾生能依觀心而證悟,故得進而言「夫有心者皆當得三菩提」。眾生心性既如此玄妙,故欲修行證道,必先觀心,此即「制心一處,無事不辦」之意。又依觀心,故知萬法唯心,心外無法,此即智者於《法華文句》中說「觀心釋者,一念心起即爲未來作業」〔註17〕之意。可見眾生心中或現地獄,或現天堂,全然存乎一心之變現,而諸佛如來即依此種種差別而爲眾生方便說種種教相。

　　又《妙法蓮華經玄義》卷第二上亦云:

> 如〈安樂行〉中,「修攝其心,觀一切法,不動不退」。又「一念隨喜」等。《普賢觀》云:「我心自空,罪福無主。觀心無心,法不住法。又心純是法。」《淨名》云:「觀身實相,觀佛亦然。諸佛解脫,當於眾生心行中求。」《華嚴》云:「心佛及眾生,是三無差別。破

〔註14〕　參看《四明十義書》,《大正藏》四十六,第831頁下。
〔註15〕　《四明十義書》,《大正藏》四十六,第845頁中。
〔註16〕　《大正藏》三十三,第685頁下。
〔註17〕　《大正藏》三十四,第56頁上。

心微塵出大千經卷。」〔註18〕

《妙法蓮華經‧安樂行品第十四》有云：「修攝其心，安住不動，如須彌山。觀一切法，皆無所有，猶如虛空，無有堅固。不生不出，不動不退，常住一相，是名近處。」〔註19〕智者即依之以說觀心。又依《淨名》（即《維摩詰所說經》）所說，諸法實相不離眾生身心，故云：「諸佛解脫，當於眾生心行中求。」約因，可言觀眾生當下一念心；約果，則可言觀諸佛境界。果由因成，故約因以明觀心。由此可看出眾生一念心為修善與修惡的關鍵。就理上而言，眾生心本與佛心無二無別，只因眾生有所迷妄而自以為麤而不妙，若能明瞭「心佛與眾生，是三無差別」，則眾生當下之一念心即是佛心，自然是念念皆妙。

是故，智者大師所以特別強調觀心法門，實是希望透過對一念心之如實觀照，能令吾人明瞭一念心與一切善惡法之關係，並由之而能依教修觀，證悟佛果。其於《妙法蓮華經玄義》卷一上論觀心生起時有云：

> 觀心生起者，以心觀心，由能觀心有所觀境。以觀契境故，從心得解脫故。若一心得解脫，能令一切數皆得脫故。分別心王心數，同起偏起等，即是教相故。〔註20〕

此處所謂的「以心觀心」，實指依吾人當下之一念心以觀此心所造之一切境界，分析而言，似有能觀與所觀之對，故云「由能觀心有所觀境」；然此由心所造之境，依智者大師所言乃是不可思議境，此不可思議境必即於眾生一念心之當體而觀，故能觀與所觀乃是二而不二。又依此二而不二之能觀智與所觀境而如實觀達之，則能觀智即與所觀境相契，既如理相契，自能得解脫，故云：「以觀契境故，從心得解脫故。」

智者大師在《妙法蓮華經玄義》卷第二上中解釋「三法妙」時，曾廣釋眾生法、佛法及心法三者之間的關係，其中亦指出何以須依心法為修觀之因，智者云：

> 若廣眾生法，一往通論諸因果及一切法。若廣佛法，此則據果。若廣心法，此則據因。〔註21〕

〔註18〕《大正藏》三十三，第 693 頁上。
〔註19〕《大正藏》九，第 37 頁下。
〔註20〕《大正藏》三十三，第 685 頁下。
〔註21〕《大正藏》三十三，第 693 頁中。

由此可看出佛法純然是修證之果，心法則爲修證所依之根據，而眾生法則介於佛法與心法之間，亦即介於修行之因果間。因眾生法與佛法皆不超出心法，而且心法既是修證之因，自應以此心法爲核心而論止觀、證道，故智者特別注重觀照自心之功夫。智者在說明三法中以觀心爲最易時云：

> 廣釋心法者，前所明法豈得異心。但眾生法太廣，佛法太高，於初學爲難。然心佛及眾生是三無差別者，但自觀己心則爲易。〔註22〕

智者又據上文所引《大涅槃經》所說之「能觀心性名爲上定」而作如下疏解：

> 《涅槃》云：「一切眾生具足三定，上定者謂佛性也。能觀心性名爲上定。」上能兼下，即攝得眾生法也。〔註23〕

依智者此處之疏解，亦可看出心法實介於佛法與眾生法之間，通上通下。又此處所言之佛性，即指眾生本具之心性而言，如六即中之理即佛。眾生心性既具有如此之特性，故後來荊溪之《法華玄義釋籤》亦強調觀照眾生心性之重要性，文云：

> 應了此性具足佛法及眾生法，雖復具足，心性冥妙，不一不多。以心性觀，則似可見；若以眾生及佛而爲觀者，則似如不逮。若以心性觀彼界如，界如皆空，常具諸法，非空非具，而空而具。雙遮雙照，非遮非照，亦祇是一念心性而已。如斯之定，豈不尚耶？〔註24〕

又荊溪於《止觀義例》卷上「第五心境釋疑例」文中亦明顯表示「觀心」之重要，文云：

> 十問：諸文皆云色心不二，若欲觀察，如何立觀？
>
> 答：心色一體無前無後，皆是法界。修觀次第必先內心，內心若淨，以此淨心歷一切法，任運吻〔原字左邊從水，右邊上勿下曰〕合。又亦先了萬法唯心，方可觀心。能了諸法，則見諸法唯心唯色。當知一切由心分別諸法，何曾自謂同異。故《占察經》云：觀有二種，一者唯識，二者實相。實相觀理，唯識歷事，

〔註22〕《大正藏》三十三，第696頁上。

〔註23〕《大正藏》三十三，第696頁上。

〔註24〕《大正藏》三十三，第844頁上。

> 事理不二，觀道稍開。能了此者，可與論道。〔註25〕

而觀諸知禮之思想，亦可見出其順承智者與荊溪對於觀心之重視。知禮於《十不二門指要鈔》卷上有云：

> 蓋一切教行皆以觀心為要，皆自觀心而發。觀心空，故一切法空，即所修諸行，所起諸教皆歸空心也。假中亦然。豈不以觀心為樞機邪？……故《玄》文云：佛法太高，眾生法太廣，於初心為難。心佛及眾生，是三無差別，觀心則易。又《義例》云：修觀次第必先內心。今家凡曰觀心，皆此意也。〔註26〕

又知禮於《四明尊者教行錄》卷第二中亦特別強調觀照當下一念心之重要性，文云：

> 示觀門者，所謂捨外就內，簡色取心，不假別求他法為境，唯觀當念。現今剎那，最促最微，且近且要，何必棄茲妄念，別想真如。當觀一念識心德量無邊，體性常性，十住諸佛，一切眾生，過現未來虛空剎土，遍攝無外，咸趣其中。如帝網之一珠，似大海之一浪。浪無別體，全水生，過現未來虛空剎土，遍攝無外，咸趣其中。如帝網之一珠，似大海之一浪。浪無別體，全水所成。水既無邊，浪亦無際。一珠雖小，影遍眾珠；眾珠之影，皆入一珠。眾珠非多，一珠非少。現前一念亦復如是。性徹三世，體遍十方，該攝不遺，出生無盡。九界實造，佛地權施，不離即今，剎那能窮過未作用。然須知性具一切，是故能攝能生。勿謂本覺孤然隨妄緣而方有。不明性具者，法成有作，觀匪無緣。今觀諸法即一心，一心即諸法，非一心生諸法，非一心含諸法，非前非後，無所無能。雖論諸法，性相本空；雖即一心，聖凡宛爾。即破即立，不有不無，境觀雙忘，待對斯絕。非言能議，非心可思，故強示云：不可思議微妙觀也。〔註27〕

知禮所以特別強調「唯觀當念」，並指出「何必棄茲妄念，別想真如」，一方面是順著智者大師之約一念心以明止觀，另一方面則是欲辯明別教依清淨真

〔註25〕《大正藏》四十六，第452頁上。
〔註26〕《大正藏》四十六，第705頁下～706頁上。
〔註27〕《大正藏》四十六，第870頁上～中。

如心修觀，不若天臺宗就當下一念心修觀來得直接，因爲「現念利那，最促最微，且近且要」。又因心法爲能造，故得具足十法界法於當下一念心，而此具足三千法之能觀心同時又是所觀之不思議境，故智即是境，境亦即是智。依智者大師在《四念處》卷第四說明「圓教四念處」時所強調者觀之，圓頓止觀下之所觀境與能觀智實是無二無異，所謂「如如之境，即如如之智，智即是境。說智及智處皆名爲般若。亦例云：說處及處智皆名爲所諦」（參看《大正藏》四十六，第 578 頁上）。天臺性具圓教，一說一切法的存在即是即於一念心而言十法界一切法，此即「諸法即一心，一心即諸法」。又一念心雖即具一必法，然仍需依因待緣方能起現一切法；既是緣起法，則畢竟空無自性，亦即以空如爲性，此即「雖論諸法，性相本空」之意。吾人依此亦得言一切法不離空如法性而存在，亦即法性實即於一切法而具備著一切法。如此說一切法，則一切法乃是一念心具或法性即具，並非刻意造作，故知禮於上文中特別強調「不明性具者，法成有作，觀匪無緣」。

　　依上所述，可見智者雖依眾生法、佛法與心法三者說明一切法皆妙，其實主要是收攝於眾生之一念心中以言妙，因爲「心佛及眾生，是三無差別」。而證悟成佛或流轉爲眾生，只在當下一念心之抉擇，故如實觀照自心，以期念念分明，實爲轉迷成悟之首要修行工夫，而此亦是智者《摩訶止觀》之主要義理所在。智者爲了說明吾人所觀之一念心的具體內容，特依五陰、十二入、十八界以明一念心之分位，此可于《摩訶止觀‧第七正修止觀》，第一「觀陰界入境」文中得到明證：

> 觀陰入界境者，謂五陰、十二入、十八界也。陰者，陰蓋善法，此就因得名。又陰是積聚，生死重沓，此就果得名。入者涉入，亦名輸門。界名界別，亦名性分。……
>
> 又分別九種（五陰）：一期色心名果報五陰；平平想受，無記五陰；起見起愛者，兩污穢五陰；動身口業，善惡兩五陰；變化示現，工巧五陰；五善根入，方便五陰；證四果者，無漏五陰。如是種種，源從心出。……
>
> 若依《華嚴》云：「心如工畫師，畫種種五陰。」界內界外一切世間中，莫不從心造。世間色心，尚叵窮盡，況復出世，寧可凡心知？……
>
> 然界內外一切陰入皆由心起。佛告比丘：「一法攝一切法，所謂心

是。」《論》云：「一切世間中，但有名與色。若欲如實觀，但當觀名色。」心是惑本，其義如是。若欲觀察，須伐其根，如炙病得穴。今當去丈就尺，去尺就寸，置色等四陰，但觀識陰，識陰者心是也。〔註28〕

由上文所述，可知智者乃是依五陰、十二入、十八界所成之境界而修止觀。不過一切法雖不離五陰、十二入與十八界，然眞正作爲諸法所由生起之根源處則是色、受、想、行、識五陰中之識陰，即「識陰之心」或「識陰心」。無論是三界（指欲界、色界與無色界）內或三界外之陰入界境皆由一念心生起，因此，智者特別強調須「去丈就尺，去尺就寸，置色等四陰，但觀識陰，識陰者心是也」。又《摩訶止觀》卷第三下第四章攝法中，智者在說明「止觀攝一切教」時亦云：

攝一切教者，《毗婆沙》云：「心能爲一切法作名字。」若無心，則無一切名字。當知世、出世名字悉從心起。〔註29〕

又云：

復次，心攝諸教略有兩意：一者、一切眾生心中具足一切法門。如來明審，照其心法，按彼心說，無量教法，從心而出。二者、如來往昔曾作漸頓觀心，偏圓具足。依此心觀，爲眾生說。教化弟子，令學如來。破塵出卷，仰寫空經，故有一切經卷。悉爲三止三觀所攝也。〔註30〕

依上引文，可知心攝諸教可從眾生與諸佛如來兩方面來說明，而心介於眾生與佛之間，成聖成凡，皆須由心。故知一念心即具十法界三千法乃是包含了世出世一切善惡法。因此之故，智者即依吾人當下一念心之即具十法界三千法而修止觀，後來四明知禮亦依此以強調觀陰妄心爲一家教觀之所在，吾人依以下所引之幾段文字而觀，即可具體掌握知禮所謂之「妄心觀」，知禮云：

故一家之教，……乃立陰心爲所觀境。所以《止觀》及以諸文，皆令觀心。以取近要之心，爲觀所託。若無所託陰界入境，觀依何修？

〔註28〕《大正藏》四十六，第51頁下～52頁中。
〔註29〕《大正藏》四十六，第31頁中。
〔註30〕《大正藏》四十六，第31頁下～32頁上。

理依何顯？故離三障四魔，則無所觀境界也。〔註31〕

且如心性之名，《妙玄》及《釋籤》定判屬因，爲初心所觀之境，故云：佛法太高，眾生太廣，初心爲難。心佛及眾生，是三無差別，觀心則易。是則諸佛亦有心，眾生亦有心。若隨淨緣，作佛界心，則高遠難觀。若隨諸染緣，作一切眾生心，則廣散難觀。故輒取一分染緣熏起，自己即今刹那陰等之心，依之顯性也。是則隨緣不變之性，攝佛攝生，亦高亦廣。不變隨緣之心，非佛非生，不高不廣，近而且要，是故初心最可託之修觀也。〔註32〕

能造所造，內境外境，皆可當處觀於理具。但止觀揀繁從要，捨難取易，去其所造，取於能造，觀具三千。能造所造，若未觀具，且名凡夫世諦，隔歷不融。故揀去界入，專取識陰，爲所觀境也。〔註33〕

至十乘中，用於妙觀，觀此能造一念陰心本具三千。既一念即三千，三千即一念，言慮不及，故轉名不思議境也。〔註34〕

雖諸法皆具三千，今爲易成妙解妙觀故，的指一念即三法。妙中特取心法也。應知，心法就迷就事而辨。故《釋籤》云：眾生法一往通因果，二往唯局因。佛法定在果。心法定在因。若約迷悟分之，佛唯屬悟，二皆在迷。復就迷中眾生屬他通一切故，心法屬己別指自心故。《四念處》節節皆云觀一念無明心。《止觀》初，觀陰入心九境，亦約事中明心，故云煩惱心、病心乃至禪見心等，及隨自意中四運心等，豈非就迷就事辨所觀心？有人解今一念，云是眞心，恐未稱文旨。〔註35〕

依上諸文所述，可知欲成就天臺教觀，必依當下一念心而如實觀照，而此種重現「觀心」法門的特色，在元朝天臺宗懷則法師所作之《天臺傳佛心印記》中亦特別指出：

初心修觀必先內心，故於三科揀卻界入，復於五陰又除前四，的取

〔註31〕《四明十義書》卷下，《大正藏》四十六，第820頁上。
〔註32〕《四明十義書》卷上，《大正藏》四十六，第834頁下～835頁上。
〔註33〕《四明十義書》卷上，《大正藏》四十六，第841頁上～中。
〔註34〕《四明十義書》卷上，《大正藏》四十六，第841頁中。
〔註35〕《十不二門指要鈔》卷上，《大正藏》四十六，第706頁中。

識陰爲所觀境，如去丈就尺，去尺就寸，是爲總無明心。若就總明
別即第六識，如伐樹得根，灸病得穴，千枝百病自然消殞。〔註36〕

其次，依《摩訶止觀》所說，智者所以約一念心明止觀，乃是陰界入境，始
自凡夫正報，終至聖人方便，常自現前，若發不發，恒得爲觀，〔註37〕而其
所以強調觀吾人當下一念心之目的，則在於希冀由一念心進而說「一念三千」
所含具之世界觀，亦即一念心以說明一切法之存在情形，此種說明吾人亦可
名之曰：天臺性具圓教所成就之存有論。依智者大師所倡說之圓頓止觀而言，
吾人須就當下一念心圓觀一切善惡法，此即所謂「觀心是不可思議境」。智者
大師爲了說明「不可思議境」，乃先分別其它諸大小乘教雖亦依心明一切法，
然皆屬思議境，而非天臺性具圓教依圓頓止觀所觀照之不可思議境。故其於
《摩訶止觀》卷五上觀心具十法門中之「觀不可思議境」文中即云：

觀心是不可思議境者，此境難說，先明思議境，令不思議境易顯。

思議法者，小乘亦說心生一切法，謂六道因果三界輪環。若去凡欣
聖，則棄下上出，灰身滅智，乃是有作四諦，蓋思議法也。

大乘亦明心生一切法，謂十法界也。若觀心是有，有善有惡。惡則
三品，三途因果也。善則三品，脩羅、人、天因果。觀此六品無常
生滅，能觀之心亦念念不住；又能觀所觀悉是緣生，緣生即空，並
是二乘因果法也。

若觀此空有，墮落二邊，沈空滯有，而起大慈悲，入假化物，實無
身假作身，實無空假說空，而化導之，即菩薩因果法也。觀此法能
度、所度皆是中道實相之法，畢竟清淨。誰善誰惡？誰有誰無？誰
度誰不度？一切法悉如是，是佛因果法也。此之十法邐迤淺深，皆
從心出。雖是大乘無量四諦所攝，非今止觀所觀也。〔註38〕

依上述引文，吾人可大致窺出智者所以得以分判前述諸大小乘教所說者爲思
議境，而特別標舉天臺性具圓教所觀者爲不思議境，其判準在於如何觀解吾
人當下一念心與一切法之生滅變化的關係。若一念心所生起或造作之一切法
是屬於藏教之生滅在作四諦、通教之無生四諦以及別教之無量四諦，則均爲

〔註36〕《大正藏》四十六，第934頁上。
〔註37〕參看《摩訶止觀》卷第五上，《大正藏》四十六，第49頁下。
〔註38〕《摩訶止觀》卷第五上，《摩訶止觀》四十六，第52頁中～下。

思議境也。唯有圓教非生非滅之無作四諦方是智者大師圓頓止觀所欲觀照之不思議境。〔註39〕

　　上文已說明了所謂的思議境，其次則是探討智者如何說明不思議境。《摩訶止觀》卷第五上論及觀心爲不可思議境時，智者有云：

　　不可思議境者，如《華嚴》云：「心如工畫師，造種種五五陰。一切世間中，莫不從心造。」種種五陰者，如前十法界五陰也。……

　　十法界通稱陰、入、界，其實不同。三途是有漏惡界入，三善是有漏善陰界入，三善是有漏善陰界入，二乘是無漏陰界人，菩薩是亦有漏亦無漏陰界入，佛是非有漏非無漏陰界入。《釋論》（《大智度論》）云「法無上者涅槃是」，即非有漏非無漏法也。《無量義經》云「佛無諸大陰界入」者，無前九陰界入也。今言有者，有涅槃常住陰界入也。《大經》（《大涅槃經》）云：「因滅無常色，獲得常色。受想行識亦復如是。」常樂重沓，即積聚義。慈悲覆蓋即陰義。以十種陰界不同故，故名五陰世間也。

　　攬五陰通稱眾生，眾生不同。攬三途陰，罪苦眾生。攬人天陰，受樂眾生。攬無漏陰，眞空眾生。攬慈悲陰，大士眾生。攬常住陰，尊極眾生。《大論》云：「眾生無上者佛是。」豈與凡下同？《大經》云：「歌羅邏時名字異，乃至老時名字異；芽時名字異，乃至果時名字亦異。」直約一期，十時差別。況十界眾生寧得不異？故名眾生世間也。

　　十種所居通稱國土世界者，地獄依赤鐵住。畜生依地水空住。脩羅依海畔海底住。人依地住。天依宮殿住。六度菩薩同人依地住。通教菩薩惑未盡者同人天依住，斷惑盡者依方便土住。別圓菩薩惑未盡者，同人、天、方便等住，斷惑盡者，依實報土住。如來依常寂光土住。《仁王經》云：「三賢十聖住果報，唯佛一人居淨土。」土

土不同，故名國土世間也。此三十種世間悉從心造。

又十種五陰，一一各具十法，謂如是相、性、體、力、作、因、緣、果、報、本末究竟等。……

夫一心具十法界，一法界又具十法界，百法界。一界具三十種世間，百法界即具三千種世間。此三千在一念心。若無心而已，介爾有心，即具三千。亦不言一心在前，一切法在後；不言一切法在前，一心在後。例如八相遷物，物在相前，物不被遷；相在物前，亦不被遷。前亦不可，後亦不可。秖物論相遷，秖相遷論物。今心亦如是。若從一心生一切法者，此則是縱。若心一時含一切法者，此即是橫。縱亦不可，橫亦不可。秖心是一切法，一切法是心故。非縱非橫，非一非異，玄妙深絕，非識所識，非言所言，所以稱為不可思議境，意在於此。〔註40〕

以上所引之文，可說是智者大師正式且具體地言及一念即三千為不可思議境之所在，因此有人認為一念三千之說，至《摩訶止觀》方始開演出來，因為荊溪於《止觀輔行傳弘決》卷五之三中曾論及此思想發展之梗概：

大師於覺意三昧，觀心食法，及誦經法，小止觀等，諸心觀文，但以自他等觀，推於三假，並未云「一念三千具足」。乃至《觀心論》中，亦秖以三十六問，責於四心，亦不涉於「一念三千」。唯《四念處》中，略云觀心十界而已。故至《止觀》，正明觀法，並以三千而為指南，乃是終窮究竟極說。〔註41〕

智者於《摩訶止觀》中所言之不可思議境，實即指由識陰之心即具三千所造成的一切世間，此亦即《華嚴經》所說之：「心如工畫師，畫種種五陰。」而智者所以能形構出一念三千的世界觀，主要是根據以下之思想而成：

一、依《華嚴經・十地品》，一切法可分為地獄、餓鬼、畜生、阿修羅、人、天六凡與聲聞、緣覺、菩薩、佛四聖，共為十法界。

二、十法界中的每一法界又與其餘九法界互具互融，以十乘十，便成百法界。

三、又此百界中的每一界皆具足《法華經・方便品》中所說的「十如是」，

〔註40〕《大正藏》四十六，第52頁下～54頁上。
〔註41〕《大正藏》四十六，卷296頁上。

如此百界乘十如，便成了百界千如。

四、此百界千如再配合《大智度論》卷四十七所提到的三種世間，所謂「世間有三種：一者、五陰世間；二者、眾生世間；三者、國土世間」，即成了三千世間。

五、而眾生當下的每一念必屬於十法界中的任一法界，故一念心即具三千世間。此三千世間既即具於眾生當下之一念心中，則三千世間即是一念，一念亦即是三千世間。故三千世間不在心之內外，亦不在心之前後，而離三千世間法亦無一念可得。〔註42〕

依上述之分析，吾人可大致瞭解智者所說一念三千所以形成之根據，以下則進一步說明「十法界」、「十如」等之具體內容。

依智者之見解，所謂十法界指的是將一切法依其性質及境界而分為地獄、餓鬼、畜生、阿修羅、人、天（六道）與聲聞、緣覺、菩薩、佛（四聖）共十界，此十法界「各因各果，不相混濫」，〔註43〕智者在《妙法蓮華經玄義》卷第二上解釋「十法界」之義時云：

> 皆稱法界者，其意有三。十數皆依法界，法界外更無復法。能所合稱，故言十法界也。二、此十種法，分齊不同，因果隔別，凡聖有異，故加之以界也。三、此十皆即法界，攝一切法。一切法趣地獄，是趣不過。當體即理，更無所依，故名法界。乃至佛法界，亦復如是。若十數依法界者，能依從所依，即入空界也。十界界隔者，即假界也。十數皆法界者，即中界也。欲令易解，如此分別。得意為言，空即假中，無一二三，如前云云。〔註44〕

智者之解十法界，乃是在性具圓教意義下以言每一法界之圓具與圓趣一切法，故云「此十皆即法界，攝一切法。一切法趣地獄，是趣不過。當體即理，更無所依，故名法界」。又此圓具與圓趣一切法之十法界亦是即空即假即中，所謂一空一切空、一假一切假、一中一切中，如此十法界即是一法界，一法界亦即十法界，故智者云「得意為言，空即假中，無一二三」。

至於「十如」則是關聯著所謂的「眾生法」而說。智者在《妙法蓮華經

〔註42〕參看聖嚴法師所著〈天臺思想的一念三千〉，《天臺思想論集》，第 214～218 頁，《現代佛教學術叢刊》五十七。

〔註43〕見《大正藏》四十六，第 52 頁下。

〔註44〕《大正藏》三十三，第 693 頁下。

玄義》卷第二上解釋《妙法蓮華經》所說者何以是妙法時，約眾生法、佛法
及心法三者以明三法妙。其中說明眾生法妙時，即依《法華經・方便品》所
說的「如是相、如是性、如是體、如是力、如是作、如是因、如是緣、如是
果、如是報、如是本末究竟等」十法來總一切法，亦即視「十如」為說明世
界萬法之存在情形的十種範疇。智者對於「十如」之通解乃是：「相以據外，
覽而可別，名為相。性以據內，自分不改，名為性。主質名為體。功能為力。
構造為作。習因為因。助因為緣。習果為果。報果為報。初相為本，後報為
末，所歸趣處為究竟等。」〔註45〕而灌頂在記錄智者大師說此十法時，曾作
了如下之說明：

> 今經用十法攝一切法，所謂諸法如是相、如是性、如是體、如是力、
> 如是作、如是因、如是緣、如是果、如是報、如是本末究竟等。南
> 岳師讀此文皆云如，故呼為「十如」也。天臺師云：依義讀文凡有
> 三轉，一云「是相如、是性如，乃至是報如」。二云「如是相、如是
> 性，乃至如是報」。三云「相如是、性如是，乃至報如是」。若皆稱
> 「如」者，如名不異，即空義也。若作如是「相」如是「性」者，
> 點空相性，名字施設邐迆不同，即假義也。若作相「如是」者，如
> 於中道實相之是，即中義也。分別令易解故，明空假中，得意為言，
> 空即假中。「約如明空」，一空一切空；「點如明相」，一假一切假；「就
> 是論中」，一中一切中。非一二三而一二三，不縱不橫，名為實相。
> 唯佛與佛究竟此法，是十法攝一切法。若依義，便作三意分別；若
> 依讀，便當依偈文云如是大果報種種性相義。〔註46〕

由此可見，智者不但依十如以說明眾生法，更將十如之三種轉讀配合空假中
三諦，以之說明諸法實相，並由之而開展出天臺宗一念三千即空即假即中之
圓融三諦的思想。因此，智者在通解十如時不但云「初相為本，後報為末，
所歸趣處為究竟等」，更認為一切法必須即空即假即中方為究竟平等，故智者
通解十如之後，繼之更云：

> 若作「如」義，初後皆空為等；若作「性相」義，初後相在為等；
> 若作「中」義，初後皆實相為等。今不依此等，「三法具足為究竟等」。

〔註45〕《大正藏》三十三，第 694 頁上。

〔註46〕《大正藏》三十三，第 693 頁中。

夫究竟者，中乃究竟，即是實相爲等也。〔註47〕

又云：

> 本末究竟等者，即有三義：「本空末亦空，故言等。」又惡果報在本
> 相性中，此末與本等；本相性在惡果報中，此本與末等。若先無後事，
> 相師不應預記；若後無先事，相師不應追記。當知初後相在，此「假
> 事論等」。中實理心，與佛果不異。一色一香，無非中道，此「約理
> 論等」。以是義故，故言本末究竟等。「三義具足故言等也」。〔註48〕

而荊溪於《法華玄義釋籤》卷四中曾對智者此說作了如下之說明：

> 從勝立名，方名究竟。所以本末究竟，皆空假中者，如於夢中，修
> 因得果，夢事宛然，即假也。求夢不可得，即空也。夢之心性，即
> 中也。此之三法，不前後，不合散。〔註49〕

依上文所明之「十法界」與「十如」，智者遂建構出「百界千如」的存有論，
此可由《妙法蓮華經玄義》卷第二上所說者得到具體的說明：

> 今明權實者，以十如是約十法界，謂六道四聖也。……此一法界，
> 具十如是。十法界具百如是。又一法界具九法界，刞有百法界千
> 如是。束爲五差，一惡、二善、三二乘、四菩薩、五佛。判爲二
> 法，前四是權法，後一是實法。細論各具權實，且依兩義。然此
> 權實，不可思議，乃是三世諸佛二智之境。以此爲境，何法不收？
> 此境發智，何智不發？故文云「諸法」。諸法者，是所照境廣也。
> 唯佛與佛，乃能究竟者，明能照智深，窮底盡底也。其智慧門，
> 難解難入者，歎境妙也。我所得智慧，微妙最第一者，歎智與境
> 相稱也。〔註50〕

依智者之見解，由「百界千如」所構成之不思議境界即是三世諸佛所照之境，
亦即是所謂的「諸法」。又立基於此「百界千如」，智者更加上十法界具三十
種世間的觀念，遂將一切法收攝爲「百界千如三千法」。而此三千法雖千差萬

〔註47〕《大正藏》三十三，第 694 頁上。
〔註48〕《大正藏》三十三，第 694 頁中。
〔註49〕《大正藏》三十三，第 840 頁下。
〔註50〕《大正藏》三十三，第 693 頁下。

別、森羅萬象,卻皆於當下一念心中具足,此即智者所開創之「一念三千」
的性具圓教義。智者依《華嚴經》所說:「遊心法界如虛空,則知諸佛之境界。」
對一念即具三千作了詳細而具體的闡釋:

> 又,「遊心法界」者,觀根塵相對,一念心起,於十界中,必屬一界。
> 若屬一界,即具百界千法,於一念中,悉皆備足。此心幻師,於一
> 日夜,常造種種眾生、種種五陰、種種國土,所謂地獄假實國土,
> 行人當自選擇,何道可從。
>
> 又,「如虛空」者,觀心自生心,不須藉緣。藉緣有心,心無生力。
> 心無生力,緣亦無生。心緣各無,合云何有?合尚叵得,離則不生。
> 尚無一生,況有百界千法耶?以心空故,從心所生一切皆空。此空
> 亦空。若空非空,點空設假,假亦非假。無假無空,畢竟清淨。
>
> 又復「佛境界」者,上等佛法下等眾生法。〔註51〕

此處雖言「一念心起」、「觀心自生心」,然並非為實體義之創生,而是佛教「緣
起性空」意義下「生生不可說,生不生不可說,不生生不可說,不生不可說」
之「不生而生」。一念心起即具三千,不生而生,故三千宛然。一切眾生若能
觀照一念心即具三千,即空即假即中,則眾生當下一念心法即是諸佛境界,
以是故言「心佛與眾生,是三無差別」。

以上吾人已大體說明智者大師依「十法界」、「十如」與「三種世間」所
構成之「一念三千」的性具圓教,此實是天臺宗依《法華經》等諸大乘經論
而開展出來的「無執的存有論」。〔註52〕以下吾人則進一步探討荊溪與知禮二
者對於一念三千之說明,以期對於天臺宗即一念心觀三千不思議境之思想有
更具體的瞭解。

荊溪順著智者說一念三千為不可思議境,亦對如何約一念心以觀不思議
境作了種種說明。這些見解可由《法華玄義釋籤》、《法華文句記》、《十不二

〔註51〕《大正藏》三十三,第696頁上~中。
〔註52〕此語出自牟宗三,所謂「無執的存有論」乃是相對於「執的存有論」而言。
依牟宗三之分析,如唯識宗依識心之執,亦即依遍計所執性所成就之諸法境
界即是執的存有論;而天臺宗依《法華經》之「是法住法位,世間相常住」
以及《維摩詰經》之「但除其病而不除法」所成就之性具系統乃是立基於智
如不二的智具一切法,亦即無執著的保住了三千法之在其自己,故名之曰「無
執的存有論」。參看《現象與物自身》第七章「執相與無執相底對照」文中有
關「執的存有論」與「無執的存有論」之說明。

門》以及《金剛錍》等書中見出，以下即就幾段引文加以說明。如《法華玄義釋籤》卷第四有云：

> 後約六即，是觀心之位。……是故行者，常觀一念介爾起心，以具一切心，故等於佛心。以等佛心，故六皆名即。成究竟即已，能巧設五味。〔註53〕

> 但明一心，具足十界。若且約界判，則九界爲權，佛界爲實。一一界中，又各具十，尚權實相即，何況具耶？一心既爾，諸心例然，是故不同舊人所見。是知舊人，不知以如約界，界界互有，而但約如，以分權實。〔註54〕

依上文所說，可知天臺宗性具圓教所說者乃是觀一念心即具十法界法，其中自地獄以至於菩薩九界皆屬權法，唯有佛法界屬實法，然雖分權實，而實是權實相即，故《法華經》處處強調需開權顯實以展現「唯一佛乘」圓融無礙與圓滿具足的境界。

　　荊溪於《止觀大意》言「觀不思議境」時，對於「一念心」與不思議境之關係大體是順智者於《摩訶止觀》說不思議境之見解而作疏解，荊溪云：

> 境爲所觀，觀爲能觀。所觀者何？謂陰界入，不出色心，色從心造，全體是心。故經云：「三界無別法，唯是一心作。」此之能造具足諸法，若漏無漏，非漏非無漏等，若因若果，非因非果等。故經云：「心佛及眾生，是三無差別。」眾生理具，諸佛已成。成之與理莫不性等。謂一一心中一切心，一一塵中一切塵；一一心中一切刹，一切刹塵亦復然。諸法諸塵諸刹身，其體宛然無自性。無性本來隨物變，所以相入事恒分。故我身心刹塵遍，諸佛眾生亦復然。一一身土體恒同，何妨心佛眾生異？異故分於染淨緣，緣體本空空不空。三諦三觀三非三，三一一三無所寄。諦觀名別體復同，是故能所二非二。如是觀時，名觀心性。隨緣不變故爲性，不變隨變故爲心。故《涅槃經》云：「能觀心性，名爲上定。上定者名第一義，第一義者名爲佛性，佛性者名毗盧遮那。」此遮那性具三佛性。遮那遍故，三佛亦遍。故知三佛唯一刹那。三佛遍故，刹那則遍。如是觀者，名觀法身。此觀法身是觀

〔註53〕《大正藏》三十三，第 839 頁上。
〔註54〕《大正藏》三十三，第 840 頁上。

三身，是觀剎那，是觀海藏，是觀真如，是觀實相，是觀眾生，是觀己身，是觀虛空，是觀中道。此妙境爲諸法本，故此妙觀是諸行源。如是方離偏小邪外，所以居在十法〔註55〕之首。上根一觀，橫豎該攝，便識無相，眾相宛然，即破無明，登於初住，若內外凡。故喻云：其事高廣，乃至道場。中根未曉，更修下法。〔註56〕

荊溪於此處仍就一念心以明所觀之不思議境。因眾生在迷，隨染淨緣，起心動念，造作諸法，此即「三界無別法，唯是一心作」。眾生心既能造作具足諸法，故荊溪特就「隨緣不變名性，不變隨緣名心」來說明天臺圓教意義下之圓觀心性。又因「心佛與眾生，是三無差別」，是故依理而言眾生所具之性與佛無二無別，只是眾生在迷，所具之如來藏理隱而不顯；而諸佛已悟，本具之理充分朗現，諸事成辦。故謂「眾生理具，諸佛已成，成之與理莫不性等」。

又荊溪順智者大師之解「遊心法界如虛空，則知諸佛之境界」，作了如下之疏解：

初釋「遊心」者，心之所遊，體是法界，不得更計能遊所遊。此法界體，是畢竟空，故云如空。法本無名，假立心佛，故云即假。經文雖爾，語猶總略，故重釋云：又遊心等，即百界千法三千世間。次所謂去，略引示相：假即眾生，實即五陰，及以國土即三世間也。千法皆三，故有三千。釋遊心竟。次重釋「如虛空」者，具如《止觀》不思議境，以自他四句，推三千法，縱橫乃至非縱至橫，四句巨得。次重釋「諸佛境界」者，具如《止觀》不思議境，以自他四句，推三千法，縱橫乃至非縱非橫，四句巨得。次重釋「諸佛境界」者，遍法界故，故上等佛法下等眾生法。次重釋「心」者，眾生及佛不出於心，故無差別，名心法妙。是故結歸三無差別，方名爲妙。〔註57〕

智者解三法妙，一再強調「心、佛、與眾生，是三無差別」，然既云佛法、眾生法及心法三無差別，方名爲妙，何故《妙法蓮華經玄義》中只問：「一念心

〔註55〕此十法即指《摩訶止觀》所說之「觀心具十法門」：一、觀不思議境；二、起慈悲心；三、巧安止觀；四、破法遍；五、識通塞；六、修道品；七、對治助開；八、知次位；九、能安忍；十、無法愛。

〔註56〕此處所謂更修下法，即指更修「起慈悲心」等以下諸法門，參看《大正藏》四十六，第460頁上～中。

〔註57〕《大正藏》三十三，第844頁上～中。

云何含受百界千法耶？」針對此問題，荊溪於《釋籤》中即指出智者大師省略了對眾生法及佛法之料簡，實者，應針對三法皆作此問，其文云：

> 雖對心料簡，意實亦應對餘二簡。何者？亦應問言：「一一眾生，何故各具百界千法？佛果已滿，何須復云百界千法？」已云心法即餘二故，若不問餘二，心法之二，既其不妙，卻令心法，亦未爲妙。故知義言，應兼問二。具如《止觀》不思議境，若理，若修，若結，若譬，須來此中。〔註58〕若失此意，至釋十妙，妙反成麤，乃至第七卷末，同中此旨。何者？乃至蓮華同譬此旨。乃至本門，久證此旨。體宗用三，同顯此旨。〔註59〕

又荊溪於《法華玄義釋籤》卷第十四曾云：

> 一期縱橫不出一念，三千世間即空假中，理境乃至利益咸爾。〔註60〕

於「色心不二門」中亦云：

> 一切諸法無非心性。一性無性，三千宛然。〔註61〕

而於「因果不二門」中則云：

> 三千因果，俱名緣起。迷悟緣起，不離刹那。刹那性常，緣起理一。
> 一理之內，而分淨穢。〔註62〕

依上文荊溪對於一念心與十法界三千法之說明，可見眾生法、佛法及心法，三者皆具百界千法，故皆爲妙。然此三法實是三而一，一而三，故其所具之百界千如，亦只是百界千如，而非三百界三千如與九千法。故荊溪就一念心說明十不二門時，於「因果不二門」文中即云：「三千在理，同名無明。三千果成，咸稱常樂。三千無改，無明即明。三千並常，俱體俱用。」〔註63〕此種境界必須在圓教之圓頓止觀的觀照下方能顯現，而此即是荊溪於《法華文句記》中依性具圓教以明「一念三千三諦具足」之境界，文云：

〔註58〕所謂「須來此中」，即指來至眾生當下之一念心中，亦即須就眾生當下一念心而言即具三千。

〔註59〕參看《法華玄義釋籤》卷第四，《大正藏》三十三，第844頁中。

〔註60〕參看《法華玄義釋籤》卷第四，《大正藏》三十三，第918頁上。

〔註61〕參看《法華玄義釋籤》卷第四，《大正藏》三十三，第918頁上。

〔註62〕參看《法華玄義釋籤》卷第四，《大正藏》三十三，第919頁上。

〔註63〕參看《法華玄義釋籤》卷第四，《大正藏》三十三，第919頁上。

> 唯圓即觀一念三千三諦具足，是則一心一切心，一身一切身，一土
> 一切土。一念俱觀若身心土若空假中，更無前後。故觀成時，一心
> 見一切心，一身見一切身，一土見一切土，十方諸佛身中現故。故
> 於自心常寂光中，遍見十方一切身土。〔註64〕

荊溪在《金剛錍》中更以問答之方式，具體地說明一念即具三千法之內容，
而依此所說之一念三千更是天臺宗論述性具圓教義理之所依：

> 客曰：如何能攝依正因果？
> 余曰：一家所立不思議境「於一念中理具三千」，故曰念中具有因果、
> 凡聖、大小、依正、自他。故所變處無非三千，而此三千性
> 是中理，不當有無，有無自爾。何以故？俱實相故。實相法
> 爾具足諸法，諸法法爾性本無生。故雖三千，有而不有。共
> 而不雜，離亦不分。雖一一遍，亦無所在。〔註65〕

因為十法界三千法之性乃是畢竟空無自性，所謂「一切法趣空如性」，亦是以
不有不無而具足一切法之中道實相理為法性，故言「此三千性是中理，不當
有無，有無自爾」。又一念心即具三千，三千既不離法性，亦即不離中道實相
理，故一念心具即是一念性具或一念理具。如此說明一切法之存在即是依天
臺宗圓談法性與中道實相理而開展。

　荊溪又云：

> 客曰：云何三千？
> 余曰：實相必諸法，諸法必十如，十如必十界，十界必身土。又依
> 《大經》及以《大論》，立三世界故有三千，具如《止觀》及
> 《廣記》中。故知，因果、凡聖恒具三千，是故歎云：唯佛
> 與佛乃能究盡。十方世界稻麻二乘如恒河沙，不退菩薩並不
> 能知斯義少分，即指前之七種人也。是故身子三請慇懃，十
> 方三世諸佛開顯，釋迦仰同無復異趣。大車譬此，宿世示此，
> 壽量久本唯證於此，根敗適復獲記由此，菩薩疑除損生增道，
> 始初發心終訖補處，豈有餘途並託於此。由前四時兼、但、
> 對、帶，部非究竟，故推功《法華》。《涅槃》兼權意如前說。

〔註64〕《大正藏》三十四，第343頁中。
〔註65〕《大正藏》四十六，第785頁中～下。

> 當知一乘十觀即法華三昧之正體也，普現色身之所依也，正
> 因佛性由之果用，緣了行性由之能顯，性德緣了所開發也，《涅
> 槃》眞伊之所喻也，《法華》大車之所至也。諸大乘意準例可
> 知。〔註66〕

以上所舉荊溪之說法，大體皆依智者大師所已說者而作進一步之疏解。而荊
溪除了將智者大師所開創的一念三千加以繼承並發揮以外，更特別突顯天臺
宗性具圓教之所以爲圓教的根據，並由之以分判別圓之差異，關於此問題，
吾人將於下文中再作進一步之說明。

　　順著智者大師與荊溪湛然對一念心及不思議境之解釋，知禮更依一念心
以說「理具三千」及「變造三千」。知禮在解釋一念的時候，不僅指出此一念
心是剎那心，更是陰妄的識心。如其於《十不二門指要鈔》中，即曾對「一
念」作了詳細的精簡，透過此精簡，知禮不僅將智者與荊溪的思想作了清楚
的闡述，而且也破斥山外諸師對天臺所說一念心的誤解。知禮於《十不二門
指要鈔》卷上一開始即強調：「蓋指介爾之心，爲事理解行之要也。」〔註67〕
繼之又云：

> 今釋「一念」乃是趣舉根塵和合一剎那心。若陰若惑，若善若惡，
> 皆具三千，皆即三諦，乃十妙之大體，故云「咸爾」。〔註68〕斯之「一
> 念」，爲成觀故，今文專約明乎不二。不可不曉，故茲委辨。〔註69〕

知禮解釋智者大師與荊溪所強調之一念心乃是指與根塵和合而起種種變化造
作的當下一念心，亦即是剎那變化的陰識心。此一念心雖是剎那變化，然理
上皆具三千，皆即三諦，故天臺性具圓教所倡說之妙法與諸妙境皆須立基於
此心方得以開展。又知禮在解釋智者所說之一念三千時，更依修、性而分爲
「變造三千」及「理具三千，並由之以疏解荊溪所說之「修性不二門」，文云：

> 修謂修治造作，即變造三千。性謂本有不改，即理具三千。今示全

〔註66〕《大正藏》四十六，第785頁下。
〔註67〕《大正藏》四十六，第705頁上。
〔註68〕此處所言之「咸爾」，即荊溪《釋籤》中說的「一期縱橫，不出一念。三千世
　　　　間即空假中。『理境乃至利益咸爾』」。而所謂「理境乃至利益」，乃是《法華
　　　　玄義》釋經題之「妙」時所說之「跡門十妙」，即境妙、智妙、行妙、位妙、
　　　　三法妙、感應妙、神通妙、說法妙、眷屬妙、功德利益妙。
〔註69〕《大正藏》四十六，第707頁上。

性起修，則諸行無作。全修在性，則一念圓成。是則修外無性，性
外無修。互泯互融，故稱不二。〔註70〕

性具三千，故得全性起修而成變造三千；然雖云變造三千，以其性德本具，
故雖造而無造，故云「全性起修，則諸行無作」。又所謂修德三千乃是一念即
於本具三千或迷或悟而成變造三千，亦是即於理具三千而成變造三千，無有
一法增減，故「全修在性，則一念圓成」。如此言性修，則性外無修，修外無
性，互泯互融，故爲不二。

另外，由知禮疏解荊溪「色心不二」之文意，亦可看出其對一念三千之
具體思想，荊溪「色心不二門」有云：「當知心之色心，即心名變。變名爲造，
造謂體用。是則非色非心，而色而心，唯色唯心，良由於此。故知但識一念，
遍見己他生佛。他生他佛尚與心同，況己心生佛寧乖一念？故彼彼境法差差
而無差。」〔註71〕知禮疏解此段文句時云：

「心之色心」者，即事明「理具」也。初言「心」者，趣舉剎那也。
「之」者語助也。「色心」者性德三千也。圓家明性，既非「但理」，
乃具三千之性也。此性圓融遍入，同居剎那心中。此「心之色心」
乃秖心是三千色心，如物之八相更無前後，即同《止觀》「心具」之
義，亦向「心、性」之義。三千色心，一不可改，故名爲性。此一
句約理明總別。本具三千爲別，剎那一念爲總。以三千同一性故，
故總在一念也。〔註72〕

所謂「圓家明性，既非『但理』，乃具三千之性也」，此即充分顯現天臺宗倡
言（如來藏）理具三千或（法）性具三千之思想，此是就客觀之法理而言；
若就眾生之主觀而言，則是（當下一念）心具三千，變造三千。三千雖由剎
那心變造，然皆即空即假即中，故皆同一性，故心具即是性具、理具。

「即心名變」等者，即上具三千之心，隨染淨緣，不變而變，非造
而造，能成修中三千事相。變雖兼別，造雖通四，今即具心名變，
此變名造，則唯屬圓，不通三教。此二句（指「即心名變，變名爲
造」二句）則事中總別。變造三千爲別，剎那一念爲總。亦以三千

〔註70〕《十不二門指要鈔》卷下，《大正藏》四十六，第713頁上。
〔註71〕《大正藏》四十六，第703頁上。
〔註72〕參看《十不二門指要鈔》卷上，《大正藏》四十六，第710頁中。

同一性故，故咸趣一念也。〔註73〕

知禮於此處特別強調雖然藏、通、別、圓四教皆言萬法由心造，而別教亦談隨緣變現，然皆未若天臺性具圓教直就具三千明變造之義，故天臺圓教所說「即心名變，此變名造」之變造義不與前三教通。又依利那一念心即具三千爲總，方有變造三千之差別相，故知禮說此二句爲「事中總別」。

> 「造謂體用」者，指上變造即全體起用。故因前心具色心，隨緣變造，修中色心乃以性中三千爲體，修起三千爲用，則全理體起於事用，方是圓教隨緣之義。故《輔行》（卷第五之三）云：「心造有二種：一者、約理，造即是具；二者、約事，乃明三世凡聖變造。」即結云：「皆由理具，方有事用。」此文還合彼不？〔註74〕

以性德三千爲諸法理體，即心變造三千爲諸法事用。事用必依理體而起，理體則賴事用方顯，故即體即用，全體是用。如此言「不變隨緣，隨緣不變」自有別於別教之性起系統，因爲天臺性具圓教強調「皆由理具，方有事用」之故。

　　以上，順著智者、荊溪、知禮對於「一念三千」所作的說明與闡述，我們可以見出「一念三千」這個觀念，基本上乃是天臺宗依吾人當下一念以說明由此一念心所起現之一切法的存在情形。因此，吾人於本節中即依之以探討天臺宗構成性具圓教之主要義理。聖嚴法師對於天臺宗「一念三千」的義理曾作了如下的說明：

> ……檢點考察吾人於日夜所起的一念心，必屬於十法界中的某一法界。若與殺生等的瞋恚相應，是爲地獄界；若與貪欲相應，是爲餓鬼界；若與愚癡相應，是爲畜生界；若與我慢勝他相應，是爲阿修羅界；若與人倫的道德律相應，是爲人間界；若與欲界、色界、無色界等的禪定相應，是爲天上界；若與四聖諦之理相應，是爲聲聞界；若與十二因緣觀相應，是爲緣覺界；若與淨佛國土成就眾生的願行相應，是爲菩薩界；若與眞如法界相應，即是佛界。所以說，不論你是否已在三惡道中，或者是否已經解脫，只要一念與某界相應，此心即在某界，佛果的聖者，雖斷修惡，仍可以爲了度生的悲願而不斷性惡；惡道眾生雖因沒有修善而處於惡境，但仍不斷性善，若能一念與佛道相應，

〔註73〕參看《十不二門指要鈔》卷上，《大正藏》四十六，第710頁中。
〔註74〕參看《十不二門指要鈔》卷上，《大正藏》四十六，第710頁中。

此念即是佛界。這是天臺宗的獨特思想。所以，若不理解一念三千，便無從理解天臺思想的性具和性惡之說。〔註75〕

由此可見「一念三千」的思想對於瞭解天臺宗性具圓教之重要性。又智者除了就此一念心說三千法外，更進一步探討一切法之根本，此則牽出「從無住本立一切法」的問題，因此，吾人於下一節中將依智者等人對於「從無住本立一切法」之說明，來進一步探討其與天臺宗性具思想的關係。

貳、從無住本立一切法

吾人於上一節中言及天臺宗一家之教觀，乃是立基於「一念三千」，亦即由一念心具十法界三千法而構成天臺宗之性具圓教義。而智者大師所謂之一念心，詳言之即是「一念無明法性心」，因為智者大師於《四念處》卷四曾云：

> 但約唯識具一切法門。而眾生有兩種：一多著外色少著內識；二多著內識少著外色。如上界多著內識，下二界著外色多內識少。如學問人多向外解。若約識為唯識，論者破外向內。今觀明白十法界法，皆是一識，識空十法界空，識假十法界假，識中十法界亦中。專以內心破一切法，著外觀十法界即見內心。當知若色若識，皆是唯識，若色若識皆是唯色。今雖說色心兩名，其實只一念。無明法性十法界即是不可思議一心，具一切因緣所生法。一句名為「一念無明法性心」。若廣說四句成一偈，即因緣所生心，即空即假即中。故《般若》云：受持一四句偈，與十方虛空等。《法華》云：聞一偈亦與菩提記，一句亦然，三世亦如是。今觀此只一心不可思議，十界恒現前，入心地法門，故能不起寂滅。現身八會，只是一句，一句有無量，無量中只一句，是為不思議。〔註76〕

智者於此明說「無明法性十法界即是不可思議一心，具一切因緣所生法」，而此具一切法之不思議心既可約一句簡稱為「一念無明法性心」，亦可廣說為「因緣所生法，我說即是空，亦為是假名，亦是中道義」四句。依智者之解「一念無明法性心」，所謂無明乃是「法性無住即無明」；而法性則是「無明無住即法性」。

〔註75〕 參看〈天臺思想的一念三千〉，《天臺思想論集》，第213～214頁，《現代佛教學術叢刊》五十七。

〔註76〕 《大正藏》四十六，第578頁下。

因此，法性與無明二者不但皆無所往，且是同體依即，亦即無明當體即是法性，而法性當體亦是無明，故無明即法性，法性即無明，此二者爲一切法作本。實者，此二者二而不二，不二而二，故簡曰「一念心」，繁曰「一念無明法性心」。因此，智者大師於《摩訶止觀》卷第五上「觀心明不思議境」文中即云：

> 若隨便宜者，應言「無明法法性生一切法」。如眠法法心，則有一切夢事。心與緣合，則三種世間，三千相性，皆從心起。一性雖少而不無，無明雖多而不有。何者？指一爲多，多非多。指多爲一，一非少。故名此心爲不思議境也。〔註77〕

上文所說之「無明法法性」，荊溪於《止觀輔行傳弘決》中解爲：「無明是暗法，來法於法性。如丹是藥法，來法於銅等，因緣和合，有成金用。是則無明爲緣，性法爲因，明暗和合，能生諸法。」〔註78〕由此可知，天臺宗性具思想，實立基於「一念無明法性心」，十法界眾生皆由此一念無明法性心而生一切善惡法。然吾人若作進一步的探討，則不難發現此一念無明法性心實與《維摩詰經‧觀眾生品》中所說的「無住本」有密切的關係。因爲智者不但依「一念無明法性心」說明一切法的存在，更言「無住本立一切法」。智者在疏解《維摩詰經》、《金光明經》、《法華經文句》時皆一再言及「從無住本立一切法」，故知智者大師說「一念無明法性心生一切法」即等同於說「從無住本立一切法」。因此，吾人於下文中首先要探討《維摩詰經》如何說「無住本」，其次再探討智者大師如何依此「無住本」而說明一切法的存在情形。

　　「從無住本立一切法」語出《維摩詰所說經‧觀眾生品》第七。文殊師利於此品中問維摩詰「菩薩應云何觀於眾生」？維摩詰順其所問一一作答。其中問及善、不善（即包含一切法）以何爲本？維摩詰乃爲其一步步往後推溯，直至「從無住本立一切法」，其文云：

> 〔文殊師利〕又問：善不善孰爲本？
>
> 答曰：身爲本。
>
> 又問：身孰爲本？
>
> 答曰：欲貪爲本。
>
> 又問：欲貪孰爲本？

〔註77〕《大正藏》四十六，第55頁上。
〔註78〕《大正藏》四十六，第298頁中。

答曰：虛妄分別爲本。

又問：虛妄分別孰爲本？

答曰：顛倒想爲本。

又問：顛倒想孰爲本？

答曰：無住爲本。

又問：無住孰爲本？

答曰：無住則無本。文殊師利！從無住本立一切法。〔註79〕

吾人已於前文中提及智者大師在疏解諸大乘經論時，常依「無住本」說明一切法之存在；不過在智者對《維摩詰經》此一觀念作詳細而獨特的詮釋之前，因鳩摩羅什譯出此經，並爲其弟子講解，故羅什及門下幾位弟子皆曾對此經加以研究並作注疏，以下即將有關「無住本」之注疏列出，以期能對此一觀念有一具體地瞭解。首先，鳩摩羅什解此語時云：

法無自性，緣感而起。當其未起，莫知所寄，故無所住。無所住故，則非有無，非有無而爲有無之本。「無住」，則窮其根源更無所出，故曰「無本」。無本而爲物之本，故言「立一切法」也。〔註80〕

其弟子僧叡註解「無住」時云：

「無住」即實相異名，實相即性空異名。故從無住有一切法。〔註81〕

道生則云：

所謂顛倒，正反實也，爲不實矣。苟以不實爲體，是自無住也。既不自住，豈他住哉？若有所住，不得爲顛倒也。無住即是無本之理也。一切諸法莫不皆然。但爲理現於顛倒，故就倒取之爲所明矣。以此爲觀，復得有煩惱乎？〔註82〕

〔註79〕 此處所根據經文爲姚秦、鳩摩羅什所譯之《維摩詰所說經》，見《大正藏》十四，第 547 頁下。並參看《大正藏》三十八，羅什與僧肇等所著之《注維摩詰經》，第 386 頁上～下。

〔註80〕 《注維摩詰經》卷第六，《大正藏》三十八，第 386 頁下。

〔註81〕 《大正藏》第三十八卷中僧肇所選編之《注維摩詰經》並未收錄僧叡之注，此處所引乃是依據李翊灼校輯之《維摩詰經集註》，參看《佛性與般若》下冊，第 677 頁。

〔註82〕 《注維摩詰經》卷第六，《大正藏》三十八，第 386 頁下。

向有「解空第一」之稱的僧肇，其解語則爲：

> 心猶水也。靜則有照，動則無鑑。癡愛所濁，邪風所扇，涌溢波蕩，未始暫住。以此觀法，何住不倒？譬如面臨涌泉而責以本狀者，未之有也。倒想之興本乎「不住」，義存於此乎？一切法從眾緣會而成。體緣未會，則法無寄。無寄，則無住。無住則無法。以無法爲本，故能立一切法也。若以心動爲本，則因有有相生，理極初動更無本也。若以無法爲本，則有因無生，無不因無，故更無本也。無住故想倒，想倒故分別，分別故貪欲，貪欲故有身。既有身也，則善惡並陳。善惡既陳，則萬法斯起。自茲以往，言數不能也。若善得其本，則眾末可除矣。〔註83〕

由上述引文，可見羅什及其門下弟子大致是依中觀「緣起性空」之思路來疏解「無住本」，如羅什言「法無自性，緣感而起」，而僧肇言「一切法從眾緣會而成」等。一切法既空無自性，自然無所住，無所住即是無所本也。然雖空無自性，眾緣和會則諸法宛然，故云「從無住本立一切法」，此相當於《中論・觀四諦品》第二十四所說的「以有空義故，一切法得成；若無空義者，一切則不成」。〔註84〕因之，吾人亦得言羅什及其門下諸弟子之疏解是「從空立一切法」。〔註85〕至於智者之解「從無住本立一切法」，並由之開展天臺宗之性具思想，則不只是「從空立一切法」，而是藉無明與法性之相即關係來說明，並將無明與法性總攝爲「一念無明法性心」，因此，智者將「從無住本立一切法」解爲「從一念無明法性心立一切法」，分開而言亦可說是「從無明爲本立一切法」，與「從法性爲本立一切法」。此實已由依「緣起性空」以觀解一切法往「一念無明法性心具足一切法」的思想推進，亦即由般若空作用地具足一切法進展至一念心存有論地具足一切法。〔註86〕由此亦可看出天臺宗性具思想不同於般若空之思想。以下，吾人即依智者、荊溪與知禮之解「從無住本立一切法」以進一步探討天臺宗性具圓教所形構成的存有論。

智者於《維摩經玄義》卷第二〔註87〕明「中道第一義觀」時云：

〔註83〕《注維摩詰經》卷第六，《大正藏》三十八，第 386 頁下。
〔註84〕《大正藏》三十，第 33 頁上。
〔註85〕參看《佛性與般若》下冊，第 678 頁。
〔註86〕參看《佛性與般若》下冊，第 679 頁。
〔註87〕見《大正藏》三十八，原題爲《維摩經玄疏》，依牟宗三之考證應改爲《維摩

三、明中道第一義觀者，即為三意：一明所觀境，二明修觀心，三明證成。

一、明所觀境者，前二觀是方便，雖有照二諦之智，未破無明，不見中道。真俗別照，即是智障。故《攝大乘論》云：「智障甚盲闇，謂真俗分別。」智障者，依阿黎耶識。識即是無明住地。無明住地即是生死根本。故此經云：「從無住本立一切法。」無住本者，即是無始無明更無別惑〔為〕所依住也。

二、明修觀心者，若修此觀，用前二觀雙忘雙照之方便也。雙忘方便者，初觀知俗非俗，即是俗空；次觀知真非真，即是真空。忘俗非俗，忘真非真。非真非俗即是中道。因是二空，觀入中道第一義諦。雖觀中道而不見者，皆是無明之所障也。當觀實相，修三三昧。《大智度論》云：「聲聞經中說三三昧，緣四諦十六行，摩訶衍明三三昧，但緣諸法實相。」

今初，修「空三昧」，觀此無明不自生，不從法性生；不他生，非離法性外別有依他之無明生；不共生，亦非法性共無明生；非無因緣生，非離法性離無明而有生也。若四句檢，無明本自不生。生源不可得，即是無始空，是名空三昧，空「無住之本一切法」也。若爾，豈全同《地論》師計真如法性生一切法？豈全同《攝大乘》師計黎耶識生一切法也？問曰：各計何失？答曰：理無二。是二大乘論師俱稟天親，何得諍同水火？

次觀「無相三昧」者，即觀無生實相非有相，不如闇室瓶盆之有相也；非無相，非如乳內無酪性也；非亦有亦無相，不如智者見空及不空；非非有非非無相，取著即是愚癡論。若不取四邊之定相，即是無相三昧入實相也。若爾，豈全同《地論》師用本有佛性如闇室瓶盆？亦不全同三論師破乳中酪性畢竟盡淨無所有性也。問曰：各計何失？答曰：若無失者，二大乘論師何得諍同水火耶？

次明修「無作三昧」，觀真如實相，不見緣修作佛，亦不見真修作佛，亦不見真緣二修合故作佛，亦不離真緣二修而作佛也。四句明修，即是四種作義。若無四修，即無四依，是無作三昧也。若爾，豈同

經玄義》，參看《佛性與般若》下冊，第 679 頁之說明。

相列（州）北道明義，緣修作佛？南土大小乘師，亦多用緣修作佛也。亦不同相州南道明義，用眞修作佛。問曰：偏用何過？答曰：正道無諍，何得諍同水火？

今明用三三昧修一實諦，開無明，顯法性；忘眞緣，離諍論；言語法滅，無量罪除，清淨心一。水若澄清，佛性寶殊自然現也。見佛性故，即得住大涅槃。問曰：若爾者，今云何說？答曰：《大涅槃經》云：不生不生名大涅槃。以修道得故，故不可說。豈如諸大乘論師偏執定說也？今以因緣故，亦可得說者，若解四悉檀意如前異說，皆大利益眾生，興顯佛法也。

三、明證成者，若觀無明因緣，入不二法門，住不思議解脫也。故此經明入不二法門，即是中道雙照二諦，自然流入薩婆若海。此是觀因緣即一實諦，「不生不生」證無作四實諦，亦名一切種智，亦名佛眼，即是入初地、見佛性、住大涅槃也。〔註88〕

依上所述，可見智者所說之圓教「中道第一義觀」，必須透過修空、無相及無作三昧，遍破無明及一切執著而後方能證入不二法門之中道實相理。智者明言「無明住地即是生死根本」，然此無明住地雖爲一切生死法作根本，卻是無始無明，更無別惑爲其所依住，此即「從無住本立一切法」之意。無明既無所依住，則當體即空，故言「無明本自不生，生源不可得，即是無始空。」無始空即是諸法實相，亦是諸法之法性，故言「開無明，顯法性」。此即無明無住，無明即法性，故得言「若觀無明因緣，入不二法門，住不思議解脫也」。故智者於此所明之「從無住本立一切法」，不同於《地論》師以眞如法性爲一切法之依持，亦不同於《攝論》師以阿黎耶識爲一切法之依持，因爲依圓教中道第一義觀所說之「從無住本立一切法」必須透過空三昧之融通淘汰，無相三昧之蕩相遣執，以及無作三昧之任運起現而不造作，即於本具三千而有變造三千，所謂「全性起修，則諸法無作」。而既經融通淘汰與蕩相遣執，且同時又是無所造作，則無始無明以及依之而生起之一切法皆當體即實相。智者所以如此說一切法，可說是立基於《法華經》之開權顯實而說，亦即開決了《地論》與《攝論》二師所說之別教權法，而開展出「一念無明法性心即具三千法」之性具圓教義理。

〔註88〕《大正藏》三十八，第 528 頁上～下。

　　智者於《維摩經玄義》卷第四說明《維摩詰經》之不思議本跡時，就五意以明本跡，即：一、約理事明本跡；二、約理教明本跡；三、約理行明本跡；四、約體用明本跡；五、約權實明本跡。其中約理事明本跡文中有云：

> 一、約理事明本跡者，此經云：「從無住本立一切法。」今明不思議理事爲本跡者，理即不思議眞諦之理爲本，事即不思議俗諦之事爲跡。由不思議眞諦之理本，故有不思議俗諦之事跡。尋不思議俗諦之事跡，得不思議眞諦之理本。是則本跡雖殊，不思議一也。〔註89〕

智者認爲《維摩詰經》所說之「從無住本立一切法」可以說明不思議之眞諦理本與俗諦事跡之相即關係。所謂「不思議眞諦之理爲本」指的是無明無住，無明即法性，以法性爲本立一切法。此爲一切法作本之法性不只是緣起法無自性所明之空如法性，而是由一念心即具三千而顯之一切法趣空之法性，是圓具一切法之中道實相理之法性，故亦是「不但中」之中道實相理之法性，所以稱爲不思議眞諦理。而「不思議俗諦之事爲跡」指的是法性無住，法性即無明，以無明爲本立一切法。依此所說之無明，因其無住而即於法性，故非如別教所說之「斷斷」中之無明，而是性具圓教所說之「不斷斷」中之無明。既不斷無明而顯法性，無明與法性相即，故俗即是眞，眞即是俗，所以稱爲不思議俗諦事。如此說眞諦與俗諦之相即關係，唯有在性具圓教義理中之圓二諦方能充分證成。（有關天臺性具圓教所說的無明與法性之同體依即關係，吾人將於下文第二章第二節中再作進一步的說明。）

　　智者於《妙法蓮華經玄義》卷第七上亦依「從無住本立一切法」明理事本跡，其文曰：

> 一、約理事明本跡者，「從無住本立一切法」。無住之理即是本時實相眞諦也。一切法即是本時森羅俗諦也。由實相眞本垂于俗跡，尋于俗跡即顯眞本。本跡雖殊，不思議一也。故文云：「觀一切法空如實相，但以因緣有，從顛倒生。」〔註90〕

由上述兩引文，可見智者於《維摩經玄義》卷第四之「約理事明本跡」以及於《妙法蓮華經玄義》卷第七上之「約理事明本跡」，皆是依「從無住本立一切法」來說明中道實相之理本與森羅事跡之關係，可見其對「無住本」之詮

〔註89〕《大正藏》三十八，第545頁中。
〔註90〕《大正藏》三十三，第764頁中。

釋已不同於鳩摩羅什及其門下弟子等，單純依「緣起性空」來解釋。因爲智者之說明不僅指出一切法皆由因緣生滅，皆無自性故空。同時更進一步強調無明與法性間之相即關係。其所謂「不思議眞諦之理爲本」實指無明無住，無明即法性，故以法性爲本而立一切法；又「不思議俗諦之事跡」則指法性無住，法性即無明，故以無明爲本立一切法。因此，眞諦理本與俗諦事跡皆可由「從無住本立一切法」加以說明。關於智者此說，荊溪在《法華玄義釋籤》第十五中曾有如下之解釋：

> 初理事中云：「從無住本立一切法」者，無明爲一切法作本。無明即法性，無明復以法性爲本，當知諸法亦以法性爲本。法性即無明，法性復以無明爲本。法性即無明，法性無住處；無明即法性，無明無住處。無明法性雖皆無住，而與一切諸法爲本，故云「從無住本立一切法」。無住之本既通，是故眞諦指理也；一切諸法事也，即指三千爲其森羅。言從本垂跡者，此理性之本跡。由此方有外用本跡。是故始從「理事」，終乎「已今」。〔註91〕

智者在說明《妙法蓮華經》之本跡關係時，乃是依理事、理教、理行、體用、權實與今已六重而論，荊溪即依此六重而分爲「理性之本跡」與「外用之本跡」，即以「理事本跡」屬理性本跡，其餘「理教」以至於「今已」皆爲外用本跡。並謂由理性本跡方有外用本跡，故言「始從理事，終乎今已」。而順著荊溪以上之疏解，吾人更可以看出法性與無明之依即關係，因爲「法性即無明，法性無住處；無明即法性，無明無住處」，故無明以法性爲本，而法性亦以無明爲本。如此說法性，乃是圓談法性；而如此說無明，則是立基於圓教教義下之「三道即三德」及「不斷斷」之精神所開展出來的詭譎的說法。〔註92〕而有關無明與法性相互依即的關係，吾人可由《金光明經玄義》卷上，智者解釋以「金光明」爲譬的文中得到清晰而具體的說明，智者云：

> 經言「法性無量甚深」，理無不統。文稱經王，何所不攝？豈止於三三九法耶？當知三字（即指「金光明」三字）遍譬一切橫法門，乃稱「法性無量」之說；遍譬一切豎法門，乃稱「法性甚深」之旨：方合

〔註91〕《大正藏》三十三，第920頁上～中。
〔註92〕有關「三道即三德」以及「不斷斷」之確實意義與特殊作用，吾人將於本章第二節中說明。

經王一切遍收，若長若廣，教無不統。此義淵博，不可以言想。且寄
十種三法以爲初門。復爲三意：一標十數，二釋十相，三簡十法。

言標十數者，謂三德、三寶、三涅槃、三身、三大乘、三菩提、三
般若、三佛性、三識、三道也。諸三法無量，止取十法，其意云何？
此之十法概括始終。今作逆順兩番生起。

初，「從無住本立一切法」。夫三德者名祕密藏。祕密藏顯，由於三
寶。三寶由三涅。三涅槃由三身。三身由三大乘。三大乘由三菩提。
三菩提由三般若。三般若由三佛性。三佛性由三識。三識由三道。
此「從無住本立一切法也」。

若「從無明爲本立一切法」者，一切眾生無不具於十二因緣。三道
（惑、業、苦）迷惑（由十二因緣分説），翻惑生解，即成三識（菴
摩羅識、阿黎耶識、阿陀那識）。從識立因，即成三佛性（正因佛性、
緣因佛性、了因佛性）。從因起智，即成三般若（實相般若、觀照般
若、方便般若）。從智起行，即成三菩提（眞性菩提、實智菩提、方
便菩提）。從行進趣，即成三大乘（理乘、隨乘、得乘）。乘辨智德，
即成三身（法身、報身、化身）。身辨斷德，即成三涅槃（性淨涅槃、
圓淨涅槃、方便淨涅槃）。涅槃辨恩德利物，即成三寶。究竟寂滅，
入於三德，即成祕密藏也（法身、般若、解脱爲三德，三德不縱不
橫爲祕密藏）。是爲逆順次第甚深無量義。〔註93〕

智者於此文中將一切法約三德、三寶、三涅槃、三身、三大乘、三菩提、三
般若、三佛性、三識、三道共十法以概括其始終，並依逆順兩番以說明一切
法之生起：所謂逆推者，從法性爲本立一切法，亦即由三德祕密藏往前逆溯
其所以得顯之因，如此則一路逆推出三寶、三涅槃、三身、三大乘、三菩提、
三般若、三佛性、三識、三道。而所謂順仕者，則是從無明爲本立一切法。
眾生因無始無明故流轉惑業苦三道，若能如實觀照三道性相，則能翻惑生解
而成三識，此即是順理而修，故由三識依次實修則成三佛性、三般若、三菩
提、三大乘、三身、三涅槃、三寶、三德。知禮《金光明經玄義拾遺記》卷
第二解此逆順兩番生起時則強調逆推乃是「從法性無住本立一切教法」，而順

<hr>

〔註93〕見《大正藏》三十九，第 2 頁中～下。並參看《佛性與般若》下冊，第 702
～703 頁。

推則是「從無明無住本立一切行法」，文云：

> 初、約施教逆推，理顯由事；二、約立行順修，即妄歸眞。此二生
> 起，初、從法性無住本立一切教法；二、從無明無住本立一切行法。
> 問：法性無住立於教法，依何文說？
> 答：此文當體章明諸聖人依眞立名，乃引《淨名》「從無住本立一切
> 　　法」。既引此證依眞立名，豈非法性無住故立一切教耶？然若具
> 　　論，「從無住本立一切法」不出四重。如妙樂云：「理則性德緣
> 　　了，事則修德三因，迷則三道流轉，悟則果中勝用。如是四重
> 　　並由迷中實相而立。」〔註94〕今之初番是彼第四「果中勝用」，
> 　　今之後番是彼第二「修德三因」。
> 問：初番生起，始從祕藏，終至三道，合當「迷故三道流轉」，何以
> 　　卻對「果中勝用」立教法耶？
> 答：今云祕密藏顯由三寶等，豈可迷理而由三寶及諸三法耶？故知須
> 　　作依理起教釋之方允。況今逆順二種生起與《法華文句》釋開示
> 　　悟入，約位、智、門、觀四義生起，逆順意同。故彼《文句》云：
> 　　「見理由位，位立由智，智發由門，門通由觀。觀故則門通，門
> 　　通故智成，智成故位立，位立故見理。」《記》釋云：「此逆順生
> 　　起者，初明所由於能，次明能顯於所。」今文初番豈非「所由於
> 　　能」，次番豈非「能顯於所」耶？得此意已，方可消文。
> 　　初文者，三德之理是佛極證，絕乎名相，曰祕密藏。此藏得顯，
> 　　功由覺智與不覺理合，是故如來示現三寶。而其三寶立由斷
> 　　德，故說三涅槃。涅槃得成復由智德，故說三身。身由乘至，
> 　　故說三大乘。乘由行通，故說三菩提。菩提由智照，故說三般
> 　　若。般若由性發，故說三佛性。性種元由解了名義，故說三識。
> 　　識解本由三障即理，故說三道。都由三德祕密法性無堅住性，
> 　　是故大聖以此法性無住爲本，立九名相及一法。此番生起爲後
> 　　解釋十法立也。
> 　　釋次文者，上辨大覺證三德藏，以無住故，立諸教法，極至三

道。今辨眾生處於三道，由無住故，成諸行法，極趣三德。三
道復以無明爲始，無明明故，業苦皆轉。轉迷成解，了別聖言，
能成三識。解爲乘種，即名佛因，故成三佛性。種熏本覺，故
發智慧，名三般若。智能道行，行大直道，成三菩提。智行契
性，無不運荷，成三大乘。乘辨報智，上冥下應，即成三身。
身永離惑，不生不滅，名三涅槃。斷德自在，施恩利物，故現
三寶。利物功成，自他休息，同歸三德。此番生起爲後十重觀
心立也。〔註95〕

智者說此兩番生起皆明示「無明即法性，法性即無明」，亦即肯定無明與法性
具有「同體依即」的關係。而正因無明與法性之間具有「同體依即」的關係，
是故智者能倡說「三道即三德」以及「不斷斷」之性具圓教義。因此，吾人
在瞭解了天臺宗所說「從無住本立一切法」實是「從一念無明法性心生一切
法」之同義語之後，進一步則是要探討天臺宗如何依「三道即三德」及「不
斷斷」以顯現性具圓教之義理。

第二節　由「當體即是」談天臺宗之性具圓教

壹、由無明與法性之同體依即說「三道即三德」

　　《維摩詰所說經》有云：「無明即是明，當知不離無明而有於明，如冰是
水，如水是冰。」此段經文可說是精簡而扼要地說明了無明與明（即指法性）
的相即關係。結水成冰，融冰成水，故水外無冰，冰外亦無水。依天臺宗性
具圓教之義理而觀照，無明與法性之關係亦如此，無明之當體即是明，離無
明更無別明。又於〈佛道品〉第八中，維摩詰居士更以蓮華出淤泥而不染來
譬喻無明煩惱與諸佛法性之相即關係，經云：

譬如高原、陸地不生蓮華，卑濕淤泥，乃生此華。如是見無爲法入
正位者，終不復能生於佛法。煩惱泥中乃有眾生起佛法耳。又如殖
種於空，終不得生。糞壤之地，乃能滋茂。如是，入無爲正位者，
不生佛法。起於我見如須彌山，猶能發於阿耨多羅三藐三菩提心，

生佛法矣。是故當知一切煩惱爲如來種。譬如不下巨海，不能得無價寶珠。如是，不入煩惱大海，則不能得一切智寶。〔註96〕

與《維摩詰所說經》此種思想相類似者，亦可見於《佛說摩訶衍寶嚴經》，經中有云：

譬如蓮華生在淤泥而不著水，如是菩薩生在世間不著世法。〔註97〕

又《遺日摩尼寶經》亦云：

佛語迦葉，譬如曠野之中若山上，不生蓮華及優缽華也。菩薩不於眾阿羅漢、辟支佛法中出也。譬如大波水淤泥之中，生蓮華優缽華也。從愛欲中生菩薩法。〔註98〕

以上諸引文皆就蓮華不離淤泥而生以類比明（法性）與無明之依即關係，而智者在解說無明與法性間之關係時，可說是順此思想而加以抒發。智者於《摩訶止觀》卷第二下說明無明與法性之關係時，曾謂：

若人性多貪欲，穢濁熾盛，雖對治折伏，彌更增劇，但恣趣向。何以故？蔽若不起，不得修觀。譬如繪釣，魚強繩弱，不可爭牽。但令鈎餌入口，隨其遠近，任縱沈浮，不久收獲。於蔽修觀，亦復如是。蔽即爲魚，觀即鈎餌。若無魚者，鈎餌無用。但使有魚，多大唯佳。皆以鈎餌隨之不捨，此蔽不久堪任乘御。……

幻化與空及以法性不相妨礙，所以者何？若蔽（即指無明）礙法性，法性應破壞；若法性礙蔽，蔽應不得起。當知蔽即法性，蔽起即法性起，蔽息即法性息。《（諸法）無行經》云：「貪欲即是道，恚癡亦如是，如是三法中，具一切佛法。若人離貪欲，而更求菩提，譬如天與地，貪欲即菩提。」《淨名》云：「行於非道，通達佛道。」、「一切眾生即菩提相，不可復得；即涅槃相，不可復滅。」、「爲增上慢說離婬怒癡名爲解脫；無增上慢者，說婬怒癡性即是解脫。」、「一切塵勞是如來種。」。山海色味無二無別，即觀諸惡不可理也。〔註

〔註96〕《維摩詰所說經・佛道品》第八，《大正藏》十四，第 549 頁中。
〔註97〕《大正藏》十二，第 195 頁下。
〔註98〕《大正藏》十二，第 191 頁中。
〔註99〕《大正藏》四十六，第 17 頁下～18 頁。

99〕

「蔽即法性」，蔽起即法性起，蔽息即法性息，故不可於蔽外更求法性，亦不可離諸障蔽而求解脫。眾生在迷，不能如實明瞭諸法實相，並且虛妄分別造作諸法，故生種種障蔽。若能即於障蔽而徹見諸法實相，不生不滅，如此則無明即轉為明。而智者於《摩訶止觀》卷第六下「正修中觀」文中，亦曾設種種問難以彰顯無明與法性之相即關係，文云：

> 問：無明即法性，法性即無明。無明破時，法性破不？法性顯時，無明顯不？
>
> 答：然。理實無名，對無明稱法性。法性顯，則無明轉變為明。無明破則無無明，對誰復論法性耶？
>
> 問：無明即法性，無復無明，與誰相即？
>
> 答：如為不識冰人，指水是冰，指冰是水。但有名字，寧復有二物相即耶？如一珠向月生水，向日生火，不向無水火。一物未曾二，而有水火之殊耳？〔註100〕

智者於此明言「理實無名」，然為方便教化眾生，故有無明與法性之別，可見無明與法性只是因眾生之虛妄分別而成相對關係。無明與法性之相對既只是方便施設，故智者強調此二者「但有名字，寧復有二物相即耶」？

又智者於《摩訶止觀》卷第三上「釋止觀名」之文中曾約智斷通論無明與法性之相待關係，文云：

> 無明即法性，法性即無明。無明亦非止非不止，而喚無明為不止。法性亦非止非不止，而喚法性為止。此待無明之不止，喚法性而為止。如經：法性非生非滅，而言法性寂滅。法性非垢非淨，而言法性清淨。是為對不止而明止也。〔註101〕

又云：

> 無明即法性，法性即無明。無明亦非觀不觀，而喚無明為不觀。法性亦非觀非不觀，而喚法性為觀。如經云：法性非明非闇，而喚法性為明。第一義空非智非愚，而喚第一義空為智。是為對不觀而明

〔註100〕《大正藏》四十六，第82頁下～83頁上。
〔註101〕《大正藏》四十六，第21頁下。

觀也。〔註102〕

所謂「對不止而明止，對不觀而明觀」皆是方便教化之說法，實者，法性與無明當體皆無自性畢竟空，故不可定說爲明或不明，觀或不觀。又無明與法性既是畢竟空無自性，故無明即法性，法性即無明，因此遂有「貪欲即是佛道」、「煩惱即是菩提」以及「生死即是涅槃」等詭辭出現。故智者於《摩訶止觀》卷第五上曾舉譬喻以說明無明與法性之關係，智者云：

> 又如眠夢見百千萬事，豁寤無一，況復百千？未眠不夢不覺，不多不一：眠力故謂多，覺力故謂少。莊周夢爲蝴蝶，翩翔百年，寤知非蝶亦非積歲。無明法法性，一心一切心，如彼昏眠。達無明即法性，一切心一心，如彼醒寤。〔註103〕

「無明法法性」即是以無明作主，來法（作動詞用）於法性，亦即由無明生種種虛妄分別並執以爲實，則一切皆成生死流轉，猶如昏眠中生種種夢事。若能了達無明當體即是空如法性，則一切虛妄分別即歸於清淨一心，猶如大夢初醒。又智者《摩訶止觀》卷五上〈正修止觀章〉中以十法成乘觀心，於第三「善巧安心」文中亦詳細論述無明與法性相即之關係，文云：

> 三、善巧安心者，善以止觀安於法性也。上深達不思議境淵奧微密，博運慈悲，互蓋若此，須行塡願，行即止觀也。
>
> 無明癡惑本是法性。以癡迷故，法性變作無明，起諸顛倒，善、不善等。如寒來結水，變作堅冰；又如眠來變心，有種種夢。今當體諸顛倒即是法性，不一不異。雖顛倒起滅，如旋火輪，不信顛倒起滅，唯信此心但是法性。起是法性起，滅是法性滅。體其實不起滅，妄謂起滅。祇指妄想悉是法性。以法性繫法性，以法性念法性。常是法性，無不法性時。體達既成，不得妄想，亦不得法性。還源反本，法界俱寂，是名爲止。如此止時，上來一切流轉皆止。
>
> 觀者，觀察無明之心上等於法性，本來皆空，下私一切妄想善惡，皆如虛空，無二無別。譬如劫盡，從地上至初禪，炎炎無非是火；又如虛空藏菩薩所現之相一切皆空，如海慧初來所現一切皆水。介爾念起，所念念者無不即空，空亦不可得。如前火水能使薪燃，亦

〔註102〕《大正藏》四十六，第 21 頁下。
〔註103〕《大正藏》四十六，第 55 頁下。

> 復自燃。法界洞朗，咸皆大明，名之爲觀。
>
> 止祇是智，智祇是止。不動止祇是不動智，不動智祇是不動止。不動智照於法性，即是觀智得安，亦是止安。不動於法性相應，即是止安，亦是觀安，無二無別。〔註104〕

無明痴惑畢竟空如，故言「本是法性」。然因眾生智慧未開，將無自性之緣起法執以爲實有，遂起種種顛倒，生一切善惡法。故智者於此特別強調即於諸顛倒之當體見空如法性，無明與法性不一不異。又云「不信顛倒，唯信此心但是法性。起是法性起，滅是法性滅。體其實不滅，妄謂起滅」，即表示卜啫法實相本是不生不滅，以無明顛倒虛妄分別，故謂有生有滅。若能如實觀照諸法，亦即智者所謂的「以法性繫法性，以法性念法性」，自然妄想不起，唯見諸法實相。而如此所見之即是《法華經・方便品》所說「是法住法位，世間相常住」的法，亦是即於無明當體即見法性之法。

　　以上所述皆環繞著無明與法性之相即關係而論，而此關係乃是順智者所說之「一念無明法性心」即具十法界一切法而開展出來。因爲法性與無明皆無住，故無明無住，無明即法性；法性無住，法性即無明。由此可看出，無明與法性之間實蘊含著相即相融的關係，而此「即」義，正是天臺性具圓教得以開展之根本所在，故四明知禮在《十不二門指要鈔》卷上中曾對天臺圓教所主張之「即」義作了非常清晰的詮釋：「應知今家明『即』，永異諸師。以非二物相合，及非背面翻轉，直須『當體全是』，方名爲即。」〔註105〕所謂「直須當體全是」即指無明無住，無明當體全是法性；法性無住，法性當體全是無明。既然無明與法性彼此皆無住而當體全是彼此，法性外亦無無明，故「何須斷除煩惱生死，方顯佛界菩提涅槃耶」？〔註106〕又無明當體既全是法性，則自無一法可除，無一法可斷，此即天臺圓教所強調之「不斷斷」精神。智者在《摩訶止觀》卷第二上說明「隨自意三昧」之觀行時，曾分辨順修、逆修與修惡等觀行之不同。其中有關逆修與修惡文中，即透顯了此種「同體依即」與「不斷斷」的精神。智者曰：

> 以隨自意歷諸惡事者，夫善惡無定，如諸蔽爲惡，事度爲善；人天

〔註104〕《大正藏》四十六，第 56 頁中～下。
〔註105〕《大正藏》四十六，第 707 頁上。
〔註106〕參看《天臺傳佛心印記》，《大正藏》四十六，第 934 頁中。

報盡，還墮三塗，已復是惡。何以故？蔽、度俱非動出，體皆是惡。二乘出苦，名之爲善。二乘雖善，但能自度，非善人相。《大論》云：「寧起惡癩野干心，不生聲聞辟支佛意。」當知生死涅槃俱復是惡。六度菩薩慈悲兼濟，此乃稱善。雖能兼濟，如毒器貯食，食則殺人，已復是惡。三乘同斷，此乃稱好，而不見別理，還屬二邊，無明未吐，已復是惡。別教爲善，雖見別理，猶帶方便，不能稱理。《大經》云：「自此之前，我等皆名邪見人也。」邪豈非惡？唯圓法名爲善。〔註107〕

智者於此文中明白表示，始自人天終至別教菩薩之修行，依圓教義理觀之，皆不名爲順修，以其皆未能稱圓理而修，故皆不名爲善。所謂「自此之前，我等皆名邪見人也」，意即指圓教之前的藏、通、別三教皆未能如實照見中道實相理，故尚爲邪見人。此亦即知禮於《十不二門指要鈔》中說「始從無間，至別教道，皆背性故」之意。以上引文所說，雖非稱圓理之順修，然皆爲就善法以修觀行，即所謂「善法用觀」，亦即歷諸善以明隨自意三昧。智者繼之而言「觀惡」，亦即「就惡明觀」：

善順實相，名爲道。背實相，名非道。若達諸惡非惡，皆是實相，即「行於非道，通達佛道」。若於佛道生著，不消甘露，道成非道。如此論善惡，其義則通。今就別明善惡，事度是善，諸蔽爲惡。善法用觀已如上說。就惡明觀今當說。

前雖觀善，其蔽不息，煩惱浩然，無時不起。若觀於他，惡亦無量，故修一切世間不可樂想時，則不見好人，無好國土，純諸蔽惡而自纏裹。縱不全有蔽，而偏起不善。或多慳貪，或多犯戒，多瞋多怠，多嗜酒味。根性易奪，必有過患，其誰無失？出家離世，行猶不備。白衣受欲，非行道人，惡是其分。羅漢殘習，何況凡夫？凡夫若縱惡蔽，摧折俯墜，永無出期。當於惡中而修觀慧。如佛世時，在家之人帶妻挾子，官方俗務，皆能得道。央掘摩羅彌殺彌慈，祇陀末利唯酒唯戒，和須密多婬而梵行，提婆達多邪見即正。若諸惡中一向是惡，不得修道者，如此諸人永作凡夫。以惡中有道故，雖行眾蔽，而得成聖，故知惡不妨道。又道不妨惡，須陀洹人婬欲轉盛，

〔註107〕《大正藏》四十六，第 17 頁中。

畢陵尚慢，身子生瞋，於其無漏有何損益？「譬如虛空中，明暗不相除，顯出佛菩提」。即此意也。〔註108〕

所謂「就惡明觀」即是「當於惡中而修觀慧」，觀一切惡法門而照見諸法實相：觀諸惡當體即是無自性空如之法性。若能如此，無明即時轉為明，猶如燃燈，闇即轉為明。所謂「惡中有道」即是指惡法中亦具諸法空如之法性，若能如實觀照而不為惡所障蔽，則「雖行眾蔽，而得成聖」。如此惡自不能妨道，則即於三道如實修止觀，自然能成就三德祕密藏。又「當於惡中而修觀慧」即表示惡非定惡，通達惡法即是善法，如此凡夫之藉修道以轉染成淨方有實質的意義與積極的作用。即於三道以明三德，即是不離世間覺，其中即含著「不斷斷」之精神。而所以能不斷諸惡法門，只斷無明諸蔽，乃是無明與法性有著「同體依即」的關係。因此，智者順著無明與法性之同體依即的關係，更進一步論證「三道即三德」，並由之以具體地開展天臺宗之性具圓教義理。

吾人於前文中曾述及智者在疏解《金光明經》時，以「三德、三寶、三涅槃、三身、三大乘、三菩提、三般若、三佛性、三識、三道」十法來概括一切法生起之始終。所謂三道指的是眾生迷理不覺而有之惑、業、苦，此三者能令眾生流轉生死苦海，若浮若沈，故名之曰三道而三德則是指眾生在修行過程中，轉迷成智，則能如實觀照諸法實相，斷除無明煩惱而證成諸佛法身，此乃就修行之得而言三德。對於三道與三德之關係，智者乃是依「相對種」與「類種」之區別以凸顯天臺圓頓止觀下之「三道即三德」。其於《法華文句‧釋藥草喻品》中有云：

種者，三道是三德種。《淨名》云「一切煩惱之儔為如來種」，此明由煩惱道即有般若也。又云「五無間皆生解脫相」，此由不善即有善法解脫也。「一切眾生即涅槃相不可復滅」，此即生死為法身也。此就相對論種。若就類論種，一切低頭舉手悉是解脫種，一切世智三乘解心即般若種，夫有心者皆當作佛即法身種。〔註109〕

三道與三德看似相對相反，然依天臺圓教之教觀，三道卻正是三德得以成就之當體，所謂三道即三德之資成，此乃是無明與法性同體依即之必然結果。

〔註108〕《大正藏》四十六，第 17 頁中～下。
〔註109〕《大正藏》三十四，第 94 頁中～下。

故智者於《妙法蓮華經玄義》卷第五下，除了指出無明與法性之依即外，更進一步論說惑、業、苦三道性相即是般若、解脫、法身三德祕密藏，其文云：

> 今但明凡心一念即皆具十法界，一一界悉有煩惱性相、惡業性相、苦業性相。若有無明煩惱性相，即是智慧觀照性相。何者？以迷明故起無明，若解無明即是於明。《大（般若）經》云：「無明轉即變爲明。」《淨名》云：「無明即是明。當知，不離無明而有於明。如冰是水，如水是冰。」又凡夫心一念即具十界，悉有惡業性相。祇惡性相即善性相，由惡有善，離惡無善，翻於諸惡即善資成。如竹中有火性，未即是火事，故有而不燒，遇緣事成即能燒物。惡即善性，未即是事，遇緣成事，即能翻惡。如竹有火，火出還燒竹。惡中有善，善成還破惡。故即惡性相是善性相也。凡夫一念，皆有十界識、名色等苦道性相，迷此苦道，生死浩然。此是迷法身爲苦道，不離苦道別有法身。如迷南爲北，無別南也。若悟生死，即是法身，故云：苦道性相即是法身性相也。夫有心者，皆有三道性相，即是三軌性相。故《淨名》云「煩惱之儔爲如來種」，此之謂也。〔註110〕
> ……
>
> 眞性軌即苦道，觀照軌即煩惱道，資成軌即業道。苦道即眞性者，下文云：「世間相常住」，豈不即彼生死而是法身耶？煩惱即觀照，觀照本照惑，無惑則無照，一切法空是也。文云「諸法從本來，常自寂滅相」，即煩惱是觀照也。照如薪生火。文云：「於諸過去佛，若有聞一句，皆已成佛道。」又云：「深達罪福相，遍照於十方」，是聞於體達煩惱之妙句也。資成即業道者，惡是善資，無惡亦無善。文云：「惡鬼入其心，罵詈毀辱我，我等念佛故，皆當忍是事。」惡不來加不得用念，用念由於惡加。……又，提婆達多是善知識，豈非惡即資成？〔註111〕

智者此處所說「夫有心者，皆有三道性相，即是三軌性相」，實關聯著眾生本具「三因佛性」而言。一切眾生皆具有成佛之正因，因爲「心、佛與眾生，是三無差別」；然眾生雖本具成佛正因，卻因迷染而不覺，故須藉緣、了二因以助成，

〔註110〕《大正藏》三十三，第 743 頁下～744 頁上。
〔註111〕《大正藏》三十三，第 744 頁上～中。

所謂「了是顯發，緣是資助，資助於了，顯發法身。了者即是般若觀智，亦名慧行正道，智慧莊嚴。緣者即是解脫，行行助道，福德莊嚴」。〔註112〕亦即藉緣起修，解脫生死苦惱，並由之而如實觀照自心，覺了本有佛性，究竟成就法身。故依此三因佛性更進而言眾生成佛之三種軌範，所謂正因佛性為真性軌；了因佛性為觀照軌；緣因佛性為資成軌。而智者依性具圓教以言三道即三德，即是立基於三因佛性之上，將苦、惑、業三道當作成就法身、般若、解脫三德祕密藏之三種軌範，故「苦道性相即是法身性相」、「無明煩惱性相即是智慧觀照性相」、「秖惡性相即善性相，翻於諸惡即善資成」。

　　至於四明知禮則是順著荊溪湛然之用法，將智者所說之「相對種」名之為「敵對種」，以更凸顯三道與三德之間相對反之特性。其於《觀音玄義記》卷第一中有詳細之說明，文云：

> 夫言種者，凡有二義：一、敵對論種，如三道是三德種；二、類例論種，如緣、了是智、斷種，性德法身為修德法身種，此二皆取能生之義也。若以二空為種即類例義，若以二執為種即敵對義。……故圓論性種有對有類。別無對種，學者審思。圓教反是，學者思之。
>
> 〔註113〕

類例論種乃就同性質者論種，且具能生之義，如緣了二因佛性具智、斷二德，故依緣了二因佛性如實修行，即能證成觀照智德與解脫斷德。就凡夫眾生而言，所謂敵對種乃是以相異性質者為種，如煩惱即是菩提之敵對種；然若依諸佛證悟之境界而言，亦無所謂相異性質，因為唯佛與佛乃能究盡諸法實相，則無明即是法性，法性亦即是無明，以二者皆畢竟空無所住故也。又知禮除了順承智與荊溪對於「相對種」或「敵對種」之強調，同時更以之分辨別教與圓教之差異。其於《四明十義書》特別指出此種色，文云：

> 且如《止觀》引彼經偈，本證陰心能造一切，此有二意：一明陰心本具如來性故〔原註：理造〕；二明煩惱之儔是如來種〔原註：事造〕，故云心造如來。若夐指真心能造如來，正當《金錍》旁遮偏指清淨真如為佛性也。又只知類種，全不識敵對種也。〔註114〕

〔註112〕參看智者之《觀音玄義》卷上，《大正藏》三十四，第880頁中。
〔註113〕《大正藏》三十四，第898頁中。
〔註114〕《四明十義書》卷上，《大正藏》四十六，第835頁中。

若執眞理造如來者，《止觀》不須觀陰顯三千性也。何故不直立眞心
爲境，而立陰等十境耶？何故諸文多以無明心及妄心爲境耶？故若
不即三道而顯三德者，乃教道所説也。〔註115〕

上人以久習此解，毒氣深入，雖因前後徵詰，得知須觀陰心，及知
心佛眾生，俱事俱理。而釋諸難意，還扶舊見，皆歸一邊，乃謂須
是非染非淨之心，方能造於如來，全不許妄染之心造如來也。此則
全乖陰識理具佛性之義，又虧煩惱之儔爲如來種之文，又違性指三
障之説，又只知類種，全不識敵對種也。煩惱即菩提之言浪施，生
死即涅槃之文徒設。〔註116〕

正因爲智者立基於「相對種」，故其在解釋上述十法中之三道及三識，皆強調
此二者與三德無二無別。以下吾人先藉智者對於三識之説明，以探討所謂「三
識即三德」所具之圓教殊義，其次再探討「三道即三德」所呈現之圓教精神。
智者在《金光明經玄義》卷上「釋十相」中對「三識」作了如下之解釋：

云何三識？識名爲覺了，是智慧之異名爾。菴摩羅識是第九不動識，
若分別之，即是佛識。阿黎耶識即是第八無沒識，猶有隨眠煩惱與
無明合；別而分之，是菩薩識。《大論》云：「在菩薩，心名爲般若」，
即其義也。阿陀那識是第七分別識，訶惡生死，欣羨涅槃；別而分
之，是二乘識，於佛，即是方便智。波浪是凡夫第六識，無俟復言。
當知三識一一皆常樂我淨，與三德無二無別。既以三德譬金光明，
還以金光明譬三識也。〔註117〕

而知禮於《金光明經玄義拾遺記》卷第二曾對智者之解「三識」文，作了如
下之疏解：

九、三識，二：
初、約圓釋義：
釋通名云：識是覺了，智慧異名。
問：三識之名在本有位，又阿梨耶體是無明，阿陀那性是染惑，何
　　得云識是智慧異名？

〔註115〕　《四明十義書》卷上，《大正藏》四十六，第835頁中。
〔註116〕　《四明十義書》卷上，《大正藏》四十六，第846頁下。
〔註117〕　《大正藏》三十九，第4頁上。並參看《佛性與般若》下冊，第704頁。

答：大聖悉檀示諸眾生，顯理名教，或存或廢，義有多途。如《大經》令「依智不依識」，及諸教中勸修觀智，斷諸煩惱，此以廢惡之名，詮斷煩惱，而成理觀也。若《楞伽經》殺無明父，害貪愛母，此以惡逆之名，詮斷煩惱，而彰理觀也。若《（諸法）無行經》：「貪欲即是道，恚癡亦復然，如是三法中，具一切佛法。」今家釋云：是大貪大嗔大癡三毒法門即與三觀，無二無別，此以惡毒之名，詮不斷惑，而明理觀也。今以三識及下三道為金光明所喻法者，同《無行經》，用於惡名，詮不斷惑，而顯妙理。良由圓教指惡當體即是法界，諸法趣惡。十二因緣非由造作，即是佛性。故陀那惑性，賴耶無明，相相圓融，與祕密藏無二無別。是故得云識是覺了，智慧異名。然若不以「不斷煩惱」，即惑成智，消此文者，圓意永沈。

釋別名中，存三梵語。逐一釋義，即是翻名。言「第九」等者，出梁《攝論》，真諦所譯。故《輔行》云：「真諦云：『阿陀那七識，此云執我識。此即惑性，體是緣因。阿賴耶八識，此名藏識，以能盛持智種不失，體是無沒無明。無明之性，性是了因。菴摩羅九識名清淨識，即是正因。』唐三藏不許此識，云第九乃是第八異名。故新譯《攝論》，不存第九。《地論》文中亦無第九，但以第八對於正因，第七對於了因，第六對於緣因。今真諦仍合六七為緣因，以第六中有事善惡，亦是惑性。」

「若分別」者，為易解故，以一念中所具之法，教道權說，分對諸位，且立遠近。以第九識無染不動，故當於佛。第八屬菩薩者，以十地位，六七二識已轉成智，正以賴耶三分為境。雖是境界，而即用此便為觀境。如初心人，亦用現前第六王數而為境觀。故引《大論》「在菩薩，心名為般若」也。第七名阿陀那者，據真諦譯。若新經論，皆云第七名為末那。今依古譯。「言訶惡生死」等者，以二乘人，人執既忘，見思所熏第六事識轉成無漏；既塵沙未破，正住第七法執之中，不了生死法空，故有「訶惡」，不了涅槃法空，故有「欣羨」。此識若於果佛位中，卻復用之而為權智，以二乘法接引小根；著蔽垢衣，執除糞器。故知諸識破後，自在為機載用也。「波浪」等者，第六識也。《楞

嚴》云：「陀那微細識，習氣成瀑流。」而爲波浪，乃當凡夫心
心數法也。此約四人，各對一識。若就漸斷，分別四相，粗必
含細。凡夫具四。二乘具三，已破第六故。菩薩具二，六七已
轉故。佛唯有一，第八至果已轉故也。然其第六是意家之識，
乃阿陀那之枝末。若說第七，自己收之，故今不論。

上明三識分三位者，乃屬教道。若稱實論，此三種識即是三德。
何人不具？何物暫虧？若識若色，唯是一識。若識若色，唯是
一色。豈可有無增減而說？且約有情，一念心具一切染淨。佛
究竟具，寧容獨一？若不然者，豈爲三字所譬之法？

二、例餘對喻：

例三德者。

問：三德與三識無二無別者，三德修性有離有合，今明三識有離有
　　合耶？

答：有。

又問：《不二門》云：「順修對性，有離有合。」三識之中，七八二
　　　識迷九而起，是逆修義，豈得對性辨乎離合？

答：離此逆修立順修者，則有惑可破，有智能觀。能所既存，此修
　　名逆，何順之有？若即七八爲順修者，既無所破，亦無能觀；
　　惑智既忘，修性亦泯。而其三識一異同時，無逆順中強名爲順，
　　是故得云：識是覺了，智慧異名。今文三識明此順修，此修對
　　性辨離合者，九具八七名爲性三，八具七九、及七具八九，名
　　爲修三。各三之義是爲離也。今合性三，但明第九：各合修三，
　　但明七八，是爲合也。離合既爾，故與三德及諸三法無二無別，
　　乃以三字喻今三識。〔註118〕

智者並不分解地說識，以分解地說即爲教道權說，屬於別教義；而是直就三
識之當體而詭譎地說，故云「識是覺了，智慧異名」。智者此種表達方式，依
车宗三之分析乃是「他（指智者）是從圓教的立場把那些分解的陳述作一開
決融化而作一詭譎的表象。因爲圓教之所以爲圓教不在增加或另換一套分解

<hr>

〔註118〕《大正藏》三十九，第 22 頁中～23 頁上。並參看《佛性與般若》下冊，第
　　　　705～708 頁。

的陳述，依智者，這是永遠不能圓的，而單在另換一表象模式，此即詭譎的
模式。同體即，不斷斷，三道即三德，從無住本位一切法，一念心即具十法
界，乃至『識是覺了，智慧異名』，以及荊溪之種種不二，凡此等等皆是詭譎
模式下的詭譎語，非分解的指謂語。吾人若不知此義，自覺或不自覺地陷於
分解層而以另一套分解辭語視之，則永不能知天臺圓教之所以立」。〔註 119〕
而知禮之疏解中更強調圓教說三識乃是約圓釋義，以不斷惑而明理觀，亦即
諸惡當體即是法界，故能「不斷煩惱，即惑成智」。

　　智者通釋三識之名相後，更約圓教義理對三識作一番料簡，智者云：

> 料簡三識：若分別說者，則屬三人（佛、菩薩、二乘）。此乃別教意，
> 非今所用。若依《攝論》「如土染金」之文，即是圓意。土即阿陀那，
> 染即阿梨耶，金即菴摩羅，此即圓說也。

> 問：如經云：「依智不依識」，既云三識，此那可依？

> 答：經言「不依識」者，是生死識。今則不爾。今言依識者，是智
> 　　之異名，名清淨識。又，道前通名爲識，道後轉依即是智慧，
> 　　未詳。〔註 120〕

智者認爲別教所說之識是與智相對，必先轉識而後成智，故屬隔別，非若圓
教即於識之當體而言智，故三識即三德。知禮解智者此文時云：

> 九、簡三識。若分三識，陀那屬聲聞，梨耶屬菩薩，菴摩屬佛，此
> 乃教道分張，次第斷相。若菴摩是本性，無明迷故，生業轉現，名
> 阿梨耶，復執見分起我見、我愛、我慢、我癡，名阿陀那，此乃三
> 識次第起相，皆是教道，非今所譬。若欲圓論，須依《攝論》「金土
> 及染」三不相離，則於聲聞、菩薩、及佛，三人心中皆具三識。

> 大師猶恐尋此喻者，作眞妄二法相合而解，謂除土存金，至佛唯有
> 菴摩羅識，故據《大經》「依智不依識」而爲問端。爲欲答出三識乃
> 是三智異名，土喻陀那，是方便般若；染喻梨耶，是觀照般若；金
> 喻菴摩，是實相般若。至佛究竟三種淨識，豈但一耶？然若不知性
> 具染惡，安令七八──土之與染，至果不滅？

〔註 119〕參看《佛性與般若》下冊，第 708～709 頁。
〔註 120〕《大正藏》三十九，第 5 頁下。

「又道前」等者，地前名「道前」，皆依煩惱及以生死，故八心王通名為識。佛果為「道後」，轉依四智菩提種子，是故八識轉名四智。轉第八識為大圓鏡智，轉第七識為平等性智，轉第六識為妙觀察智，轉前五識為成所作智，故云「轉依即是智慧」。注「未詳」者，潛斥之意耳。以彼所明道後轉依，熏成種子，轉成智慧，不言八識性是妙智，斯是唯識一途教道，非今所譬。然是菩薩所造之論，不欲顯言，故但注「未詳」。如諸文中破古，多云「此語難解」。故知「未詳」不異「難解」。〔註121〕

又，智者對於別教之識與智不融，在《妙法蓮華經玄義》卷第五下「歷四教各論三法」中之說「別教三法」亦有詳細之分析，文云：

明別教三法者，以緣修觀照為乘體，諸行是資成，以此二法為緣修智慧。慧能破惑顯理，理不能破惑。理若破惑，一切眾生悉具理性，何故不破？若得此慧，則能破惑。故用智為乘體。故《大經》云：「無為無漏名菩薩僧」，即是一地二地乃至十地智慧名智慧莊嚴。以此智慧運通十地，故為乘體。然《攝大乘》明三種乘：理乘、隨乘、得乘。理者，即道前真如。隨者，即是觀真如慧隨順於境。得者，一切行願熏習熏無分別智，契無分別境，與真如相應。此三意一往乃同於三軌，而前後未融。何者？九識是道後真如，真如無事。智行根本種子皆在黎耶識中。熏習成就，得無分別智光，成真實性。是則理乘本有，隨、得今有。道後真如方能化物。此豈非縱義？若三乘悉為黎耶所攝，又是橫義，又濫冥初生覺。既縱既橫，與真伊相乖。

原夫如來初出便欲說實。為不堪者，先以無常遣倒，次用空淨蕩著，次用歷別起心，然後方明常樂我淨。龍樹作論申佛此意。以不可得空洗蕩封者，習應一切法空，是名與般若相應。此空豈不空於無明？無明若空，種子安在？淨諸法已，點空說法，結四句相。此語虛玄，亦無住著。如病除已，乃可進食，食亦消化。那得發頭據阿黎耶出一切法？本之見慢全自未降，封此新文若長冰添水。故知彼論非逗末代重著眾生，乃是界外一途法門耳。

〔註121〕《大正藏》三十九，第 26 頁中。並參看《佛性與般若》下冊，第 710～711 頁。

> 又阿黎耶若具一切法者，那得不具道後眞如？若言具者，那言眞如非第八識？恐此猶是方便，從奴來藏中開出耳。〔註122〕

由此可看出智者所倡說之三識即三德，乃是依天臺性具圓教以及不斷斷之精神而達至者，故與前三教之說法不同。接著，吾人即進一步探討智者如何說「三道即三德」。智者於《金光明經玄義》卷上解釋三道時云：

> 云何三道？過去無明，現在愛、取三支是煩惱道。過去行，現在有，二支是業道。現在識、名色、六入、觸、受，未來生、老死，七支是苦道。道名能通。此三更互相通，從煩惱通業，從業通苦，從苦復通煩惱，故名三道。苦道者，謂識、名色、六入、觸、受。《大經》云：「無明與愛，是二中間名爲佛性。」「中間」即是苦道。「名爲佛性」者，名生死身爲法身，如指冰爲水爾。煩惱道者，謂無明、愛、取。名此爲般若者，如指薪爲火爾。業道者，謂行、有，乃至五無間。皆解脫相者，如指縛爲脫爾。當知三道，體之即眞，常樂我淨，與三德無二無別。既以金光明譬三德，還以金光明譬三道也。〔註123〕

智者於此明言即三道之當體而如實觀照，自能徹見諸法實相，常樂我淨，故三道即三德，三道與三德無二無別。基於智者此種解釋，知禮更進一步指出智者所說之三道，乃是「約圓釋，即事而理」，亦即即三道之事以顯三德之理。知禮云：

> 約圓釋，即事而理。經指癡愛中間五果爲佛性者，蓋於報法易顯正因，故以此五果雖有觸受，未生愛取，就此色心顯正因體，易成妙觀。如《摩訶止觀》初觀陰地，其意亦然。凡明觀法，初多就易，易處觀成，無難不曉。大師得意，故列惑、業，皆是佛性，即是緣了二因性也。舉三喻者，世間物象比於妙理，皆是分譬。須將法定，方顯偏圓。如《如來藏經》九喻，《止觀》喻別，餘文喻圓。今冰水等亦兼圓別。何者？若謂結佛界水爲九界冰，融九界冰歸佛界水，此猶屬別。若知十界互具如水，情執十界局限如冰，融情執冰，成互具水，斯爲圓理。薪火，縛脫，其例可知。故知十二緣輪迴之法，

〔註122〕《大正藏》三十三，第742頁上～中。
〔註123〕《大正藏》三十九，第4頁上～中。

謂實，則三障確爾；情虛，則三德圓融。於十二緣不損毫微，全為
妙境。即惑業苦一一通徹法界邊底，是名三道。欲顯此三圓融義故，
名從勝立，故云法身、般若、解脫。但轉其名，不改法體。其實祇
是當體通徹耳。

三、約體達，例德對喻。

問：前明三識，第九一性對八七二修，以明離合，故類三德。今明
　　三道，三俱逆修，如何說於修二性一？此義不成，則與諸三有
　　二有別，豈是三字所譬之法？

答：即事而理，事理無差。且如事中惑起於業，業感於苦，苦還起
　　惑。此三修惡即是性惡，乃名性三；亦即因法，轉名三識、三
　　佛性、三般若、三菩提、三大乘；亦即果法，轉名三身、三涅
　　槃；亦即果用，轉名三寶；亦即祕藏，轉名三德。故知節節但
　　轉其名，不改其法。故《不二門》云：「性指三障，是故具三。
　　修從性成，成三法爾。」其義既爾，安云三德不具離合？以金
　　光明譬於三道，其意略爾。〔註124〕

又智者於《妙法蓮華經玄義》卷第三上「對境明智」文中，依上上智以明三
道即三德。文云：

上上智觀者，觀受由觸，乃至行由無明，知十二支三道即是三德，
豈可斷破三德，更求三德，則壞諸法相。煩惱道即般若，當知煩惱
不闇；般若即煩惱，般若不明。煩惱既不闇，何須更斷？般若不明，
何所能破？闇本非闇，不須於明。如耆婆執毒成藥，豈可捨此取彼？
業道即是解脫者，當知業道非縛；解脫即業者，脫非自在。業非縛
故，何所可離？脫非自在，何所可得？如神通人豈避此就彼耶？苦
道即法身者，當知苦非生死；法身即生死，法身非樂。苦非生死，
何所可憂？法身非樂，何所可喜？如彼虛空，無得無失，不忻不戚。
如是觀者，三道不異三德，三德不異三道。亦於三道具一切佛法，
何者？三道即三德，三德是大涅槃，名祕密藏，此即具佛果；深觀
十二因緣，即是坐道場，此即具佛因。佛因佛果皆悉具足，餘例可

〔註124〕《大正藏》三十九，第 23 頁中～下。並參看《佛性與般若》下冊，第 715～
　　　　716 頁。

知。是名上上智觀十二因緣，得佛菩提。〔註125〕

若能依上上智如實觀照一切法，三道當體即是三德，故無有一法不常樂我淨，此即是「是法住法位，世間相常住」之不斷除任何一法的圓融精神，亦是「遊心法界如虛空」之諸佛境界。

順著智者與荊溪所主張之「無明當體全是法性，法性當體全是無明」，知禮更進一步依天臺圓教之「即」義以論「三道即三德」，文云：

今既約「即」論斷，故無可滅；約「即」論悟，故無可翻。煩惱生死乃九界法。既十界互具方名圓，佛豈壞九轉九耶？如是方名達於非道，魔界即佛。故圓家斷、證、迷、悟，但約染淨論之，不約善惡淨穢說也。諸宗既不明性具十界，則無圓斷圓悟之義。故但得「即」名，而無「即」義也。此乃一家教觀大途。能知此已，或取或捨，自在用之。故《止觀》亦云：「唯信法性，不信其諸。」語似棄妄觀眞〔原注：元云「豈異可師之說」〕而《義例》判云：「破昔計故，約對治說。」故知的示圓觀，須指三道即是三德，故於陰等觀不思議也。若不精揀，何稱圓修？此義難得的當，至因果不二門，更爲甄之。〔註126〕

依天臺性具圓教之圓斷與圓悟，則三道即是三德，故能即於陰入界而觀三千不思議境，可知天臺宗所說之「即」義與他教不同。又上文知禮所引《止觀義例》乃指《止觀義例》卷上「第五心境釋疑例」中之第九問：

九問：安心初云：「但信法性，不信其諸。」爲唯法性，無後其諸？
　　　若都無者，現見諸法。復云：法性具一切法。

答：以眾生久劫但著諸法，不信法性。破昔計故，約對治說，令於諸法純見法性。若見法性，即見法性純是諸法。是諸法性本無名字。約破立說，名性名法。〔註127〕

由以上引文，可明白看出荊溪之說「唯信法性，不信其諸」並非若別教之以「法性」爲一切法之依持，而是爲了對治眾生之執著而方便說法。所謂「於

〔註125〕《大正藏》三十三，第711頁中。
〔註126〕《十不二門指要鈔》卷上，《大正藏》四十六，第707頁中。
〔註127〕《大正藏》四十六，第452頁上。

諸法純見法性」即是無明無住，無明即法性；而「若見法性，即見法性純是
諸法」，即是法性無住，法性即無明。依此無明與法性之同體依即關係，故得
以言：天臺宗之「一家教觀大途」即是「三道即三德」與「不斷斷」之即義。
〔註128〕

又知禮於《四明尊者教行錄》卷第三，亦曾約六即中之「理即」以論「三
道即三德」，文云：

> 二十四問：博地在事，那云「理即」？
>
> 答：只緣在事故云「理即」，蓋指「三障之事即三德之理」，故《妙
> 樂》云：理無所存，遍在於事。亦可云：「理即」簡於後五「事
> 即」之義，「名字」乃至「究竟」。豈非解行因果等事耶？如《妙
> 玄》云：聖人得事，凡夫得理。《記釋》曰：聖人得於因果、化
> 他、感應之事，眾生但得非因非果迷中之理。故知「理即」簡
> 非「事即」，乃貶斥之義耳。〔註129〕

此處明白指出依眾生本具之如來藏理而言，三道之事即是三德之理，所謂「理
由事顯」。以眾生尚在迷未悟，故只有迷中之理，所以稱眾生為「理即佛」，
即表示眾生只是就理而言與佛無二無別，然尚未證得清淨涅槃，故非究竟佛
也。以下吾人更就幾則問答，以進一步地瞭解四明知禮對於無明與法性之依
即關係的說明。《四明尊者教行錄》卷第四中有「答泰禪師佛法十問」，其中
第一個問答云：

> 一問：無明與法性，為有前後？為無前後？若云有前後者，何云：
> 法性無初，無明亦無有始？又云：無明即是佛性耶？若言無
> 前後者，何故佛果位中，斷盡無明，方成佛果？既云斷盡，
> 應斷法性耶？
>
> 答：若論本具，平等一性則非真非妄，而不說有無，明法性亦不論
> 於有始有終。但眾生自無始忽然不覺，迷理而生無明，無明有
> 熏真之用，法性有隨妄之能，真妄和合名為緣起，故《金錍》
> 曰：無有無波之水，未有不濕之波，在濕詎間於混澄，為波自
> 分於清濁，雖則有清有濁，而一體無殊。所謂清濁波者，真妄

〔註128〕參看《佛性與般若》下冊，第782頁。

〔註129〕《四明尊者教行錄》卷第三，《大正藏》四十六，第880頁下。

兩用也；清濁濕性者，一體無殊也。無明法性體一，故起無前
後，故《起信論》云：「如來藏無前際故，無明之相亦無有始」
是也。若覺悟時，妄即真，了無明即是法性。約修門說，義當
斷妄，雖曰斷妄，妄體本真，妄何所斷？故曰：無明亦無有終。
又若究其正迷之時，如夢中人，而不知是夢，忽然夢覺，迷妄
自息，是則風息水澄，妄消真顯矣！審而思之，無俟多論也。
〔註130〕

而在第五問答更依圓教以論真妄之相即義，文云：

五問：真妄二法爲同爲異？若言同者，妄本是真，古人不應云：錯
　　　將世智爲佛智，如認魚目爲明珠。若言異者，應是離妄有真，
　　　古人不應云：棄波求水、捨器求金。若真妄兩立又不雙存，
　　　云何剖伸耶？

答：有真有妄者，對迷說覺也；絕真絕妄者，泯相離筌也。確論其
　　旨，真則全妄之真，妄則全真之妄，二無二體也。佛大聖人說
　　真說妄者，所以欲人慕其真而破諸妄，使妄不得而興也；世人
　　於茲不了，強執現前一念妄心均已是佛，正墮古人錯將強認之
　　說矣。若更棄此妄念別覓真如，復同偏教所修，猶如棄波求水
　　捨器求金焉。茲二者過猶不及也。要須不即不離妙在其中，斯
　　可矣。來意問以真妄同異者，今答曰：非同異中，假立同異也。
　　非同異者，真妄同源，縛脫不二故；假立同異者，迷悟不同，
　　情智有異也。如此甄之，自然懸合諸文，毋勞委論矣。〔註131〕

無明即法性，而眾生之煩惱無時不起，故亦得言法性無時不現。因此，吾人
可順著煩惱心遍而觀一念三千所呈顯之不思議境。既順煩惱心而觀一切法，
其目的無非是實觀照一切法，而令一切煩惱當下即得寂滅。換言之，吾人必
立基於無明識心與法性乃是體同而可相即，否則則無從即於無明一念心所變
造出的三千法而寂滅之。牟宗三在論述天臺宗性具圓教所彰顯之體用義時曾
對此種思想作了清楚的說明，藉著此說明吾人可以更具體地明瞭本節何以須
由無明與法性之同體依即以探討天臺宗之性具圓教義，牟宗三云：

<hr />

〔註130〕《四明尊者教行錄》卷第三，《大正藏》四十六，第 891 頁下～892 頁上。
〔註131〕《四明尊者教行錄》卷第三，《大正藏》四十六，第 892 頁中～下。

就天臺宗說，一念三千之不思議不是因著有一個「體」而要去積極地肯定的，乃是只順著煩惱心遍而實然地如此說，其當然而必然之理想地說者仍是在就此不思議境而當下寂滅之。寂滅之，即是在圓頓止觀中如實知「即空即假即中」而證實相。實相不空懸，即在三千中。實相是具體，三千始得其必然性。是故知禮云：「況復觀心自具二種：即唯識觀及實相觀。……實相觀者，即於識心體其空寂，三千宛然，即空假中。唯識觀者，照於起心變造十界，即空假中。」（《指要鈔》解色心不二門。案於此亦可見即唯識，天臺對之亦無諍）。惟有在「即空假中」之實相中，三千世間始得其遍滿不壞之必然性。三千不可亦不必離，不可亦不必壞，但可即之而寂。……實相是抒意字，非實體字。一色一香無非中道，非必滅色滅香也。唯是當體即如（即空即假即中），則雖色而非色，雖香而非香，而色香宛然，此即所謂滅，此是圓融地滅，非分解地滅，隔離地滅。圓融地滅，滅而不滅，去病不去法，則幻假無礙，永無窮盡。此即是煩惱心遍，故佛體遍。遍即圓滿無盡。……〔註132〕

以上，吾人透過智者、荊溪與知禮言及無明與法性相互依即之資料，以論述在「三道即三德」與「不斷斷」的圓修與圓斷過程中所展現的性具圓教義。而在明瞭「三道即三德」之具體內容與作用後，吾人於下文所要進行的工作乃是藉著天臺性具圓教所獨倡之圓頓止觀以明圓教之不可思議圓融三諦。

貳、依圓頓止觀以顯圓融三諦

吾人於前文中已說明了天臺宗之性具圓教乃是「從無住本立一切法」，亦是「從一念無明法性心」即具十法界一切法，而此種對於一切法之存在的說明，實蘊含著「三道即三德」與「不斷斷」之精神，故能即於當下一念心即觀三千不思議境。智者大師此種即於無明虛妄分別之當體即見清淨真如法性之觀法，乃是根源於「一心三觀」，亦即如實觀照一念心即具十法界三千法即空即假即中。又智者順承南岳慧思之觀門，倡說止觀有漸次、不定與圓頓三種，而天臺宗依《法華經》之開權顯實所開顯者則為圓頓止觀。依智者之解

〔註132〕參看《心體與性體》第一冊，附錄中之第四部分：〈圓教下究竟體用義之確定〉，第641頁。

圓頓止觀乃是「圓頓者，初緣實相，造境即中，無不眞實。繫緣法界，一念法界，一色一香無非中道。己界及佛界，眾生界亦然。陰入皆如，無苦可捨。無明塵勞即是菩提，無集可斷。邊邪皆中正，無道可修。生死即涅槃，無滅可證。無苦無集故無世間；無道無滅故無出世間。純一實相，實相外更無別法。法性寂然名止，寂而常照名觀。雖言初後，無二無別，是名圓頓止觀」。〔註133〕所謂「陰入皆如，無苦可捨。無明塵勞即是菩提，無集可斷。邊邪皆中正，無道可修。生死即涅槃，無滅可證」。必須是在「三道即三德」與「不斷斷」下方能達至；而如此所修的圓頓止觀亦是即十法界一切法而觀其實相，故云「純一實相，實相外更無別法」。既是即十法界法而觀，亦即是就一念三千而如實觀其爲即空即假即中，故言「一色一香無非中道」。因此，天臺宗所說的性具圓教並非離三千法外更說一套系統而名之爲圓教，乃是即於一念心所具之三千法而顯諸法實相。又智者爲了說明天臺圓教義理對於一切法之說明，乃先分辨前三教對一切法之說明爲不究竟，並進而倡說「一念三千即空即假即中」的性具圓教。此實是針對一切法之存在欲作一根源性的說明，以充分證成天臺宗性具思想爲究竟圓滿的教義。所以智者在《摩訶止觀》卷第五上明「觀不思議境」中說明一切法如何生起的問題時，曾依《中論・破因緣品》第一所說的「諸法不自生，亦不從他生，不共不無因，是故知無生」而詳論圓頓止觀下之一念三千，亦即依《中論》「無生之生」而彰顯天臺之性具圓教義理，並由之分判《地論》與《攝論》二師對於一切法之說明皆有所偏差，文云：

> 夫一心具十法界，一法界又具十法界：百法界，一界具三十種世間，百法界即具三千種世間，此三千在一念心，若無心而已，介爾有心即具三千，亦不言一心在前一切法在後，亦不言一切法在前一心在後，例如八相遷物，物在相前物不被遷，相在物前亦不被遷，前亦不可後亦不可，祇物論相遷祇相遷論物，今心亦如是，若從一心生一切法者，此則是縱，若心一時含一切法者，此即是橫，縱亦不可橫亦不可，祇心是一切法，一切法是心故，非縱非橫，非一非異，玄妙深絕，非識所識，非言所言，所以稱爲不可思議境，意在於此，云云。
>
> 問：心起必託緣，爲心具三千法？爲緣具？爲共具？爲離具？若心

〔註133〕《摩訶止觀》卷第一上，《大正藏》四十六，第 1 頁下～2 頁上。

具者，心起不用緣。若緣具者，緣具不關心。若共具者，未共
各無，共時安有？若離具者，既離心離緣，那忽心具？四句尚
不可得，云何具三千法耶？

答：地人（地論師）云：一切解惑眞妄依持法性，法性持眞妄，眞
　　妄依法性也。《攝大乘》云：法性不爲惑所染，不爲眞所淨，故
　　法性非依持，言依持者阿黎耶是也。無沒無明盛持一切種子。
　　若從地師，則心具一切法。若從攝師，則緣具一切法。此兩師
　　各據一邊。

　　若法性生一切法者，法性非心非緣，非心故而心生一切法者，
　　非緣故亦應緣生一切法，何得獨言法性是眞妄依持耶？若言法
　　性非依持，黎耶是依持，離法性外，別有黎耶依持，則不關法
　　性。若法性不離黎耶，黎耶依持即是法性依持，何得獨言黎耶
　　是依持？又違經。經（《大涅槃經》）言：「非內非外，亦非中間，
　　亦不常自有。」又違龍樹。龍樹云：「諸法不自生，亦不從他生，
　　不共不無因。」更就譬檢。爲當依心故有夢？依眠故有夢？眠
　　法合心故有夢？離心離眠故有夢？若依心有夢者，不眠應有
　　夢。若依眠有夢者，死人如眠應有夢！若眠心兩合而有夢者，
　　眠人那有不夢時？又眠心各有夢，合可有夢。各既無夢，合不
　　應有。若離心離眠而有夢者，虛空離二，應常夢！四句求夢尚
　　不可得，云何於眠夢見一切事？心喻法性，夢喻黎耶。云何偏
　　據法性黎耶生一切法？

　　當知四句求心不可得，求三千法亦不可得。既縱橫四句生三千
　　法不可得者，應從「一念心滅」生三千法耶？「心滅」尚不能
　　生一法，云何能生三千法耶？若從「心亦滅亦不滅」生三千法
　　者，「亦滅亦不滅」其性相違，猶如水火，二俱不立，云何能生
　　三千法耶？若謂「心非滅非不滅」，生三千法者，「非滅非不滅」，
　　非減非不減，非能非所，云何能生三千法耶？亦縱亦橫求三千
　　法不可得，非縱非橫求三千法亦不可得。言語道斷，心行處滅，
　　故名不可思議境。《大經》云：「生生不可說，生不生不可說，
　　不生生不可說，不生不生不可說。」即此義也。當知第一義中，
　　一法不可得，況三千法？世諦中，一心尚具無量法，況三千耶？

> 如佛告德女：無明內有不？不也。外有不？不也。內外有不？
> 不也。非內非外有不？不也。佛言：如是有。龍樹云：不自不
> 他，不共，不無因。大經云：生生不可說，乃至不生不生不可
> 說。有因緣故，亦可得說。謂四悉檀因緣也。雖四句冥寂，慈
> 悲憐憫，於無名相中假名相說。〔註134〕

依上引文，可知智者由一念心即具三千而說之性具思想，不同於地論師依法性或心說明諸法之生起；亦不同於攝論師以阿黎耶識作爲一切法生起之根源，此可說是天臺宗性具思想與攝論師之「阿賴耶緣起」以及地論師之「如來藏緣起」對一切法之不同說明。又依智者之分判，地論師與攝論師對一切法之說明不但有違《般若經》之經義，亦不合龍樹《中論》對一切法生起之分析，故謂其「各具一邊」，皆非圓滿之教。有關此分判，牟宗三在順解智者此段文義時，曾作了非常精簡而明晰的說明：「據此則知《摩訶止觀》實據《中論》四句求生不可得，遍破一切偏執，而只假名相說一念三千也。其思路是就一念三千作圓頓止觀，顯『即空即假即中』之實相。自非依據一超越分解講圓教也。此種『理具隨緣』圓教，心思極活，極爲空靈，極爲警策，亦是極爲『作用的』，與華嚴宗眞常心之『實體性的』不同也。華嚴宗之如來藏系統是由唯識宗向超越方面進一步而轉出，天臺宗之理具系統是由空宗向裡收進一步而轉出。」〔註135〕

依牟宗三之說明，華嚴宗屬性起系統，是將唯識宗依後天經驗而說的阿賴耶緣起往上提升至肯定一超越根據的如來藏緣起思想；而天臺宗則是「由空宗向裡收」，亦即將《中論》所說的因緣所生法收攝於眾生之一念心中，而開出一念心即具十法界三千法之性具圓教。因此，透過智者上述說天臺宗即一念心觀三千不思議境與《地論》、《攝論》二師之見解不同，吾人對於「性起」與「性具」兩系統之差異方能有一清晰的分辨。本節主要的工作乃是依上述天臺宗性具圓教所獨倡之圓頓止觀以探討不思議圓融三諦之具體內容，故有關各教間不同的進路與思想系統，吾人將於第三章探討天臺宗之判教理論時，再作進一步的說明。

〔註134〕《大正藏》四十六，第 54 頁上～下。另可參看《佛性與般若》下冊，第 1088
～1091 頁。
〔註135〕見《心體與性體》第一冊，附錄中之第四部分：〈圓教下究竟體用義之確定〉，
第 632 頁。

　　又除了《中論》所說之「諸法不自生，亦不自他生，不共不無因，是故總無生」所顯發的「無生之生」之外，智者亦藉《大涅槃經》所強調之「生生不可說，生不生不可說，不生生不可說，不生不生不可說」以具體地彰顯一念心即具三千所達成之不可思議境。吾人不難看出智者實是依《中論》與《大涅槃經》對於一切法之生起所倡說之獨特方式，所謂「遍破一切，遍立一切」以及《法華經》之開權顯實以建構天臺圓頓止觀下所開顯的不可思議境。天臺圓教約觀心而顯之義理本是言語道斷、心行處滅，故實爲不可說之不思議境界，但有因緣亦可得說，此即是依四悉檀因緣爲眾生方便說法。故智者繼之更說明此種「於無名相中假名相說」之不思議境爲：

> 當知終日說，終日不說；終日不說，終日說；終日雙遮，終日雙照；
> 即破即立，即立即破。經論皆爾。天親、龍樹，內鑒冷然，外適時
> 宜，各權所據；而人師偏解，學者苟執，遂興矢石，各保一邊，大
> 乘聖道也。〔註136〕

又云：

> 若得此意，俱不可說，俱可說。若隨便宜者，應言「無明法法性」
> 生一切法，如眠法法心，則有一切夢事。心與緣合，則三種世間三
> 千性相皆從心起。一性雖少而不無，無明雖多而不有。何者？指一
> 爲多，多非多。指多爲一，一非少。故名此心爲不思議境也。〔註137〕

「無明法法性」即是法性無住，法性即無明，亦即依無明爲本立一切法也。故依天臺宗性具圓教之義理，必須在無明與法性相互依即以及「三道即三德」之「不斷斷」下，所說者方爲不思議境。而智者在說明了不思議境之後，更進而說明圓頓止觀下之不思議三諦，又云：

> 若解一心一切心，一切心一心，非一非一切；
> 一陰一切陰，一切陰一陰，非一非一切；
> 一入一切入，一切入一入，非一非一切；
> 一界一切界，一切界一界，非一非一切；
> 一眾生一切眾生，一切眾生一眾生，非一非一切；

〔註136〕《大正藏》四十六，第 55 頁上。
〔註137〕《大正藏》四十六，第 55 頁上。

一國土一切國土，一切國土一國土，非一非一切；

一相一切相，一切相一相，非一非一切；

乃至一究竟一切究竟，一切究竟一究竟，非一非一切；

遍歷一切，皆是不可思議境。

若法性無明合，有一切法，陰界入等，即是俗諦；一切界入是一法
界，即是眞諦；非一非一切，即是中道第一義諦。如是遍歷一切法，
無非不思議三諦。云云。〔註138〕

圓頓止觀下之圓融三諦，乃是一念心即具三千法即空即假即中，亦即一切法
趣空趣假趣中，是趣不過。因爲所觀之境爲不思議境，故所成之空假中三諦
亦成不思議圓融三諦。智者爲了說明天臺圓教之圓融三諦有別於前三教之說
三諦，故於《妙法蓮華經玄義》卷第二下明三諦文中曾詳細分辨五種三諦，
智者云：

明三諦者，眾經備有其義，而名出《瓔珞》、《仁王》。謂有諦、無諦、
中道第一義諦。今經亦有其義，〈壽量〉云：非如非異即中道，如即
眞異即俗。……卻前兩種二諦〔指藏二諦與通二諦〕，以不明中道
故。就五種二諦，得論中道，即有五種三諦。

約「別入通」，點非有漏非無漏，三諦義成。有漏是俗，無漏是眞，非有漏非
無漏是中。當教論中，但異空而已。中無功用，不備諸法。

「圓入通」三諦者，三諦不異前。點非漏非無漏具一切法，與前中
異也。

「別三諦」者，開彼俗爲兩諦，對眞爲中，中理而已。云云。

「圓入別」三諦者，二諦不異前，點眞中道具足佛法也。

「圓三諦」者，非但中道具足佛法，眞俗亦然。三諦圓融，一三三
一，如《止觀》中說。云云。〔註139〕

由此可知天臺性具圓教所說之即空即假即中的不思議三諦實是三非定三，所
謂「三諦圓融，一三三一」，故三諦究實而言只是一諦，所謂一實相諦也。故

〔註138〕《大正藏》四十六，第 55 頁上～中。並參看《佛性與般若》下冊，第 747
頁。

〔註139〕《大正藏》三十三，第 704 頁下～705 頁上。

智者謂「三諦猶帶方便，直顯眞實，次明一諦」〔註140〕而所謂一諦者，智者解云：「明一諦者，《大經》云：『所言二諦，其實是一，方便說二。如醉未吐，見日月轉，謂有轉日及不轉日。醒人但見不轉，不見於轉。』轉三爲粗，不轉爲妙。三藏全是轉二，同彼醉心。諸大乘經帶轉二說不轉一。今經『正直捨方便，但說無上道』。不轉一實，是故爲妙。」〔註141〕因此，《法華經》依開權顯實所說之無上道即是一實諦。又此一實諦理，依智者而言，乃是「猶有名相」，故須更明「無諦」，所謂「諸諦不可說者，『諸法從本來，常自寂滅相』，那得諸諦紛紜相礙？一諦尙無，諸諦安有？一一皆不可說。可說爲粗，不可說爲妙。『不可說』亦不可說，是妙。是妙亦妙，言語道斷故。若通作不可說者，『生生不可說，乃至不生不生不可說』。前不可說爲粗，『不生不生不可說』爲妙。若粗異妙，相待不融。粗妙不二，即絕待妙也」。〔註142〕由上所述，可知天臺宗不論說不思議三諦或一諦或無諦，究極目的只是爲顯諸法實相，亦即在「三道即三德」與「不斷斷」之圓斷與圓悟下所顯之諸法實相，也唯有不定限於任一名相和範疇，方能究盡彰顯圓教義理之絕待妙義。

又，智者亦曾依「心」、「根」、「塵」三者間之關係說明藏、通、別、圓四教所明之四種四諦，其中解圓教之無作四諦時，即明示乃是就一念心以明圓融三諦不可思議境界。因眾生一念心即具十法界三千法，雖言一切法生滅變化，然卻非刻意造作，故方便而言亦可名爲「無作之作」。因爲智者於《妙法蓮華經玄義》卷第二下依境、智、行、位、三法（觀照、解脫、法身三德祕密藏）、感應、神通、說法、眷屬與利益十法說明跡門十妙之生起時，亦曾特別指出一念心即具三千之諸法實相乃是「本自有之」，非由造作而成，故即是無作之不思議境，其文云：

> 實相之境非佛天人所作，本自有之，非適今也，故最居初。迷理故起惑，解理故生智。智爲行本。因於智目，起於行足，目足及境，三法爲乘。乘於是乘，入清涼池，登於諸位。位何所住？住於三法祕密藏中。住是法，已寂而常照。照十法界機，機來必應。若赴機垂應，應先用身輪，神通駭發。見變通已，堪任受道，即以口輪宣示開導。既霑法雨，稟教受道，成法眷屬。眷屬行行，拔生死本。

〔註140〕《大正藏》三十三，第698頁中。
〔註141〕《大正藏》三十三，第705頁上。
〔註142〕《大正藏》三十三，第705頁上～中。

開佛知見，得大利益。前五約自，因果具足；後五約他，能所具足。
法雖無量，十義意圓，自他始終皆悉究竟也。〔註143〕

因此，智者說跡門十妙之生起，乃是順理而發，亦即由觀不思議境而生智，依智而起行，如是而至眷屬、利益等妙，一一皆能成就圓教妙理。至於圓教所說之不思議無作四諦究竟如何成就？以下即依智者在《摩訶止觀》卷第一下解「無作四弘誓」時，對心、根、塵三者間之關係所作的分析，以具體地呈顯天臺宗性具圓教之圓融境界。文云：

次根塵相對，一念心起即空即假即中者，若根若塵並是法界，並是畢竟空，並是如來藏，並是中道。云何即空？並從緣生，緣生即無主，無主即空。云何即假？無主而生即是假。云何即中？不出法性並皆即中。當知一念即空即假即中，並畢竟空，並如來藏，並實相；非三而三，三而不三；非合非散，而合而散，非非合非非散；不可一異而一異。譬如明鏡，明喻即空，像喻即假，鏡喻即中。不合不散，合散宛然。不一二三，二三無妨。此一念心不縱不橫，不可思議。非但己爾，佛及眾生亦復如是。《華嚴》云：「心佛及眾生，是三無差別。」當知己心具一切佛法矣。《思益》云：「愚於陰界入，而欲求菩提。陰界入即是，離是無菩提。」《淨名》曰：「如來解脫當於眾生心行中求，眾生即菩提，不可復得；眾生即涅槃，不可復滅。」一心既然，諸心亦爾，一切法亦爾。《普賢觀》云：「毗盧遮那遍一切處。」即其義也。當知一切法即佛法，如來法界故。

若爾，云何復言「遊心法界如虛空」？又言「無明明者即畢竟空」？此舉空為言端，空即不空，亦即非空非不空。又言「一微塵中有大千經卷，心中具一切諸法，如地種，如香丸」者，此舉有為言端，有即不有，亦即非有非不有。又言「一色一香無非中道」，此舉中道為言端，即中而邊，即非邊非不邊，具足無減。勿守語害圓，誣罔聖意！〔註144〕

智者解圓教無作四諦，強調一念心與根塵相對，即具三千即空即假即中；心若不起則無有一法，一但心起則具三千，此即智者所說的「若無心而已，

〔註143〕《大正藏》三十三，第698頁中。
〔註144〕《大正藏》四十六，第8頁下～9頁上。

介爾有心即具三千」，〔註145〕由一念心起現之一切法皆依因待緣，皆緣生無自性，故即是空。雖無自性，然待眾緣而生，生相宛然，故即為假。又如實見緣起法假名無實，畢竟空如，即見諸法實相，故謂一念三千即是中道實相理。如此說一念三千即成「一念即空即假即中，並畢竟空，並如來藏，並實相；非三而三，三而不三；非非合非非散；不可一異而一異」的圓融三諦，故荊溪湛然於《始終心要》中說明天臺宗之圓融三諦時即謂：「夫三諦者，天然之性德也。中諦者，統一切法；眞（空）諦者，泯一切法；俗（假）諦者，立一切法。舉一即三，非前後也。含生本具，非遍作之所得也。」〔註146〕然則眾生何以未能如實照見圓融三諦之不思議境？蓋因無始無明及種種痴惑所障，此即荊溪所謂的「悲夫祕藏不顯，蓋三惑〔註147〕之所覆也。故無明翳乎法性，塵沙障乎化導，見思阻乎空寂」。〔註148〕然三惑障蔽不思議三諦，如何方能究竟除惑而顯不思議三諦之圓融境界？此則有待不思議三觀與不思議三智，故智者說明了不思議三諦之後，更進而說明何謂不思議三觀與不思議三智，智者云：

> 若一法一切法，即是「因緣所生法」，是為假名，假觀。若一切法即一法，「我說即是空」，空觀也。若非一非一切者，即是中道觀。一空一切空，無假中而不空，總空觀也。一假一切假，無空中而不假，總假觀也。一中一切中，無空假而不中，總中觀也。即《中論》所說不可思議一心三觀。歷一切法亦如是。〔註149〕

智者依《中論》四句偈以說明天臺宗圓教意義下之即空即假即中之一心三觀。所謂「一空一切空，無假中而不空」，即是一切法趣空，是趣不過，故名「總空觀」。而「總假觀」與「總中觀」亦是一切法趣假，一切法趣中，皆是趣不過。唯有在天臺宗此種「連三即」的觀照下，一切法所呈現之境界方為不思議圓融三諦。

> 若因緣所生一切法者，即方便隨情道種權智。若一切法一法，「我說即是空」，即隨智一切智。若非一非一切，「亦名中道義」者，即非

〔註145〕《大正藏》四十六，第 54 頁上。
〔註146〕《大正藏》四十六，第 473 頁中。
〔註147〕三惑指無明惑、塵沙惑與見思惑。
〔註148〕《始終心要》，《大正藏》四十六，第 473 頁中。
〔註149〕《摩訶止觀》卷第五上，《大正藏》四十六，第 55 頁中。

權非實一切種智。例上，一權一切權，一實一切實，一切非權非實。
遍歷一切，是不思議三智也。〔註150〕

智者解不思議三智亦依四句偈而說，若隨情觀解因緣所生一切法者，即成道
種智；若隨智了悟諸法畢竟空無自性，則成一切智；若徹見諸法不離法性，
非有非無，非一非多，即證中道實相理之一切種智。而此三智，三一一三，
非三非一，乃成不思議三智。

> 若隨情，即隨他意語。若隨智，即隨自意語。若非權非實，即非自
> 非他意語。遍歷一切法，無非漸、頓、不定、不思議教門也。
>
> 若解頓，即解心。心尚不可得，云何當有趣非趣？若解漸，即解一
> 切法趣心。若解不定，即解「是趣不過」。此等名異義同。軌則行人，
> 呼為三法。所照為三諦。所發為三觀，觀成為三智。教他呼為三語。
> 歸宗呼為三趣。得斯意，類一切，皆成法門。種種味，勿嫌煩。云
> 云。〔註151〕

依上述引文，吾人除了可以具體明瞭智者所說的不思議三觀及三智外，同時
也可看出智者說不思議三觀、三智、三語等，無非以此等三法作為眾生修行
之軌範，以期歸向即空即假即中之三趣，如實照見不思議三諦，證成三德祕
密藏。故荊溪云：「由是立乎三觀，破乎三惑，證乎三智，成乎三德。空觀者，
破見思惑，證一切智，成般若德。假觀者，破塵沙惑，證道種智，成解脫德。
中觀者，破無明惑，證一切種智，成法身德。」〔註152〕然而眾生愚痴深重，
並未能照見諸法實相，因此，智者說明了圓教一念心具足無作四諦後，更進
而說明依無作四諦而起大悲與四弘誓，〔註153〕智者云：

> 若得此解，根、塵、一念心起，根即八萬四千法藏，塵亦爾，一心
> 起亦八萬四千法藏。佛法界，對法界，起法界，無非佛法。生死即

〔註150〕《摩訶止觀》卷第五上，《大正藏》四十六，第55頁中。

〔註151〕《摩訶止觀》卷第五上，《大正藏》四十六，第55頁中～下。

〔註152〕《始終心要》，《大正藏》四十六，第473頁中。

〔註153〕荊溪《止觀大意》明「起慈悲心」文中曾依圓教以明「四弘誓」，文云：「發
僧那於始心，終大悲以赴難。僧那者，弘誓也。赴難者，入惡也。今由觀境
不契於理，重須發誓。……眾生無邊誓願度，生死即涅槃故。煩惱無數誓願
斷，煩惱即菩提故。法門無盡誓願知，即惑成智故。佛道無上誓願成，即生
成滅故。」參看《大正藏》四十六，第460頁中。

涅槃，是名苦諦。一塵有三塵，一心有三心。一一塵有八萬四千塵
勞門，一一心亦如是。貪瞋癡亦即是菩提，煩惱亦即是菩提。是名
集諦。翻一一塵勞門，即是八萬四千諸三昧門，亦是八萬四千諸陀
羅尼門，亦是八萬四千諸對治門，亦成八萬四千諸波羅蜜。無明轉，
即變爲明。如融水（冰）成水，更非遠物，不餘處來，但一念心普
皆具足。如如意珠，非有寶，非無寶。若謂無者，即妄語。若謂有
者，即邪見。不可以心知，不可以言辯。眾生於此不思議不縛法中，
而思想作縛，於無脫法中而求於脫，是故起大慈悲，興四弘誓，拔
兩苦，與兩樂，故名非縛非脫發眞正菩提心。〔註154〕

由此可知，圓教之無作四諦，必須立基於「三道即三德」，亦即無明與法性爲
同體依即之關係，所謂「無明轉，即變爲明」，如此方能即一切苦集法之當體
而證滅道，而不須另外造作。此亦是知禮所謂「良由圓教指惡當體即是法界，
諸法趣惡。十二因緣非由造作，即是佛性」〔註155〕亦即不斷煩惱而顯圓融妙
理之「不斷斷」精神。如此講修證，乃是頓修頓解，而非次第漸修，故荊溪
言圓教之立三觀，破三惑，證三智，成三德，「從因至果，非漸修也，說之次
第，理非次第」。〔註156〕而如此所成就之不思議境界則爲諸佛之圓滿境界。因
此，智者在《妙法蓮華經玄義》卷第二上說明「三法妙」文中，即就「佛界
十如是」以說明佛法界法乃是即空即假即中之圓融三諦，文云：

佛界十法者，皆約中道分別也：《淨名》云：「一切眾生皆是菩提相，
不可復得。」此即緣因爲佛相。性以據內者，智願猶在不失，智即了
因爲佛性。自性清淨心即是正因爲佛體。此即三軌也。云云。〔註157〕
力者，初發菩提心，超二乘上名爲力。作者，四弘誓願要期也。因即
智慧莊嚴也。緣即福德莊嚴也。果即一念相應大覺，朗然無上菩提爲
習果也。報即大般涅槃果。果〔註158〕斷德禪定三昧一切具足，是報
果也。本末等者，即相性三諦與究竟三諦不異，故言等也。空諦等者，

〔註154〕《摩訶止觀》卷第一下，《大正藏》四十六，第9頁上～中。
〔註155〕參看《金光明經玄義拾遺記》卷第二，《大正藏》三十九，第22頁中。
〔註156〕《始終心要》，《大正藏》四十六，第473頁中。
〔註157〕此即圓教三軌，所謂眞性軌、觀照軌、資成軌。此三者皆本有性德，乃相對
　　　　於後之七種修德而言。又後之七種修德則是爲了成就前之性德三軌。
〔註158〕此一「果」字疑是重字。

元初眾生如，乃至佛如皆等也。俗諦等者，眾生未發心，佛記當作佛，佛既已成佛，說佛本生事，即是初後相在假等也。中等者，凡聖皆實相也。……此《法華經》明九種性相，皆入即空即假即中。汝實我子，我實汝父。一色一味純是佛法，更無餘法故。知佛界最為無上。復之，餘經所明九性相，不得入佛性相即空即假即中者，此經皆開方便普令得入。又按其相性，即是即空假即中，不論引入，是故如來殷勤稱歎此《法華經》最為無上，意在此也。〔註159〕

依上所述，吾人可明白看出《法華經》所說之九種性相，皆是諸法實相，故皆入即空即假即中之圓融三諦，故言其為無上。而依此所成就者即為無有隔斷之圓實佛。由此亦可看出依圓教義理所成就之佛乃是即於九法界一切法而成佛，所謂「低頭舉手皆成佛道」。

以上所述皆依天臺圓頓止觀以顯圓融三諦不思議境。所謂圓頓止觀以顯圓融三諦，乃是即於無明一念心之當體即轉為清淨真如心而顯圓融三諦之不思議境，而此轉必須在「一心三觀」的觀照下，透過「三道即三德」以及「不斷斷」方能達成。故智者於《妙法蓮華經玄義》卷第六下「明破法遍」中「第三橫豎一心明止觀」文中有云：「祇約無明一念心，此心具三諦；體達一觀，此觀具三觀。」〔註160〕無明一念心轉為清淨真如心即是諸法體，而此體必須在實相般若之觀照下顯，故是作用地、詭譎地顯。不過天臺宗圓融三諦雖依實相般若而顯，然此圓融三諦不思議境之具足一切法，與《中論》所言之「以有空義故，一切法得成」之具足一切法不同。今試透過以下二組問答之內容，以比較天臺性具圓教所談之具一切法義與般若空之具一切法不同。首先一則問答見《四明尊者教行錄》卷第三〈絳幃問答三十章〉中之第二十七問，文云：

二十七問：畢竟空觀纖塵不立，何故空中具一切法？
答：三諦俱空，方名畢竟，一切諸法悉在其中。且如真諦空有具二乘界法；俗諦空有具菩薩界法；中道雙遮空二邊具佛界法；中道雙照空佛界具九界法。不前不後，非一非三，三諦頓亡，即纖塵息矣；百界圓足即諸法宛然。是知三千俱空，未始不具；

〔註159〕《大正藏》三十三，第 695 頁上～下。
〔註160〕《大正藏》四十六，第 84 頁下。

－102－

　　三千俱假，未始不空。此唯一家所談，他莫能及。〔註161〕

又於〈教門雜問答七章〉中之第六問云：

　　六問：台說，一空一切空。又云：空中具一切法。其相云何耶？

　　答：夫言空者，必空假中一心三觀之道也。此道始則佛大聖人、金
　　　　口中乃龍樹大士造論，後則北齊台衡祖。然則雖曰佛祖宣揚，
　　　　其實一切眾生身心本體。所言空觀者，一切法俱空，無假無中
　　　　而不空，此空爲妙觀遣蕩之法也；所言假觀者，一切法俱假，
　　　　無中無空而不假，此假爲妙觀立法之法也；所言中觀者，一切
　　　　法俱中，無空無假而不中，此中爲妙觀絕待之法也。此三，三
　　　　一一三，無寄諦觀，名別體同，妙體天然，不勞造作。終日遣
　　　　蕩，而法法圓成；終日立法，而法法離相；終日絕待，而二邊
　　　　宛然。今之圓人解了三觀體性相即，則達空中二觀，不有纖塵，
　　　　而諸法備矣。〔註162〕

上述前一則問答中特別強調「百界圓足即諸法宛然，是知三千俱空，未始不
具；三千俱假，未始不空。此唯一家所談，他莫能及」，而後一則問答則指出
「今之圓人解了三觀體性相即，則達空中二觀，不有纖塵，而諸法備矣」，此
皆是爲了凸顯天臺宗一家教觀所說之性具圓教與他宗有別。《中論》雖云「以
有空義故，一切法得成」，但此只是依「緣起性空」之原則來觀解一切法，亦
即依空義以抒發一切法之存在情形，故只是作用地具足一切法。而天臺宗性
具圓教則就當下一念心之即具一切法而言即空即假即中之圓融三諦，此已由
「以有空義故，一切法得成」而往內收至一念心，既由一念心總攝一切法，
則屬存有論地具足一切法。故天臺性具圓教之圓具一切法可說是已由般若畢
竟空「作用地圓具」進至如來藏恒沙佛法佛性之存有論地圓具。而吾人即依
此存有論地圓具一切法而得以進而言天臺性具圓教所具之特殊義涵。故吾人
於本章中探討了天臺宗所以得以構成性具圓教之義理根據後，將於第三章中
進一步探討天臺宗性具圓教得以開展之獨特模式及其所具之特殊義涵。

〔註161〕《大正藏》四十六，第881頁上。
〔註162〕《大正藏》四十六，第883頁下～884頁上。

第三章　天臺宗性具圓教開展之獨特模式及其所具之特殊義涵

第一節　論述天臺宗性具圓教開展之獨特模式

　　以上吾人已大體說明了天臺宗性具圓教之義理根據及其主要內容，其次則是要進一步探討天臺宗如何依《法華經》而開展出性具圓教之義理。智者判釋佛一代之說爲「五時八教」，而特別標舉《法華經》爲圓教，則此圓教所以爲圓並得以開展，是否有特殊之模式？又此性具圓教與它諸教義間之關係爲何？這些問題，吾人將於本節中加以討論。

壹、不離前三教而顯天臺宗性具圓教

　　首先吾人先探討智者之判教理論，然後再依其教判來探討天臺性具圓教所具之特質以及其與其餘諸教之關係。而欲說明智者之判教理論，必先瞭解在其之前的種種教判，因爲智者可以說是對其之前的諸教判一一瞭解並一一加以批判，而後才提出其獨特之判教理論。依智者《妙法蓮華經玄義》卷第十上釋教相文中所說，在其之前有所謂「南三北七」共十種不同的教判。南地三家指的是：一、虎丘山岌師；二、宗愛法師；三、定林柔次二師及道場觀法師。至於北地七家則是指：一、倡五時教的北地師（智者未列倡此說之法師名）；二、菩提流支明半滿教；三、佛馱三藏與學士光統所分辨的四宗教判；四、護身自軌大乘師所用之五宗教；五、耆闍凜法師所用的六宗教；六、北地禪師所明之二種大乘教（指有相大乘與無相大乘）；七、北地禪師的一音

教（非四宗、五宗、六宗、二相、半滿等教，但一佛乘無二亦無三，一音説
法隨類異解。諸佛常行一乘，眾生見三，但是一音教也。）其中較重要者有
南地道觀法師的五時教判與北地之光統四宗教、自軌大乘師之五宗教及凜法
師之六宗教〔註1〕

　　道場寺的慧觀法師是慧遠大師的弟子，曾與道生法師共同研究《涅槃
經》。他於所譯之《涅槃經》的序文中曾提出「五時教判」的説法，就是把佛
一代所説的教法分爲頓教（如《華嚴經》）和漸教，而漸教更分爲三乘別教（如
《阿含經》）、三乘通教（如《般若經》）、抑揚教（如《維摩經》、《思益經》）、
同歸教（如《法華經》）、常住教（如《涅槃經》）等五時。這頓漸及五時教判
中，當然以《涅槃經》爲佛一代説教的最終極。吾人可將此教判列表如下：

　　由慧觀法師之教判，吾人可看出五時和化儀（頓、漸）的教判思想已蘊
含其中。〔註2〕而北地較爲重要之三家教判，亦列表如下：

〔註1〕參看《大正藏》三十三，第801頁上。
〔註2〕參考孫正心所著，〈天臺的思想淵源與其特質〉，見《天臺學概論》，第309頁，
　　　　《現代佛教學術叢刊》五十五。

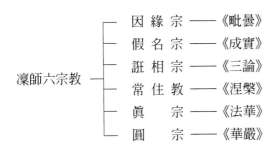

以上即是智者之前所謂「南三北七」之判教理論，而這些判教無非是欲將已傳譯入中土之佛教經論加以分類以顯發佛說諸種經論之不同特色與性質。不過在智者之前的判教理論雖已蘊含「五時」說法之分判，也注意到佛說法方式及說法內容之差異，然直至智者才有系統地提出「五時八教」的理論，將佛一代之教法作了詳細而當的分判。而智者所以有此判教理論，乃是欲藉其餘諸教以凸顯《法華》一乘圓教，故智者於《妙法蓮華經玄義》卷第十上即明白表示「若弘餘經，不明教相，於義無傷。若弘《法華》，不明教者，文義有闕」。〔註3〕荊溪於《法華玄義釋籤》卷第十九判釋教相文中亦指出此義，文云：

> 若弘《法華》須辨一期五時教相，說佛本意，意在何之？諸經有體，體趣何等？明宗、明用為何所依？是故前釋宗用中云：「用是宗用，宗是體宗。」名總標三，教相判四。是故《法華》不明教相，使前四義冥無所顯。四義不顯，妙法難明，故不明教相，於理實闕。〔註4〕

又云：

> 次明今經者，欲明今經，復先始末，方顯今妙。敘始末者，跡門以大通為元始，本門以本因為元始，今日以初成為元始。大通已後本成已來，如是中間節節施化，皆以漸頓適物機情，若大若小皆為取物機而與法差別。若今日中間言取與者，《華嚴》已後《法華》之前，觀機為取，逗物為與，適者得也，謂得時而用，諸經不爾，未為大體。〔註5〕

是故，智者依大意、出異、明難、去取與判教來判釋佛所說法之教相，因為

〔註3〕　《大正藏》三十三，第800頁上。
〔註4〕　《大正藏》三十三，第948頁中。
〔註5〕　《大正藏》三十三，第949頁上～中。

「以聖旨難知，故須先出大意。以諸師不同，故須逐失略列。以無一全是，故一一難破。以不全非，故須明去取。唯證可從，故準南嶽」。〔註6〕其中第三「明難」乃是一一批判在其之前種種教判之不恰當或不究竟處。智者所以批判其前諸教判，主要的目的在於欲由之以彰顯《法華經》之開權顯實、發跡顯本方是佛所說之最圓實教義，因此《法華經》才是真正倡說唯一佛乘的圓教，而相對於此之藏、通、別前三教則皆是方便教，非究竟了義。此亦可由其判釋教相之「大意」中看出《法華》圓教與其它三教之不同，智者云：

> 大意者，佛於無名相中假名相說。說餘經典，各赴緣取益。至如《華嚴》，初逗圓別之機，高山先照。直明次第不次第修行住上地上之功德，不辨如來說頓之意。
>
> 若說四《阿含》，《增一》明人天因果，《中》明真寂滅義，《雜》明諸禪定，《長》破外道，而通說無常。知苦斷集，證滅修道，不明如來曲巧施小之意。
>
> 若諸「方等」，折小彈偏，歎大褒圓，慈悲行願，事理殊絕，不明並、對、訶、讚之意。
>
> 若《般若》，論通則三人同入，論別則菩薩獨進。廣歷陰入，盡淨虛融，亦不明共別之意。
>
> 若《涅槃》在後，略斥三修，粗點五味，亦不委說如來置教原始結要之終。
>
> 凡此諸經皆是逗會他意，令他得益，不譚佛意，意趣何之？今經不爾。絓是法門網目、大小觀法、十力無畏、種種規矩，皆所不論，為前經已說故。但論如來布教之元始，中間取與漸頓適時，大事因緣究竟終訖，說教之綱格，大化之筌蹄。〔註7〕

以上乃各別論述佛一代所說種種經典之不同特色與性質，智者明指佛說《法華經》不同於其餘經典，因為「說餘經典，各赴緣取益」，而且佛說這些經典皆只是隨眾生之機感而方便度化，所謂「逗會他意，令他得益」，故均非「暢佛本懷」。至於佛說《法華經》則是「但論如來布教之元始」，其說教之綱格則是開權顯實、發跡顯本，故謂「中間取與漸頓適時，大事因緣究竟終訖」。

〔註6〕《大正藏》三十三，第948頁中～下。
〔註7〕《妙法蓮華經玄義》卷第十上，《大正藏》三十三，第800頁上～中。

了解此不同後，則可進而論說佛何以說種種不同的教法，故智者謂：

> 其宿殖深厚者，初即頓與直明菩薩位行功德，言不涉小。文云：「始見我身，聞我所說，即皆信受，入如來慧。」
>
> 其不堪者，隱其無量神德，以貧所樂法，方便附近，語令勤作。文云：「我若讚佛乘，眾生沒在苦。」如此之人應以此法漸入佛慧。
>
> 既得道已，宜須彈斥，即如「方等」，以大破小。文云：「苦切責之已，示以所繫珠。」
>
> 若宜兼通，半滿淘汰，如《大品》遣蕩相著，會其宗途。文云：「將導眾人欲過峻道。」
>
> 過此難已，定之以子父，付之以家業，拂之以權跡，顯之以實本。當知此經唯論如來設教大綱，不委微細綱目。〔註8〕

依上所述，可見智者處處徵引《法華經》文，以對勘佛所說之諸種教相，皆是隨各類眾生之需要而開種種方便法門。既是方便法門，則終須廢除，此即《法華經》所以說跡門開權顯實，與本門發跡顯本之目的。荊溪於《法華玄義釋籤》卷第十九對此段文有所疏解，目的在於指出智者《妙法蓮華經玄義》之「判釋教相」乃是爲了說明《法華經》敘述佛一代用教之意，其文云：

> 從「其宿植」去，正出今經敘於一代用教之意。故前文云：始從《華嚴》至《般若》來，皆不說於設教之意。故從此下騰，今經意，述一代教用與之由。
>
> 故初說《華嚴》，意在大根。言不涉小，則三意未周：一、不攝小機，二、不開權，三、不發跡。
>
> 從「其不堪者」去，說《阿含》教，意在於小。亦有三意未周：一、不涉大機；餘二如前。
>
> 從「既得道已」去，說方等教具明大小，總有二意：一、逗大逗小；二、以大斥小。亦三意未周：一者、不明逗緣彈彈斥之意，餘二同前。
>
> 從「若宜兼通」去，說《般若》教亦有二意：一、通被大小，二、淘汰付財。亦三意未周：一者、無通被淘汰之意，餘二同前。

〔註8〕《妙法蓮華經玄義》卷第十上，《大正藏》三十三，第800頁中。

次文二，初明開顯，次結成綱紀。

從「過此難已」去，唯至《法華》說前教意，顯今教意。故云「過此已後，定之以父子」，開權人也；「付之以家業」，委權實法也。此約跡門開權顯實。次「拂之以權跡，顯之以實本」，此本門開跡顯本也。此即《法華》之大綱，今家之撮要，不過數行而已。收一代教法，出《法華》文心，辨諸教所以。請有眼者，委悉尋之，勿云《法華》漸圓不及《華嚴》頓極。當知《法華》約部則尚破《華嚴》、《般若》，則尚破別教後心。如此教旨，豈同外人因中有果等，而為匹類耶？〔註9〕

由此可見《法華經》乃是「深論佛教，妙說聖心，近會圓因，遠申本果」。〔註10〕此即所謂「暢佛本懷」，故與說其餘諸經自不相同。

智者除了一一批評在其之前的諸種教判，進而更詳論其所以不恰當的理由，以作為其自身判釋佛一代說法之參考。故智者繼「明難」後更論「研詳去取」，文云：

研詳去取者，覈實故言研，覈權故言詳，適法相故言去取。

若五時明教，得五味方便之文而失一道真實之意，雖得其文，配對失旨，其文通用，其對宜休。

若言十二年前明有相教，此得小乘一門而失三門。何者？三藏有四門得道，或見有得道，如《阿毗曇》；或見空得道，如《成實》；或見亦有亦空得道，如《昆勒》；或見非空非有得道，如《車匿》。故知泥洹真法寶，眾生各以種種門入。若欲舉一標四，應總言三藏；若欲廣明備立四種，何意偏存有相失沒三耶？疑誤後生空有成諍，若三藏中菩薩，須廣學四門通諸方便，後得佛時名正遍知。若但標有相之教，唯得見有得道，一門聲聞全失三門入泥洹路，則於小乘義闕。若但有相祇偏知一門，不解三門非正遍知，於菩薩義闕。其闕則眾故須棄，其得則寡唯存一。〔註11〕

依智者評析，若單以「有相教」判三藏教，則會有如上之諸種過失。其次，

〔註9〕　《大正藏》三十三，第949頁中～下。

〔註10〕　《妙法蓮華經玄義》卷第十上，《大正藏》三十三，第801頁上。

〔註11〕　《妙法蓮華經玄義》卷第十上，《大正藏》三十三，第805頁中。

般若有共、不共之別，而各自又具四門以明義，故共有八門。因此，亦不可以定執佛成道十二年後方明無相教，此意可由下文智者之說法看出：

> 無相者，此得共般若，失不共般若。共般若有四門，如幻如化即有門；幻化即無是空門；幻化有而不有，是亦空亦有門；雙非幻化即非空非有門。若言般若無相者，祇得共般若一空門，全失三門，亦失七門。尚不是因中正遍知，況果上正遍知？其失則去，其得則取。云云。〔註12〕

其次，智者更就南地諸師所說五時教判之「抑揚教」、「同歸教」與「常住教」加以研詳去取。智者若謂第三時只是「抑挫聲聞，褒揚菩薩」則有三過：

> 此得斥小一種聲聞，全失七種聲聞；得顯大一意，全不得折挫諸偏菩薩，褒揚極圓菩薩。亦不得折挫諸權菩薩，褒揚於實菩薩。又不識偏圓權實四門，所得處少，不得處多。〔註13〕

又云：

> 若言第四時同歸之教，唯得萬善同歸一乘之名，不得萬善同歸一乘之所。所者即佛性，同歸常住寺也。祇得會三歸一，不得會五歸一，不得會七歸一。唯得歸於一，不得歸佛性常住，有如此等失。云云。
>
> 〔註14〕

智者於此明指《法華》圓教所主張之「同歸一乘」的實義等同「佛性常住」，亦即一切法同歸於真常佛性，故《法華經》云「是法住法位，世間相常住」。而智者對於第五時之批評則為：

> 第五時，若依二諦論常住，則非常住；若不依二諦無所間然。彼雖明常，全失非常非無常，雙用常無常，唯得四術之一，永失七術，復不得其正體。云云。〔註15〕

至於其它諸種教判之得失，智者之評論如下：

〔註12〕《妙法蓮華經玄義》卷第十上，《大正藏》三十三，第805頁中～下。
〔註13〕《妙法蓮華經玄義》卷第十上，《大正藏》三十三，第805頁下。
〔註14〕《妙法蓮華經玄義》卷第十上，《大正藏》三十三，第805頁下。
〔註15〕《妙法蓮華經玄義》卷第十上，《大正藏》三十三，第805頁下。

四時教、三時教無文可依，無實可據，進退無所可取。云云。北地五時亦無文據，又失實意，其間去取，類前可知。半滿教得實意失方便意。四宗教失五味方便意，又失實意，五宗、六宗例如此。二種大乘教權實乖離，父子乖離，導師云何得生？權若離實，無實相印，是魔所說。實若離權，不可說示。一音教得實失權，鰥夫寡婦不成生活，永無子孫。〔註16〕

經由如上之分析與批評後，智者繼而作出如下之推論：

眾家解教種種不同，皆是當世之師，各各自謂有於深致。時既流播，義亦添雜，晚賢情執，苟諍紛紜。所以上來研難，次論去取。〔註17〕

智者大師既批判了之前的種種判教，並詳析其得失，進一步即是具體地說如何去取。而其去取的標準，可說是憑藉著《維摩詰所說經・文殊師利問疾品》中的「但除其病而不除法」的精神，即參考之前的諸教判，去其短而取其長，如此則能借用其前之諸教判而不致引生諸種蔽病。故智者明白表示：

若除其病如上所說，若不除法，用之則異。云何用異？有相則具用四門。無相則用共不共八門。褒貶則用貶小褒大，貶偏褒圓，貶權褒實。同歸則用同歸一乘常住佛性、究竟圓趣。常住則用非常非無常，雙用常無常，二鳥俱遊，八術具足。用五味則次第如文，在下當說。用提謂波利，亦不止是人天之乘。用半滿則有五句：滿、開滿立半、破半明滿、帶半明滿、廢半明滿。用因緣假名，則為三藏兩門耳。用誑相是通教一門耳。用真祇是常，常祇是真。法界不獨在《華嚴》，圓宗不偏指《大集》。用有相無相者，約有相明無相，約無相明有相，二不相離。用一音者，有慧方便解，有方便慧解。設取其名，用義永異。云云。〔註18〕

由上所述，可見出智者一面評析其前之諸教判，另一方面雖仍沿用向來之判教名稱，卻已除其病而存其法，因此智者乃提出其獨特之教判，所謂「五時八教」之判教理論。

〔註16〕《妙法蓮華經玄義》卷第十上，《大正藏》三十三，第805頁下。
〔註17〕《妙法蓮華經玄義》卷第十上，《大正藏》三十三，第805頁下。
〔註18〕《妙法蓮華經玄義》卷第十上，《大正藏》三十三，第805頁下～806頁上。

　　智者於《妙法蓮華經玄義》卷第一上初標五章（所謂釋名、辨體、明宗、論用、判教五章）文中曾總論佛一代說法之教相，此可視爲其判釋教相之準則，文云：

> 教相爲三：一、根性融不融相；二、化道始終不始終相；三、師弟遠近不遠近相。教者聖人被下之言也，相者分別同異也。〔註19〕

智者依以上三種準則來判釋各種教相，並歸納爲「五時八教」。所謂「五時」乃是將佛一代說法分爲第一華嚴時、第二鹿苑時、第三方等時、第四般若時與第五法華、涅槃時。此種分判之特色在於依佛所說法之義理而分，而不是順著時間先後而說。此即牟宗三於《心性與體性》中所強調的：「凡判教俱就義理秩序說，非就歷史次序說。」〔註20〕依智者之五時判教，吾人可見出佛爲眾生說法之不同機緣與權實義理之開展情形。首先，智者說明第一華嚴時如下：

> 如日初出，前照高山，厚植善根，感斯頓說。頓說本不爲小，小雖在座，如聾如啞。良由小不堪大，亦是大隔於小。此如《華嚴》約法被緣，緣得大益，名頓教相。約說次第，名從牛出乳味相。〔註21〕

佛初成道，如日初出，爲利根者頓說《華嚴經》，故小乘聲聞等在座皆如聾如啞。因此，《華嚴》屬大乘教義，爲佛初悟道時所說，好比由牛出乳之乳味相。荊溪於《法華玄義釋籤》卷第二，曾對此作了如下之疏解：

> 此文以《華嚴》說大，未遊鹿苑，詺之爲頓。此是頓部，非是頓教。以彼部中，兼一別故。人不見者，便謂《華嚴》頓於《法華》者，誤矣。〔註22〕

由荊溪之《釋籤》亦可看出佛說《華嚴》仍有兼帶方便，故只屬頓部所說而非圓頓教法。而此亦是荊溪與知禮得以分判別（指《華嚴》所說）圓（指《法華》所說）之依據。

　　又智者說二鹿苑時爲：

〔註19〕《妙法蓮華經玄義》卷第十上，《大正藏》三十三，第638頁中。

〔註20〕參看《心性與體性》第一冊「附錄」，第640頁。

〔註21〕《妙法蓮華經玄義》卷第十上，《大正藏》三十三，第638頁中。

〔註22〕《大正藏》三十三，第822頁下。

次照幽谷，淺行偏明，當分漸解。此如三藏，三藏本不爲大，大雖
在座，多跢婆和，小所不識，此乃小隔於大，大隱於小。約法被緣，
名漸教相。約說次第，名酪味相。〔註23〕

荊溪對此文之疏解如下：

多跢，是學行之相；婆和，是習語之聲。示爲三藏，始行初教，而
三藏實行者，謂之爲實，故云不識。〔註24〕

第三時爲方等時，智者之分析如下：

次照平地，影臨萬水，逐器方圓，隨波動靜。示一佛土，令淨穢不
同。示現一身，巨細各異。一音說法，隨類各解。恐畏、歡喜、厭
離、斷疑、神力不共。故見有淨穢，聞有襃貶，嗅有蔔薝不蔔薝，
華有著身不著身，慧有若干不若干。此如《淨名》、「方等」。約法被
緣，猶是漸教。約說次第，生蘇味相。〔註25〕

而荊溪《釋籤》之疏解則云：

具說四教，以未融故，故見不同。……影臨萬水，譬現不同。逐器
方圓，譬示土不同。隨波動靜，譬說法不同。……〔註26〕

第四時爲般若時，此時佛所說法之特色如下：

復有，大人蒙其光用，嬰兒喪其晴明，夜遊者伏匿，作務者興成。
故文云：但爲菩薩說其實事，而不爲我說斯眞要。雖三人俱學，二
乘取證，具如《大品》。若約法被緣，猶是漸教。約說次第，名熟蘇
味相。〔註27〕

荊溪順此文所作之疏解如下：

言大人蒙其光用等者，菩薩大人蒙般若光諸法之用，二乘之人既無
此用，是故譬之如七日嬰兒，若視日輪，令眼失光，故名爲喪。外

〔註23〕《妙法蓮華經玄義》卷第十上，《大正藏》三十三，第638頁中。
〔註24〕《大正藏》三十三，第822頁下。
〔註25〕《妙法蓮華經玄義》卷第一上，《大正藏》三十三，第683頁中。
〔註26〕《妙法蓮華經玄義》卷第二，《大正藏》三十三，第823頁下。
〔註27〕《妙法蓮華經玄義》卷第一上，《大正藏》三十三，第683頁中～下。

人暗證，譬如夜遊。菩薩利他，譬如作務。〔註28〕

第五時乃是佛為一切眾生說平等法，如正午日光普照，高下悉均平。故智者之分判如下：

> 復有義，日光普照，高下悉均平。土圭測影，不縮不盈。若低頭，若小音，若散亂，若微善，皆成佛道。不令有人獨得滅度，皆以如來滅度而滅度之，具如今經。若約法被緣，名漸圓教。若說次第，醍醐味相。〔註29〕

荊溪解此段文義如下：

> 若低頭，若微善者，總結散亂小善之類，無不開之，以成佛因。……若約法被緣，名漸圓教者，此文語略，具足應云：鹿苑漸後，會漸歸圓。故云漸圓。人不見之，便謂《法華》為漸圓，《華嚴》為頓圓，不知《華嚴》部中有別，乃至《般若》中方便二教，皆從《法華》一乘開出，故云：於一佛乘，分別說三。……又今文諸義，凡一一科，皆先約四教以判麤妙，則前三為麤，後一為妙。次約五味以判麤妙，則前四味為麤，醍醐為妙。全不推求上下文意，直指一路，便謂《法華》劣於《華嚴》，幾許誤哉，幾許誤哉。……然《涅槃》尚劣。何者？《法華》開權，如已破大陣，餘機至彼，如殘黨不難。故以《法華》為大收，《涅槃》為捃拾。若不爾者，《涅槃》不應遙指八千聲聞，於《法華》中得授記別〔按：原字為「別」字上有草頭〕見如來性。如秋收冬藏，更無所作。〔註30〕

以上即為智者所說之五時教判，牟宗三將其依各時說法之內容與特性整理列表如下：

一、華嚴時：日照高山，乳味，稱理而談，以顯形式的圓教。

二、鹿苑時：日照幽谷，酪味，說四《阿含》小乘教。

三、方等時：食時，生酥味，說《維摩》、《思益》、《楞伽》、《金光明》、《勝鬘》等經。

〔註28〕《妙法蓮華經玄義》卷第二，《大正藏》三十三，第823頁中。

〔註29〕《妙法蓮華經玄義》卷第一上，《大正藏》三十三，第683頁下。

〔註30〕《妙法蓮華經玄義》卷第二，《大正藏》三十三，第823頁中。

四、般若時：禺中時，熟酥味，說《般若經》。

五、法華涅槃時：日輪當午，醍醐味，從《般若》出《法華》、《涅槃》。〔註31〕

佛既隨眾生根機而說法，故有顯露與不定等種種方便法門。而以上智者所分判者，乃是依顯露的方式以分別佛所說頓漸等五味之教相。若約不定之方式說法，則無有以上之分別與限定，即無有五時之區隔亦無五味之差異，所謂「佛以一音演說法，眾生隨類各得解」。故智者順以上之分判後，繼之更明「不定」之說法方式，文云：

如前分別，但約顯露明漸頓五味之相。若論不定，義則不然。雖高山頓說，不動寂場，而遊化鹿苑。雖說四諦生滅，而不妨不生不滅。雖為菩薩說佛境界，而有二乘智斷。雖五人證果，不妨八萬諸天獲無生忍。當知即頓而漸，即漸而頓。〔註32〕

以上智者依五時及頓、漸、祕密、不定之說法方式分判了佛所說的諸經典，最後智者更指出《法華經》實有別於其他諸經，故云：

今《法華》是顯露非祕密，是漸頓非漸漸，是合非不合，是醍醐非四味，是定非不定。如此分別，此經與眾經相異也。〔註33〕

智者既依《法華經》倡說天臺性具圓教，故特別強調佛說《法華經》乃是圓融三諦的妙法，而非隔歷三諦之麤法也。又依融不融相來判釋前四味，則有如下之評論：

所以初教建立融不融，小根併不聞。次教建立不融，大根都不用。次教俱建立，以融斥不融，令小根恥不融慕於融。次教俱建立，令小根寄融向不融，令大根從不融向於融。雖種種立施設眾生，但隨他意語，非佛本懷。故言不務速說也。〔註34〕

而荊溪對於智者所說「四教之融不融相」則作了如下的疏解：

四味並有融不融名，不無小異。乳中以別為不融。酪教一味，全

〔註31〕 參看《心體與性體》第一冊「附錄」，第 640 頁。
〔註32〕 《妙法蓮華經玄義》卷第一上，《大正藏》三十三，第 683 頁下。
〔註33〕 《妙法蓮華經玄義》卷第一上，《大正藏》三十三，第 684 頁上。
〔註34〕 《妙法蓮華經玄義》卷第一上，《大正藏》三十三，第 682 頁上～中。

是不融。生蘇中融，即有二義：若以圓斥三，及以圓斥藏，即以圓融爲融。或以三教斥藏，即以融通爲融。雖兼斥大，正在斥小，故云：令小根恥小慕大。熟蘇中，云令小根寄融向不融者，通教小乘，寄於融通之融，而得小果，即指小果名爲不融。令大根從不融向於融者，即指通別以爲不融，即是令通別菩薩，向圓融之融。〔註35〕

依以上對於佛五時說法種種教相之分判，智者遂有如下之結論：

結者，當知《華嚴》兼，三藏但，方等對，《般若》帶。此經無復兼、但、對、帶，專是正直無上之道，故稱爲妙法也。〔註36〕

上文曾提及智者判釋教相之準則爲根性融不融相、化道始不始終相與師弟遠不遠近相，此三準則可說是總說，至於細論則智者更列舉諸經與《法華經》之種種差異，智者云：

又異者，餘教當機益物，不說如來施化之意。此經明佛設教元始，巧爲眾生作頓、漸、不定、顯、密種子，中間以頓漸五味，調伏長養而成熟之，又以頓漸五味而度脫之。並脫並熟並種，番番不息。大勢威猛，三世益物。俱如〈信解品〉中說，與餘經異也。

又眾經咸云：道樹師實智始滿，起道樹始施權智。今經明師之權實，在道樹前久久已滿。

諸經明二乘弟子，不得入實智，亦不能施權智。今經明弟子入實甚久，亦先解行權。

又眾經尚不論道樹之前，師之與弟，近近權實，況復遠遠。今經明道樹之前，權實長遠。……經云：昔所未曾說，今皆當得聞。殷勤稱讚，良有以也。當知此經異諸教也。〔註37〕

《法華經》所說之諸法實相，約理實爲不可說，以理乃修觀所證故。然爲度化眾機，亦方便得說，故有所謂「化法四教」之差別。智者於《妙法蓮華經玄義》卷第一下正解藏、通、別、圓四教之差別相有云：

〔註35〕《妙法蓮華經玄義》卷第一，《大正藏》三十三，第819頁中～下。
〔註36〕《妙法蓮華經玄義》卷第一上，《大正藏》三十三，第682頁中。
〔註37〕《妙法蓮華經玄義》卷第一上，《大正藏》三十三，第684頁上。

起教者，《大論》云：佛常樂默然，不樂說法。《淨名》亦論杜口。此經云：不可以言宣。《大經》云：生生不可說，乃至不生不生不可說。又云：亦可得說十因緣法爲生作因。亦可得說十因緣者，從無明至有，此十成於眾生，具四根性，能感如來說「四種法」。

若十因緣所成眾生，有下品樂欲，能生界內事善，拙度破惑，析法入空。具此因緣者，如來則轉生滅四諦法輪，起三藏教也。

若十因緣所成眾生，有中品樂欲，能生界內理善，巧度破惑，體法入空。具此因緣者，如來則轉無生四諦法輪，起通教也。

若十因緣所成眾生，有上品樂欲，能生界外事善，歷別破惑，次第入中。具此因緣者，如來則轉無量四諦法輪，起別教也。

若十因緣所成眾生，有上上品樂欲，能生界外理善，一破惑一切破惑，圓頓入中。具此因緣者，如來則轉無作四諦法輪，起圓教也。

〔註38〕

依智者上文所說，吾人可將以上四教所對應之根機，所依之以破惑之觀法及佛爲之所說之四諦，列表如下：

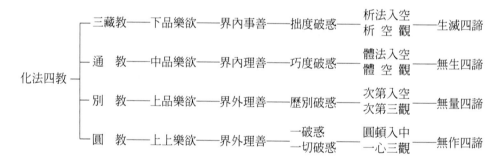

又智者亦依《涅槃經》所說之四種四諦、四不可說以及《中論》之四句偈以分判四教之教相，吾人亦可將其以表示之如下：〔註39〕

〔註38〕《妙法蓮華經玄義》卷第一下，《大正藏》三十三，第688頁上～中。
〔註39〕參看多田孝正所著《法華玄義》，第276頁，佛典講座二十六，東京大藏出版株式會社，1985。

《涅槃經》 四種四諦		《涅槃經》 四不可說		《中論》 四句偈		化法 四教
∣		∣		∣		∣
生滅四論	——	生生不可說	——	因緣所生法	——	藏
無生四諦	——	生不生不可說	——	我說即是空	——	通
無量四諦	——	不生生不可說	——	亦名爲假名	——	別
無作四諦	——	不生不生不可說	——	亦是中道義	——	圓

　　智者於其所著《四教義》（共十二卷）中，曾明白表示「大聖於四不可說用四悉檀，赴緣而有四說」，所謂四說即是藏、通、別、圓四種教相。〔註40〕智者於此文中對四教何以名藏、通、別、圓以及四教之具體內容有詳細之說明，文云：

　　　　第一釋三藏教名者，此教明因緣生滅四聖諦理，正教小乘傍化菩薩。
　　　　所言三藏教者，一、修多羅藏；二、毗尼藏；三、阿毗曇藏。……
　　　　此之三藏教的屬小乘。〔註41〕

　　　　二、釋通教名者，通者同也，三乘同稟故名爲通。此教明因緣即空
　　　　無生四眞諦理，是摩訶衍之初門也。正爲菩薩傍通二乘，故《大品
　　　　經》云：欲學聲聞乘者當學般若。欲學緣覺乘者當學般若。欲學菩
　　　　薩乘者當學般若。三乘同稟此教見第一義，故云通教也。所言通教
　　　　者，義乃多途，略出八義：

　　　　（一）教通者，三乘通同稟因緣即空之教。

　　　　（二）理通者，同見偏眞之理。

　　　　（三）智通者，同得巧度一切智。

　　　　（四）斷通者，界內惑斷同也。

　　　　（五）行通者，見思無漏行同也。

　　　　（六）位通者，從乾慧地乃至辟支佛地位皆同也。

　　　　（七）因通者，九無礙因同也。

　　　　（八）果通者，九解脫有餘無餘二種涅槃之果同也。〔註42〕

　　　　三、釋別教名者，別者不共之名也。此教不共二乘人說，故名別教。

〔註40〕　《大正藏》四十六，第 721 頁上。
〔註41〕　《大正藏》四十六，第 721 頁上～中。
〔註42〕　《大正藏》四十六，第 722 頁上。

此教正明因緣假名，無量四聖諦理，的化菩薩不涉二乘，故聲聞在座如聾如啞。……所言別者，義乃多途，略明有八：

（一）教別者，佛說恒沙佛法，別爲菩薩不通二乘。

（二）理別者，藏識有恒沙俗諦之理別也。

（三）智別者，道種智也。

（四）斷別者，塵沙無知界外見思無明斷也。

（五）行別者，歷塵沙劫修，行諸波羅蜜自行化他之行別也。

（六）位別者，三十心伏無明是賢位，十地發眞斷無明，是聖位之別也。

（七）因別者，無礙金剛之因也。

（八）果別者，解脫涅槃四德異二乘也。〔註43〕

四、釋圓教名者，圓以不偏爲義。此教明不思議因緣，二諦中道事理具足，不偏不別。但化最上根之人，故名圓教也。……所言圓者，義乃多途，略說有八：

（一）教圓者，正說中道言教不偏也。

（二）理圓者，中道即一切法理不偏也。

（三）智圓者，一切種智圓也。

（四）斷圓者，不斷而斷，無明惑（斷）也。

（五）行圓者，一行一切行也。〔大乘圓因涅槃圓果，即因果而具足無缺，是爲一行一切行。〕（依校正，此二十三字似應刪除。）

（六）位圓者，從初一地具足諸地德也。

（七）因圓者，雙照二諦自然流入也。

（八）果圓者，妙覺不思議，三德之果不縱不橫也。〔註44〕

以上所述即是天臺智者大師所說之「五時八教」。智者在說明通、別、圓三種大乘教時，皆依教、理、智、斷、行、位、因、果八者以分別其義，如此可使吾人更清楚此三教之別所在。後來明朝天臺宗智旭法師所著之《教觀綱宗》即大抵順智者之說「五時八教」，其文要義大體如下：

〔註43〕《大正藏》四十六，第 722 頁上～中。
〔註44〕《大正藏》四十六，第 722 頁中。

八教者，一頓、二漸、三祕密、四不定，名為化儀四教，如世藥方。
五三藏、六通、七別、八圓，名為化法四教，如世藥味。當知頓等
所用，總不出藏等四味。

藏以析空為觀，通以體空為觀，別以次第為觀，圓以一心為觀。四
觀各用十法成乘，能運行人至涅槃地。藏通二種教觀，運至眞諦涅
槃。別圓二種教觀，運至中諦大般涅槃。藏通別三，皆名為權，唯
圓教觀乃名眞實。就圓觀中復有三類：一頓、二漸、三不定也。為
實施權，則權含於實；開權顯實，則實融於權。良由眾生根性不一，
致使如來巧說不同。且約一代略判五時：

一、華嚴時：正說圓教兼說別，約化儀名頓。

二、阿含時：但說三藏教，約化儀名漸初。

三、方等時：對三藏教半字生滅門，通、別、圓教滿字不生不滅門，
約化儀名漸中。

四、般若時：帶通別二權理，正說圓教實理，約化儀名漸後。

五、法華涅槃時：法華開三藏通別之權，唯顯圓教之實，深明如來
設教之始終，具發如來本跡之廣遠。約化儀名會漸歸頓，亦名非頓
非漸。涅槃重為未入實者，廣談常住，又為末世根鈍，重扶三權，
是以追說四教，追泯四教。約化儀亦名非頓非漸。

而祕密、不定二種化儀，遍於前之四時。唯《法華》是顯露，故非
祕密；是決定，故非不定。〔註45〕

智旭依智者及章安之看法，認為五時判教之說不可依佛說法之期限或年數來
分判，而應依對不同之機而有不同之說教來分判。故一般所言之「阿含十二
方等八」乃不諦當之分判。〔註46〕又五時之分判亦不是根據時間之先後加以
分判，故不可認為《華嚴經》只限於佛證道後之三七日內所說，同理亦不可
說《法華經》定是說於證道後之四十年，此即智旭所謂的：「然只此別五時法，
亦不拘定年、月、日、時，但隨所應聞，即便得聞。如來說法，神力自在，
一音異解，豈容思議。」〔註47〕

　　智旭又依頓、漸、不定三種化儀立三觀，以彰顯天臺圓教之特殊觀法，

〔註45〕《大正藏》四十六，第 936～937 頁中。
〔註46〕《大正藏》四十六，第 937 頁中～下。
〔註47〕《大正藏》四十六，第 938 頁上。

智旭曰：

> 約化儀四教復立三觀，謂頓觀、漸觀、不定觀。蓋祕密教既不可傳，故不可約之立觀。設欲立觀，亦止是頓、漸、不定三法皆祕密耳。今此三觀，名與教同，旨乃大異。何以言之？
>
> 頓教指《華嚴經》，義則兼別。頓觀唯約圓人，初心便觀諸法實相，如《摩訶止觀》所明是也。
>
> 漸教指《阿含》、「方等」、《般若》，義兼四教，復未開顯。漸觀亦唯約圓人，解雖已圓，行須次第，如《釋禪波羅蜜法門》所明是也。
>
> 不定教指前四時，亦兼四教，仍未會合。不定觀亦唯約圓人，解已先圓，隨於何行，或超或次，皆得悟入，如《六妙門》所明是也。〔註48〕

至於佛說法之內容所以有藏、通、別、圓四教之分，乃是相應眾生種種不同根機而方便施設，故智旭論述化法四教時即云：

> 法尚無一，云何有四？乃如來利他妙智，因眾生病而設藥也。是〔註49〕思病重，為說三藏教。見思病輕，為說通教。無明病重，為說別教。無明病輕，為說圓教。

而有關化法四教之具體內容，智旭則作了如下的說明：

> 藏教：此教具三乘法。聲聞觀四諦，以苦諦為初門。最利者三生，最鈍者六十劫，得證四果。辟支觀十二因緣，以集諦為初門。最利者四生，最鈍者百劫，不立分果。……菩薩弘誓六度，以道諦為初門。伏惑利生，必經三大阿僧祇劫，頓悟成佛。〔註50〕
>
> 通教：此教亦具三乘根性，同以滅諦為初門。然鈍根二乘，但見於空，不見不空，仍與三藏同歸灰斷，故名通前。利根三乘，不但見空，兼見不空。不空即是中道，則被別圓來接，故名通後。中道又分為二：一者、但中，唯有理性，不具諸法。見但中者，接入別教。

〔註48〕《大正藏》四十六，第938頁中。
〔註49〕此「是」字疑是「見」字之誤。
〔註50〕《大正藏》四十六，第939頁中。

二者、圓中，此理圓妙，具一切法。見圓中者，接入圓教。〔註51〕

別教：別教謂教、理、智、斷、行、位、因、果，別前藏、通二教，別後圓教，故名別也。……（別教）理即者，但中也。真如法性隨緣不變，在生死而不染，證涅槃而非淨。迴超二邊，不即諸法。故依圓教，判曰但中。……此教名爲獨菩薩法，以界外道諦爲初門。〔註52〕

圓教：圓教謂圓妙、圓融、圓足、圓頓，故名圓教。所謂圓伏、圓信、圓斷、圓行、圓位、圓自在莊嚴、圓建立眾生。此教詮無作四諦，亦詮不思議不生不滅十二因緣，……亦詮圓妙三諦，開示界外利根菩薩，令修一心三觀，圓超二種生死，圓證三德涅槃。……此教名最上佛法，亦名無分別法。以界外滅諦爲初門。當體即佛，而能接別接通。……〔註53〕

智旭說明了四教之具體內容後，更設一問答以明四教應機而施，不可偏廢：

問曰：但依圓教直指人心，見性成佛，豈不痛快直捷，何用此葛藤爲？

答曰：六祖大師不云乎：法法皆通，法法皆備，而無一法可得，名最上乘。倘有一法未通，即被此法所縛；倘有一法未備，即被此法所牽。既被縛被牽，故於不可得之妙法，誤認爲葛藤耳。臨濟云：識取綱宗，本無實法。汝乃欲捨葛藤而別求實法耶？永明大師云：得鳥者網之一目，不可以一目而廢眾目。收功者，棋之一著，不可以一著而廢眾著。法喻昭然，胡弗思也。〔註54〕

以上吾人利用許多篇幅並引證諸多文例來說明「五時八教」之具體內容，用意在於欲指出智者雖分判佛一代教法爲「五時八教」，然由其對五時八教之分判與論述，吾人可見出其真正之目的乃在於說明《法華》圓教具有開權顯實，融攝前三教之特性。因爲智者依《大涅槃經》所說之五味來譬喻佛之五時說

〔註51〕　《大正藏》四十六，第940頁上。
〔註52〕　《大正藏》四十六，第940頁中～941頁上。
〔註53〕　《大正藏》四十六，第941頁上～下。
〔註54〕　《大正藏》四十六，第942頁上～中。

法，因此吾人可依五味（乳、酪、生蘇、熟蘇與醍醐）之「體同相（讀去聲，意指所顯現之相）異」，亦即雖有五味之別，然仍不失牛乳之本質，以及味味之間的含攝關係，亦即必由乳方有其餘四味，以類知佛陀之教法雖有五時之別，然每一時皆有其對應之時機。又一一時所說之法皆是為顯示一實相理，只是所用之方法不同，故有八教之差異。若能依真實圓教當下如理了悟，則一切法皆如是如是，更無需五時或八教之分別。此可於《妙法蓮華經玄義》卷第十下智者說明諸教之開合看出：

> 今明五味不離半滿，半滿不離五味，五味有半滿則有慧方便解，半滿有五味有方便慧解。權實俱遊如鳥二翼，雖復俱遊行藏得所。若《華嚴》頓滿，大乘家業，但明一實不方便，唯滿不半，於漸成乳。三藏客作，但是方便，唯半不滿，於漸成酪。若方等彈訶，則半滿相對，以滿斥半，於漸成生蘇。若《大品》領教，帶半論滿，半則通為三乘，滿則獨為菩薩，於漸成熟蘇。若《法華》付財，廢半明滿，若無半字方便調熟鈍根，則亦無滿字開佛知見，於漸成醍醐。如來慇勤稱歎方便者，半有成滿之功，意在此也。四大聲聞領解，無上寶聚不求自得，安住實智中者，皆由半滿相成，意在此也。〔註55〕

又智者約五味、半滿論諸經之開合時云：

> 《華嚴》正隔小明大，於彼初分永無聲聞，後分則有，雖復在坐如聾如啞，非其境界，爾時尚未有半，何所論合？次開三乘引接小機，令斷見思，則以小隔大，既不論滿，何所可合？故《無量義》云：三法四果二道不一，不一即不合也。若方等教，或半滿雙明，或半滿相對，或以滿彈半，稟半聞滿，雖知恥小，猶未入大，故云「止宿草庵」，下劣之心猶未能改，則半滿不合。《般若》以滿洮練於半，命領家業，明半方便通入無生，半字法門皆是摩訶衍，是合其法；而不悕取一餐之物，即是未合其人，是故半滿不合。若至《法華》覺悟化城，云非真實，汝等所行是菩薩道，即是合法；汝實我子即是合人。人法俱合，自鹿苑開權，歷諸經教來至《法華》，始得合實。……總就諸教通作四句，《華嚴》、三藏非合非不合，「方等」、《般若》一向不合，《法華》一向合，《涅

槃》亦合亦不合。〔註56〕

依上述對五味、半滿諸教之分析，吾人可知就諸教各自之齊限而論自有差別，然就其通義而言，則通於初後，故智者更約諸教以論通別，文云：

> 若《華嚴》頓乳別但在初，通則至後，故《無量義》云：次說《般若》，歷劫修行《華嚴》海空，《法華》會入佛慧，即是通至二經。又《像法決疑經》云：今日坐中無量數眾，各見不同。或見如來入涅槃；或見如來住世一劫；若減一劫若無量劫；或見如來丈六之身；或見小身或見大身；或見報身蓮華藏世界海，為千百億釋迦牟尼佛說心地法門；或見法身同於虛空無有分別，無相無礙遍同法界；或見此處山林地土沙；或見七寶；或見此處乃是三世諸佛所行之處；或見此處即是不可思議諸佛境界真實之法。夫日初出先照高山，日若垂沒，亦應餘輝峻嶺，故蓮華藏海通至涅槃之後，況前教耶？〔註57〕

> 若修多羅半酪之教，別論在第二時，通論亦至於後何者？迦留陀夷，於《法華》中面得授記，後入聚落被害，作結戒緣起。又如身子《法華》請主，後入滅，均提持三衣至佛問。云云。豈非三藏至後耶？《釋論》云：從初鹿苑至涅槃夜，所說戒定慧，結為修妒路等藏。當知，三藏通至於後。〔註58〕

> 若方等教半滿相對，是生蘇教，別論是第三時，通論亦至於後。何者？《陀羅尼》云：先於王舍城授諸聲聞記，今復於舍衛國祇陀林中，復授聲聞記，昔於波羅奈授聲聞記。身子云：世尊不虛所言真實，故能第二第三，授我等記，故知方等至《法華》後。〔註59〕

> 《般若》帶半論滿，是熟蘇教，別論在第四時，通論亦至初後。何者？從得道夜，至泥洹夜，常說般若，又《釋論》云：須菩提問，畢定不畢定，當知，《般若》亦至後。〔註60〕

〔註56〕　《大正藏》三十三，第809頁上～中。
〔註57〕　《大正藏》三十三，第809頁下。
〔註58〕　《大正藏》三十三，第809頁下。
〔註59〕　《大正藏》三十三，第809頁下。
〔註60〕　《大正藏》三十三，第809頁下～810頁上。

> 若《涅槃》醍醐滿教,別論在第五時,通論亦至於初。何者?《釋
> 論》云,從初發心常觀涅槃行道,前來諸教,豈無發心菩薩觀涅槃
> 耶?《大經》云:我坐道場菩提樹下,初成正覺。爾時無量阿僧祇
> 恒沙世界諸菩薩,亦曾問我是甚深義,然其所問句義功德,亦皆如
> 是等無有異,如是問者,則能利益無量眾生,此則通至於前。若《法
> 華》顯露邊論,不見在前,祕密邊論理無障礙,故身子云:我昔從
> 佛聞如是法,見諸菩薩受記作佛,豈非證昔通記之文。〔註61〕

以上所論即表示佛說法雖有五時之別,然五時皆可通前後,故知佛所說法唯
有一實,眾生迷故,方有種種權法。而《法華經》之開權顯實、發跡顯本,
即是為了暢佛本懷,令一切眾生皆悟入唯一佛乘之境界。因此,天臺宗依《法
華經》而說性具圓教亦是為了開發決了前三教而令其皆入唯一圓實教。另外,
智者亦就「益不益」料簡五味半滿教,如此則可以更清楚看出所以依五味來
分判諸教之因緣,亦可看出五味之於諸教只是分項分判,不可定執,如「華
嚴……於小如乳,於大如醍醐,少分譬喻不可全求也。」〔註62〕又智者在《妙
法蓮華經玄義》卷第十下「六增數明教者」文中,約跡、本論諸教之開合,
其中於跡中約一法明開合者,明白指出,諸佛如何於唯一佛乘中,為眾生諸
種根機而方便開出別教一乘,通教一乘與三藏教一乘。文云:

> 初約一法明開合者,十方佛土中唯有一乘法。於此法不解全生如乳,
> 若欲開者開圓出別教一乘也。若於別不解亦全生如乳,又開通一乘
> 也。若於通不解亦全生如乳,又開三藏一乘也。雖開為四,皆名一
> 大乘法,俱求佛果也。若於三藏一乘得解,即變乳成酪乃至入本一
> 乘也。云云。若於四一乘不解,又更於三藏開出聲聞支佛教。若斷
> 結證果心漸通泰者,即卻二乘唯言大乘求佛,漸以般若洮汰令心調
> 熟。即廢方便一乘唯圓實一乘。故云:如我本誓願,今者已滿足,
> 化一切眾生,皆令入佛道,若以小乘化,我則墮慳貪。是事為不可,
> 是故始從一而開一,終從一而歸一。〔註63〕

至於約本門明諸教開合,與跡門中所說相類,因為「借跡知本,本亦復如是」。

〔註61〕《大正藏》三十三,第810頁上。
〔註62〕《大正藏》三十三,第810頁上。
〔註63〕《大正藏》三十三,第810下~811頁上。

〔註64〕其中智者「約一法明開合」時云：

> 從一開一者，十方佛土中唯有一乘法，眾生不解全生如乳。從此圓
> 一乘開出別一乘，眾生又不解，亦全生如乳。又開出體法一乘，眾
> 生又不解，亦全生如乳。又開出析法一乘，眾生即解。是則轉乳為
> 酪，次入體法，即轉酪為生蘇，次入別一乘，即轉生蘇為熟蘇，次
> 轉入圓一乘，如轉熟蘇為醍醐。是中備有頓、漸、不定。云云。此
> 是從一以開一，從一以歸一也。〔註65〕

其次，約半滿二法開合，亦是為眾生方便說法，故智者云：

> 元本是如來藏，如來藏中，備有半滿不思議之二。……眾生不解，
> 亦全生如乳。又單說半，眾生解，轉乳為酪。次說破半之滿，轉酪
> 為生蘇。次說帶半之滿，眾生為一熟蘇。次純說不思議之滿，眾生
> 如醍醐。此中具有頓、漸、不定，即從二開二，從二歸二。〔註66〕

又若依三法以明諸教開合時則為：

> 從三歸三，本是即空即假即中之三。眾生不解，即開次第之三；又
> 不解，即開體真之三；又不解，即開析法之三。利人從析空之三，
> 入體空之三，從體入次，從次入即。鈍者住析三，故用即空三調之，
> 即生蘇，又用次三調為熟蘇，今方得入即空即假即中，此約三法論
> 開合也。〔註67〕

以上吾人已大體說明了天臺宗之判教理論，並明瞭《法華》圓教與諸教間之
開合關係；天臺性具圓教必即於前三教而顯，以前三教究極而言，皆須會三
歸一之故。可見智者大師「五時八教」之判教理論，對於吾人具體瞭解天臺
宗性具圓教實有很大的助益，因此，吾人在此欲藉牟宗三所說之一段話作為
本節之結語，牟宗三曾云：

> 又有不能已於言者，即何以必須有判教？一為釐清種種教說之分際
> 故，二為徹底明了最後宗趣（佛）為如何故。若順分解的第一序之

〔註64〕《大正藏》三十三，第811頁上。
〔註65〕《大正藏》三十三，第811頁中。
〔註66〕《大正藏》三十三，第811頁中。
〔註67〕《大正藏》三十三，第811頁中。

任一教義追逐下去，窮劫不能盡，任何一點皆可使人成一專家。爲防迷失故，須隨時點醒。判教之功即在點醒學者，不令迷失也。判教是消化之事。隨時學習，隨時消化，相互爲用也。〔註68〕

貳、依《妙法蓮華經》之開權顯實、發跡顯本以言天臺宗性具圓教之開麤顯妙

天臺圓教即一念心以觀三千不思議法，亦即以「一念無明法性心」爲一切法作本，而由之言「三道即三德」，一切法實爲即空即假即中之圓融三諦，則由此特殊之觀法所展開之性具圓教自亦有其獨特的模式；而此獨特模式實不離《妙法蓮華經》之開權顯實與發跡顯本。所謂權實、本跡，吾人可依智者於《妙法蓮華經玄義》卷第七上以六義論說「六重本跡」之文得到具體的了解，智者云：

> 釋本跡爲六：本者，理本即是實相，一究竟道。跡者，除諸法實相，其餘種種皆名爲跡。又理之與事皆名爲本，說理說事皆名教跡也。又理事之教皆名爲本，稟教修行名爲跡。如人依處則有行跡，尋跡得處也。又行能證體體爲本，依體起用用爲跡。又實得體用名爲本，權施體用名爲跡。又今日所顯爲本，先來已說者爲跡。約此六義以明本跡也。

> 一、約理事明本跡者，從無住本立一切法。無住之理即是本時實相眞諦也。一切法即是本時森羅俗諦也。由實相眞本垂於俗跡，尋於俗跡即顯眞本。本跡雖殊，不思議一也。故文云：「觀一切法空、如、實相，但以因緣有，從顚倒生。」云云。

> 二、理教明本跡者，即是本時所照二諦俱不可說，故皆名本也。昔佛方便說之，即是二諦之教，教名爲跡。若無二諦之本，則無二種之教；若無教跡，豈顯諦本？本跡雖殊，不思議一。文云：「是法不可示，言辭相寂滅。以方便力故，爲五比丘說。」

> 三、約教行爲本跡者，最初稟昔佛之教以爲本，則有修因致果之行。由教詮理而得起行，由行會教而得顯理。本跡雖殊，不思議一也。文云：「諸法從本來，常自寂滅相。佛子行道已，來世得作佛。」云云。

〔註68〕 參看《佛性與般若》下册，第 671 頁。

四、約體用明本跡者，由昔最初修行契理，證於法身爲本。初得法身本故，即體起應身之用。由於應身，得顯法身。本跡雖殊，不思議一。文云：「吾從成佛已來，甚大久遠若斯。但以方便教化眾生，作如此説。」

五、約實權明本跡者，實者，最初久遠實得法、應二身，皆名爲本；中間數數唱生唱滅、種種權施法、應二身，皆名爲跡。非初得法、應之本，則無中間法、應之跡。由跡顯本，本跡雖殊，不思議一也。文云：「是我方便，諸佛亦然。」

六、約今已論本跡者，前來諸教已説事理乃至權實者，皆是跡也。今經所説久遠事理乃至權實者，皆名爲本。非今所明久遠之本，無以垂於已説之跡。非已説跡，豈顯今本？本跡雖殊，不思議一也。文云：「諸佛法久後，要當説眞實。」〔註69〕

由於《妙法蓮華經》中一再強調佛説法有權實、本跡之種種方便，故智者即依之以成立天臺宗一家之教觀，並靈活運用權實與本跡之種種方便法門，以凸顯《妙法蓮華經》所蘊含之開麤顯妙的特殊義涵。牟宗三於《佛性與般若》下冊論述《妙法蓮華經》之特殊性格時，曾指出《妙法蓮華經》之性格乃是：依開權顯實、開跡顯本以明佛之本懷。〔註70〕因爲《妙法蓮華經》強調「近跡」與「遠本」間之關係，此即其特殊之綱格。而「餘經無此近跡遠本之説，故亦未曾開權顯實，發跡顯本，故亦總無《法華》之圓實教也」。〔註71〕由此可知開權顯實、開跡顯本實是《法華》圓教得以開展之所依，因此吾人對「開權顯實」與「開跡顯本」之意義有一具體的瞭解，然後才能進一步瞭解天臺宗性具圓教之獨特的開展模式，以及由此開展模式所透顯之特殊義涵。

新羅僧元曉著有《法華宗要》，其于初述大意文中，曾謂：「《妙法蓮華經》者，斯乃十方三世諸佛出世之大意，九道四生滅入一道之弘門也。」〔註72〕並指出此經之主要義理在於「開權顯實」，而所謂「開權」者，指的是「開門外三車是權，中途寶城是化，樹下成道非始，林間滅度非終」。〔註73〕「示實」

〔註69〕《大正藏》三十三，第764頁中～下。
〔註70〕參看《佛性與般若》下冊，第576頁。
〔註71〕《佛性與般若》下冊，第583頁。
〔註72〕《大正藏》三十四，第870頁下。
〔註73〕《大正藏》三十四，第870頁下。

者,則「示〔眾〕生並是君子,二乘皆當作佛。算數不足量其命,劫火不能
燒其立」。〔註74〕又,牟宗三亦曾對「開權顯實,開跡顯本」作了詳細之說明
與界定,〔註75〕並特別指出「開者不是施設義,乃是順所已施設者不讓我們
定死在這所已施設者之下而開發之,暢通之,決了之之謂」。〔註76〕由此可知,
佛雖以種種方便為眾生說法,然而這些教法相對於究竟之佛果而言,最終皆
需廢除,以其非諸法之究竟實相故。《妙法蓮華經》匠以以蓮華為譬,即是依
蓮與華來譬喻權實、跡本之間的關係:「為蓮故華」譬「為實施權、從本垂跡」;
「華開蓮現」譬「開權顯實、開跡顯本」;而「華落蓮成」則譬「廢權立實、
廢跡立本」。〔註77〕因此,所謂開權乃是順佛所說之種種方便法門而為眾生一
一加以開發決了,使其不定限於任何一法而暢通之;而眾生能於諸法暢通無
滯,即是照見諸法實相,所謂一相無相,即是如相,此即是顯實。如此眾生
即與佛無二無別,皆能顯現證悟諸法實相之理,故〈法師品〉第十有偈云:

> 若聞是深經,決了聲聞法,
>
> 是諸經之王,聞已諦思惟,
>
> 尚知此人等,近於佛智慧。〔註78〕

由此可知「開權顯實,開跡顯本」,實是《妙法蓮華經》之綱骨。智者於《妙
法蓮華經》卷下說明《妙法蓮華經》之經宗時,即清楚地表明此意,文云:

> 正明宗者,此經始從〈序品〉,訖〈安樂行品〉,破廢方便,開顯
> 真實佛之知見,亦明弟子實因實果,亦明師門權因權果。文義雖
> 廣,撮其樞要,為成弟子實因,因正果傍,故於前段明跡因跡果
> 也。從〈涌出品〉訖〈勸廢品〉,發跡顯本,廢方便之近壽,明長
> 遠之實果,亦明弟子實因實果,亦明師門權因權果也,而顯師之
> 實果,果正因傍,故於後段明本因本果。合前因果共為經宗,意
> 在於此。〔註79〕

所謂經文前段明「跡因跡果」,主要即依開權顯實以表顯;而後段明「本

〔註74〕《大正藏》三十四,第870頁下。
〔註75〕參看《佛性與般若》下冊,第578頁。
〔註76〕《佛性與般若》下冊,第578頁。
〔註77〕參看《妙法蓮華經玄義・序王》,《大正藏》三十三,第681頁上～中。
〔註78〕《大正藏》九,第32頁上。
〔註79〕《大正藏》三十三,第795頁上。

因本果」則是藉發跡顯本以明之。故前後之因果即是「開權顯實，發跡顯本」，而此正是《妙法蓮華經》之主要宗旨。明此經宗，智者更進一步指出《妙法蓮華經》所說之本跡、權實因果，與其它諸經所說皆不相同，亦正由此不相同處以顯《妙法蓮華經》所說義理之圓妙與融通。智者云：

> 本門因果永異眾經者，若三藏菩薩始行實因果，無權因果，乃至明佛道樹始成，非久遠本跡。通教菩薩亦始行因，神通變化而論本跡，非久遠本跡也。《大品》說菩薩有本跡，二乘則無；說佛始得生、法二身本跡，不說久遠。《淨名》不說聲聞有本跡，但明菩薩住不思議之本跡；說佛有土，螺髻所見，亦非久遠。《華嚴》說舍那釋迦為本跡，菩薩亦有本跡；聲聞尚不聞不解，云何自有本跡？今經發聲聞有本，本有因果，示為二乘跡中因果；發佛之跡，王宮生身生，道樹法身生，乃至中間生、法二身，悉皆是跡，但取最初先得真應名之為本。故師弟本因本果與餘經永異。今經跡中師弟因果與眾經有同有異，本中師弟因果眾經所無，正以此之因果為經妙宗也。〔註80〕

由此可知，《妙法蓮華經》依「開權顯實」、「發跡顯本」以分判眾經論。前三教所依之經論，皆未能充分說明佛度化眾生之權實二智，以及說法之近跡遠本。就佛之自行與化他而為，為實開權，故權為活權，如此權非定權，即權即實，權實不二。同樣的，為顯遠本而現近跡，故近跡只是方便說法，如此跡非定跡，即跡即本，本跡不二。如此即顯《法華》圓實教之殊義。

又《妙法蓮華經‧法師品》第十有云：

> 若未聞未解未能修習是《法華經》者，當知是人去阿耨多羅三藐三菩提尚遠。若得聞解思惟修習，必知得近阿耨多羅三藐三菩提。所以者何？一切菩薩阿耨多羅三藐三菩提皆屬此經。此經開方便門示真實相。是《法華經》藏，深固幽遠，無人能到。今佛教化成就菩薩，而為開示。〔註81〕

所謂「若得聞解思惟修習」即是指如實了知《妙法蓮華經》是諸佛為一切菩薩開發暢通種種方便法門，示一切法之真實相；亦因如此真實了知，故得近阿耨多羅三藐三菩提。由此段經文可明白看出《妙法蓮華經》透過「開」、「示」

〔註80〕　《大正藏》三十三，第795頁中～下。
〔註81〕　《大正藏》九，第31頁上。

以顯發諸法實相，亦即諸佛之眞實知見。故元曉《法華宗要》第三「明能詮用者」即明白指出《妙法蓮華經》以「開」、「示」爲經之大用，其文云：

> 第三明能詮用者，如〈法師品〉云：一切菩薩阿耨菩提皆屬此經，開方便門示眞實相。此文正明是經勝用。用有二種，謂開及示。開者開於三乘方便之門，示者示於一乘眞實之相。〔註82〕

由上引文可知《妙法蓮華經》開三乘方便之門，以示一乘眞實之相，而開與示又各含三義，茲將元曉《法華宗要》之說明大致整理列表如下：

開義有二：

一、所開之門：即三乘教。

（一）佛方便智之所說教，依主立名名方便教。

（二）即三乘教巧順三機，持乘作名名方便教。

（三）即一乘教作前方便，因是後說一乘正教，對後正教名爲方便。

（四）於一乘理權說方便非眞實說。是方便義對眞實說名爲方。

依此四義故名方便，此名爲「門」，有其二義：

（一）出義 —— 諸子依此出三界故。

（二）入義 —— 依此教入一乘故。

二、能開之用：依上四門故能開三乘方便門令入唯一佛乘。〔註83〕

示義有二：

一、所示之眞實相：一乘人法，法相常住，道理究竟，天魔外道所不能破，三世諸佛所不能易。以是義故，名眞實相。而非三非一，無人無法，都無所得，如是正觀乃名眞實究竟一乘。

二、能示之用：

（一）則〔註84〕開之示：如前開三是方便時，即知一乘是眞實故。如開門時即見內物。

（二）異開之示：異前開三別說一乘，聞之得悟一乘義故。如以手〔註85〕方見內物。如下文，言諸佛唯以一大事因緣故出現於

〔註82〕《大正藏》三十四，第 872 頁下。
〔註83〕《大正藏》三十四，第 872 頁下。
〔註84〕此「則」字疑爲「即」字之誤。
〔註85〕「手」字之後似應加一「示」字。

　　　世，如是等言是示眞實相也。〔註86〕

合明開示之用：

　　開示中合有四義：

一、用前三爲一用：前三乘之教即爲一乘教故。

二、將三致一，將彼三乘之人同致一乘果故。

三、會三歸一，會昔所說三乘因果還歸於本一乘理故。

　　（一）以方便因歸眞實因，謂菩薩因及二乘因。

　　（二）以方便果歸眞實果，謂於樹下成無上覺。

　　（三）以方便因歸眞實果，謂樹下佛前菩薩行。

　　（四）以方便果歸眞實因，謂二乘人之無學果。

四、破三立一，破彼所執三乘別趣以立同歸一乘義故。

　　（一）破「執三教定非方便」

　　（二）破「執三人定是別趣」

　　（三）破「執三因別感」

　　（四）破「執三果別極」

破此四種所執之相，遣其四種能執之見，是故能建立一乘眞實，謂立一教故則破三教，立一人故則破三人，立一因故則破三因，立一果故則破三果，立一理性通破四三，以四一皆同一乘理故。此經具有如是四種勝用，故言開方便門示眞實相。〔註87〕

　　依上述元曉之說明，吾人可明瞭《妙法蓮華經》以「開」「示」爲經之勝用。因此，《妙法蓮華經》雖宣說唯一佛乘之法，所謂開示悟入佛之知見，然衆生根機有種種不同，佛以大智慧與大慈悲，能如實照見，故爲衆生說各種法門，此即開方便門，示眞實相之意。荊溪於《金剛錍》中曾明白地指出《妙法蓮華經》何以須開方便門之緣由，荊溪云：

　　經云：若但讚佛乘，衆生沒在苦，我寧不說法，疾入於涅槃。尋思方
　　便，先小後大，此乃以偏助圓方可爲說。又云：當來世惡人，破法墮
　　惡道，志求佛道者，廣讚一乘道。此即簡人方可爲說。然末代施化，
　　復未知根，亦可如〈安樂行〉中但以大答，亦可如不輕、喜根而強毒

────────────

〔註86〕《大正藏》三十四，第873頁上。

〔註87〕《大正藏》三十四，第873頁上～874頁上。

之。故《首楞嚴》中聞生謗者後終獲益，如人倒地還從地起，應運大悲無惱他說。子應從容觀時進否，將獲彼意，順佛本懷。〔註88〕

所謂「從容觀時進否」即是如實了知佛說法之時機、對象與因緣，如《妙法蓮華經‧藥草喻品》第五有云：「如來於時觀是眾生，諸根利鈍，精進利鈍，精進懈怠，隨其所堪，而爲說法。」〔註89〕具體而言即是開權顯實，藉方便權法以顯佛之眞實知見，所謂暢佛本懷，令一切眾生皆得成佛。故牟宗三在說明《妙法蓮華經》之特殊性格時，除了指出此經之正說乃是透過所謂的「法說」、「譬說」與「因緣說」三種方式加以闡述，並進一步表示：

> 《法華經》之正說分才是經之正式內容，而此內容不過是說三乘爲方便（權），一乘爲眞實（實）；若只說一乘，則不能接眾機，是以方便亦必要；既說方便已，便不能死在方便下，執方便爲實，故又須開方便顯眞實（開權顯實）。〔註90〕

諸法實相本是言語道斷，心行處滅、故言「唯佛與佛乃能究盡諸法實相」；然諸佛菩薩若只是默然不說，則眾生皆無由悟入佛之知見，故諸佛菩薩隨眾生之不同根機與樂欲，亦得適時爲眾生說各種不同之法門。此亦是佛說四種悉檀之緣由。而天臺圓教所強調之開權顯實，實是諸佛善巧利用四悉檀爲眾生說法之必然結果，吾人可由智者於《妙法蓮華經玄義》卷第一上解釋四悉檀文中，見出此一特色，智者云：

> 世界如車，輪輻軸輞和合故有車，無別車也。五眾和合故有人，無別人也。若無人者，佛是實語人，云何言我見六道眾生？當知有人。人者，世界故有，非第一義。第一義可是實，餘不應實。答：各各實，如如、法性等，世界故無，第一義故有。人等，第一義故無，世界故有。有於五陰、十二入、十八界，一切名相隔別，名爲世界。外人迷此世界，不達法相，或計無因緣有世界，或計邪因緣有世界。大聖隨順眾生所欲樂聞，分別爲說正因緣世界法，令得世間正見，是名世界悉檀相。
>
> 大聖觀人心而爲說法，人心各各不同，於一事中或聽或不聽。如雜

〔註88〕《大正藏》四十六，第786頁上。
〔註89〕《大正藏》九，第19頁中。
〔註90〕參看《佛性與般若》下冊，第579頁。

業故，雜生世間，得雜觸雜受。更有破群那經，說無人得觸，無人
得受，為二人疑後世，不信罪福，墮斷常中，故作此說。此意傍為
破執，正是生信，增長善根，施其善法也。故名各各為人悉檀。

有法對治則有，實性則無。對治者，貪欲多教觀不淨，瞋恚多教修
慈心，愚癡多教觀因緣。對治惡病說此法藥，遍施眾生，故名對治
悉檀相也。

第一義悉檀者，有二種：一、不可說；二、可說。不可說者，即是
諸佛、辟支佛、羅漢所得真實法。引偈云：言論盡竟，心行亦訖。
不生不滅，法如涅槃。說諸行處名世界，說不行處名第一義。二約
可說者，一切實一切不實，一切亦實亦不實，一切非實非不實，皆
名諸法之實相。佛於如是等處處經中，說第一義悉檀相。此亦是一
家明四門入實之意，故《中論》云：為向道人說四句，如快馬見鞭
影，即入正路。〔註91〕

以上即是智者說明諸佛依四悉檀為眾生方便說法之情形，可知《妙法蓮華經》
固言佛以一大事因緣故為眾生開權顯實，發跡顯本，然經中亦明白表示此方
便法門甚深難可瞭，唯佛與佛乃能究盡，故佛經舍利弗慇勤三請後，然經中
亦明白表示此方法門甚深難可瞭解，唯佛與佛乃能究盡，故佛經舍利弗慇勤
三請後，方為大眾說法。此即表示佛欲為眾生說開三顯一之方便教，但並非
所有會眾皆能信受，故〈方便品〉云：「會中有比丘、比丘尼、優婆塞、優婆
塞五千人等，即從座起，禮佛而退。所以者何？此輩罪根深重及增上慢，未
得謂得，未證謂證，有如此失，是以不住。」〔註92〕而且佛並未加以制止，
可見根機若未成熟，佛亦不能勉強，此即所謂「開破適時」。

又智者順著《妙法蓮華經》之開權顯實、開跡顯本之精神，更進一步指
出《妙法蓮華經》之所以稱為《妙法蓮華經》，實是因為佛為一切眾生說此經，
目的是欲開示一切眾生跡中所說權法之限定與不究竟，而令其悟入本中實
法。權法即是麤，實法方為妙，故佛說此經即是開一切麤法皆令入唯一佛乘
之妙法。智者於《妙法蓮華經玄義》卷第九上，「辨體」文中「第四入實相
門」，曾詳細說明《妙法蓮華經》所呈現出之「開麤顯妙」的義涵，文云：

〔註91〕《妙法蓮華經玄義》卷第一上，《大正藏》三十三，第687頁上。
〔註92〕《大正藏》九，第7頁上。

> 問：《中論》先明摩訶衍門，後明二乘門。今何意先明小門，後明大門？

> 答：《中論》為時人見成病，先以大蕩，後示入眞之門。今經無復見病，但住草庵，須開方便門，示圓實相故，先列小門，次明大門。開破適時，各有其美。

> 若《法華》後教不俟更開。《法華》前教，或門、理已入妙者，更何所開？或門、理雖妙，而人未妙，門理妙者亦不須開。若門若理若人未妙者，今當開。〔註93〕

由上引文可看出《妙法蓮華經》開方便門，示眞實相，目的在於「開破適時」，令一切方便教門皆能入一實妙理。此即《妙法蓮華經‧提婆達多品》第十二所說之「演暢實相義，開闡一乘法，廣導諸眾生，令速成菩提」。〔註94〕說明開麤顯妙之必要後，智者更進而依《妙法蓮華經》之教義，對於凡夫、聲聞及菩薩之執見一一加以開發，令其皆得暢通而證入圓妙實理。智者云：

> 謂開一切愛見煩惱即是菩提，故云：「觀一切法空如實相。」開一切生死即是涅槃，故云：「世間相常住。」開一切凡人即是妙人，故云：「一切眾生皆是吾子。」開一切愛見言教即是佛法，故云：「若說俗間經書，治生產業，皆與實相不相違背。」開一切眾生即是妙理，故云：「為令眾生開佛知見。」示悟入等亦復如是。〔註95〕

以上乃是就凡夫而加以開示，令一切眾生咸信本具佛種，皆得成佛，故云「開一切凡人即是妙人」。又凡人雖治世間種種生產事業，然若能如理而行，世間事業之當體即是諸法實相，則眾生所行一一皆是妙行，與佛無二無別。至於三乘所聞之法，所修之行，皆只是佛之方便教化，故均須開發決了，如是方能令其「若門若理，無不入妙」。故智者繼之更言：

> 開一切小乘法即是妙法，故云：「決了聲聞法，是諸經之王。」開一切聲聞教，故云：「佛昔於菩薩前毀呰聲聞，然佛實以大乘而見教化。」開一切聲聞行即是妙行，故云：「汝等所行是菩薩道。」開一切聲聞

〔註93〕《大正藏》三十三，第 792 頁中。
〔註94〕《大正藏》九，第 35 頁中。
〔註95〕《大正藏》三十三，第 792 頁中～下。

理即是妙理，故云：「開方便門，示眞實相。」

開諸菩薩未被妙者今皆得圓，故云：「菩薩聞是法，疑網悉已除。」
別教有一種菩薩，三藏亦有一種菩薩，通教一種菩薩，未決了者，
今皆開顯。

若門若理無不入妙，是名開權顯實，決麤令妙也。〔註96〕

又《妙法蓮華經玄義》卷第二上曾就十法界性相與空假中三諦之關係說
明《妙法蓮華經》開權顯實之實質意義與重要性，文云：

此《妙法蓮華經》明九種性相，皆入即空即假即中。汝實我子，我
實汝父。一色一味純是佛法，更無餘法，故知佛界最爲無上。復次，
餘經所明九性相，不得入佛性相即空即假即中者，此經皆開方便，
普令得入。又按其相性，即是即空即假即中，不論引入。是故如來
慇懃稱歎此《妙法蓮華經》最爲無上，意在於此也。〔註97〕

吾人可由此見出《妙法蓮華經》開權顯實所具之方便義。同時，其方便
開決乃是「當位即妙」，因爲「按其性相，即是即空即假即」，故「不論引入」，
即不需從一位引入至另一位。此種開決令妙，實是天臺性具圓教強調無明與
法性同體依即，亦即在「三道即三德」與「不斷斷」之原則下如實修行的必
然結果。

依上所述，吾人已大致將天臺性具圓教依《妙法蓮華經》之開權顯實，發
跡顯本而得以開展之特殊模式以及由之而具之「開麤顯妙」的特殊義涵作一簡
要的說明。不過在結束本節文章之前，吾人尚有一問題想作進一步的探討，即
是：《妙法蓮華經》開決了諸經教之麤法而後所顯之妙法，究竟爲何種妙？依智
者於《妙法蓮華經玄義》卷第二上「明妙」中所說乃是「明妙者，……一相待，
二絕待。此經唯論二妙，更無非絕非待之文」。〔註98〕所謂「相待妙」即是待前
三教之麤以明《法華》之妙，而所謂「絕待妙」則是開絕前三教權法之麤以顯
《法華》一乘實法之妙。關於智者何以用此二妙以明《妙法蓮華經》所說之妙
法，吾人可依四明知禮與其門人自仁之一則問答來加以說明。知禮爲了一探自
仁對於天臺圓教宗旨之瞭解如何，曾設數問，以探深淺，其中第二問乃是有關

〔註96〕《大正藏》三十三，第 792 頁下。
〔註97〕《大正藏》三十三，第 695 頁下。
〔註98〕《大正藏》三十三，第 696 頁中。

何以《妙法蓮華經玄義》以相待妙與絕待妙來彰顯《法華》一實之妙，文云：

> 二問：《法華》既顯一實，何故《玄》文〔註99〕釋題而明二妙？
>
> 答：《法華》爲開權顯實之教，迺一代之所歸，五時之極唱，若不以二妙甄之，則一乘顯實妙義難彰矣。且初相待論判麤妙者，彼此互形曰「相」，以他望己爲「待」，蓋待前四時七教之麤，方顯《法華》一乘之妙。良以昔日諸經機緣未熟，部味教觀兼、但、對、帶，不若《法華》淳圓絕妙，是故爲麤。故《經》曰：「正直捨方便，但說無上道，已今當說此《妙法蓮華經》最爲第一。」以故此經淳一無雜，獨得妙名，良由以也。次絕待論開麤顯者，絕前諸麤，無可形待也。蓋以《法華》之妙有絕麤之功故，使昔日四時七教之麤，一經《法華》開顯，以一妙乘貫而絕之，麤即是妙，妙外無麤；權即是實，實外無權。譬如神仙九轉丹砂，點鐵成金，一成眞金，不復爲鐵。故《經》曰：「決了聲聞法，是諸經之王。」指汝所行是菩薩道，開方便門，示眞實相，一開之後，無所間然，無小無大，咸歸佛界，一切諸法，皆是佛法，更無餘乘，直顯一實，是名絕待論妙也。然此二妙若非相待以判，則不顯《法華》超過諸說；若非絕待以開，則不知《法華》妙一切法。解釋一題，陳茲二妙，茲所謂抗折百家，超過諸說者，其爲吾祖乎？〔註100〕

由此可知智者依「相待妙」與「絕待妙」來釋《妙法蓮華經》所彰顯之妙，實是由前四時七教之相待妙（以有相待故麤）以對顯《妙法蓮華經》之絕待妙（圓實妙），且更依《法華》圓教之絕待妙以開決之前諸教，即決了相待之麤法而令皆成一貫通之圓實妙。因此自仁上文中特別強調兩點：一、「然此二妙若非相待以判，則不顯《法華》超過諸說」；二、「若非絕待以開，則不知《法華》妙一切法」。此即充分顯示《法華》中所說之妙法乃是即於一切權法、麤法而開決之，令其皆入一乘圓實之妙。吾人亦可由之以瞭解《妙法蓮華經》與其餘諸經乃是處於不同之層次，其作用與性質皆有所不同。故依牟宗三之分判，《妙法蓮華經》乃是屬於反省的、批判的第二序上所說之經，其作用在

〔註99〕此處所謂《玄》文，即指智者之《妙法蓮華經玄義》而言。
〔註100〕參看《四明尊者教行錄》卷第三，《大正藏》四十六，第883頁上～中。

於消化其餘諸經所已說之教義，加以融通而成就唯一佛乘之絕待妙義。〔註101〕而此種依開權顯實、發跡顯本以達到開前三教之麤而顯《法華》圓實教之絕待妙的方式，正是天臺宗開展其性具圓教之獨特模式。故吾人得以言：《妙法蓮華經》之「開權顯實、發跡顯本」即是天臺宗藉以開展其性具圓教之獨特模式，而此模式之所以獨特乃在於其必須在前文所強調的「三道即三德」與「不斷斷」之圓悟與圓斷中方能極成之故。

第二節　天臺宗性具圓教所具之特殊義涵

壹、依「七種二諦」與「七種權實二智」之層層升進顯天臺宗性具圓教所具之開發決了義

吾人於上一節中，已就智者所說之「五時八教」說明《法華》圓教必即於前三教而開展，亦即不離前四味而顯醍醐味，同時亦依《法華經》之開權顯實與發跡顯本說明天臺性具圓教是在開決了一切方便權法之麤而令其皆入一實之妙的過程中所展現者。今則進一步探討天臺性具圓教所具之開發決了義，以期如實瞭解藏、通、別、圓四教間之融攝與升轉關係。智者《妙法蓮華經玄義》卷第二上釋「跡門十妙」中，以十如、十二因緣、四諦、三諦、二諦、一諦等為「諸佛所師」之境，故稱為境妙。又對此等境顯諸佛種種權實智，以境妙故智亦隨妙。今文本即依智者所說境妙中之「七種二諦」及智妙中之「七種權實二智」，以探討智者如何說明藏、通、別、圓四教之間之升轉與接引。

智者於《維摩經玄疏》卷第三明四教分別，其第二「辨所詮理」文中有云：

> 夫教是能詮，理是所詮。故因理設教，由教顯理。即理非教，即教非理。離理無教，離教無理。故《思益經》云：「菩提之中無文字，文字之中亦無菩提。離菩提無文字，離文字無菩提。」以離菩提無文字，故約理而施教。離文字無菩提，故施教即能顯理。是則教為能詮，理為所詮，意在於此。所言理者即是諦也。今約諦明理，由

〔註101〕參看《佛性與般若》下冊，第589頁。

理起教，教能詮理，教是能詮，理是所詮。〔註102〕

所謂「所言理者即是諦也」，即是明示佛所說之一諦、二諦、三諦、四諦等，皆是爲顯中道實相理。依理起教，故有種種教說。而諸佛所以說「二諦」，乃是因爲妙法唯證相應，本是心行處滅，言語道斷；然眾生無明深重，不解諸法實相，而諸佛以廣大悲願，方便爲眾生說法，故第一義有賴世俗言說方得闡明。此即《中論・觀四諦品》第二十四第八至第十偈所宣示者，偈云：

諸佛依二諦，爲眾生說法，一以世俗諦，二第一義諦。

若人不能知，分別於二諦，則於深佛法，不知眞實義。

若不依俗諦，不得第一義，不得第一義，則不得涅槃。〔註103〕

以上三偈可說是將二諦之重要性非常清楚而具體地闡明。因此，自佛教《般若》中觀思想傳入中國之後，歷代對二諦思想之傳介皆相當重視。

智者之前，不同時代的法師或佛教學者，對於二諦已有種種說法，其中較具特色及代表性者爲五代梁朝昭明太子所輯之「二十三家二諦義」，收錄於道宣所編的《廣弘明集》中。〔註104〕因爲由來對於二諦之瞭解有種種不同的看法，而且諍論紛紜，智者認爲這些諍議皆有所執，所謂「古今異執，各引證據，自保一文，不信餘說」。〔註105〕依智者之看法，所以有種種二諦之不同，皆是佛之方便說法，故智者於《妙法蓮華經玄義》卷第二下明二諦文中有云：

夫經論異說，悉是如來善權方便。知根知欲種種不同，略有三異，謂隨情、情智、智等。

隨情說者，情性不同，說隨情異。如《毗婆沙》明世第一法有無量種，際眞尚爾，況復餘耶？如順盲情，種種示乳，盲聞異說，而諍白色，豈即乳耶？眾師不達此意，各執一文，自起見諍，互相是非，信一不信一，浩浩亂哉，莫知孰是。若二十三說及能破者，有經文證，皆判是隨情二諦意耳。無文證者，悉是邪，謂同彼外道，非二諦攝也。

隨情智者，情謂二諦，二皆是俗，若悟諦理，乃可爲眞，眞則唯一。如五百比丘各說身因，身因乃多，正理唯一。經云：世人所見，名

〔註102〕《大正藏》三十八，第534頁下。

〔註103〕《大正藏》三十，第32頁下～33頁上。

〔註104〕參看《大正藏》五十二，第247頁中～250頁中。

〔註105〕《妙法蓮華經玄義》卷第二上，《大正藏》三十三，第702頁中。

爲世諦：出世人心所見，名第一義諦。如此說者即隨情智二諦也。
隨智者，聖人悟理，非但見眞，亦能了俗。如眼除膜，見色見空。
又如入禪者，出觀之時，身心虛豁，似輕雲靄空，已不同散心，何
況悟眞而不了俗。《毗曇》云：小雲發障，大雲發障，無漏逾深，世
智轉淨故。經言：凡人行世間，不知世間相；如來行世間，明了世
間相。此是隨智二諦也。

若解此三意，將尋經論，雖說種種，於一一諦皆備三意也。〔註106〕

依上引文，可見智者爲了避免其前諸師對於二諦之諍論，乃依隨情、隨情智
與隨智來分判種種二諦之差異。故智者正明二諦之前，先表明眾生根機不同
故須開七種二諦，且一一二諦皆有隨情、隨情智、隨智之不同說法，遂成二
十一種二諦，智者云：

正明二諦者，取意存略，但點法性爲眞諦，無明十二因緣爲俗諦，
於義即足。但人心麤淺，不覺其深妙，更須開拓，則論七種二諦。
一一二諦更開三種，合二十一二諦也。〔註107〕

不過佛所說之眞俗二諦，雖廣開爲七種二諦甚或爲二十一種二諦，然眾生若
能破除無明情執，本具理智朗現，自能如實照見種種二諦，並由層層二諦逐
漸升轉至隨智所開顯之二諦，如此方能究盡諸法實相。若能至此境界，所謂
二諦亦已二而不二，因爲實理唯一故。因此，智者即依四教之差別而明七種
二諦之貫通接引，故除藏、通、別、圓四種二諦之外，更有別接通、圓接通
及圓接別三種過渡性質之二諦。依牟宗三之說法即是「就七種二諦以明四教
之縱貫關係」，〔註108〕而所謂縱貫者，即是「接引貫通之謂也」。〔註109〕因此，
「七二諦是嚴格地相應四教以及其間之升轉而說者」。〔註110〕

以上吾人已說明智者何以說七種二諦之原因，繼之則是探討智者如何說
明七種二諦，又此七種二諦間之差異爲何？以下即依智者《妙法蓮華經玄義》
卷第二下解釋「七種二諦」之文加以說明，〔註111〕智者云：

〔註106〕《大正藏》三十三，第 702 頁中～下。
〔註107〕《大正藏》三十三，第 702 頁下。
〔註108〕參看《佛性與般若》，第 648 頁。
〔註109〕同上註。
〔註110〕《佛性與般若》，第 659 頁。
〔註111〕智者說「七種二諦」之原文見《大正藏》三十三，第 702～703 頁中。此處引

一、實有爲俗，實有滅爲眞。（藏二諦）

實有二諦者，陰入界等皆是實法，實法所成森羅萬品，故名爲俗；方便修道，滅此俗已，乃得會眞。《大品》（《般若經》）云：「空色、色空。」以滅俗故，謂爲「空色」。不滅色故，謂爲「色空」。病中無藥，文字中無菩提，皆是此意。是爲實有二諦相也。

上文所說乃是依生滅四諦以及析法入空之觀法而成的藏教二諦義。智者引《大品般若經》所說之「空色」、「色空」，卻未云「空即是色」或「色即是空」，可見其只是藉空與色之關係以說明三藏教有、無相對之二諦義。荊溪《法華玄義釋籤》卷第六解智者此段文云：

俗只是色，析滅色故，名爲空色。謂色實有，名爲不滅。雖不可滅，以無常故，名爲色空。〔註112〕

又荊溪解釋智者所說「病中無藥，文字中無菩提」則云：

以能治所治俱實有故，是故互無。〔註113〕

牟宗三順智者與荊溪之意，將藏教二諦更具體地說明爲：「『病中無藥』者，病爲所治，隱指俗言；藥爲能治，隱指眞言。所治之病既是實有，則病只是病，而不能當體即空以自治其病，是故『病中無藥』。能治之藥（眞）既是實有（偏空），則藥只是藥，不能即於病俗而爲藥，是故亦得言『藥中無病』。」〔註114〕由此可見小乘藏教定執森羅萬法爲實有，又見諸法無常而執實有滅爲眞，如此則須滅俗方顯眞，故眞俗二諦相對，而所見之四諦則爲有量生滅四諦。

二、幻化爲俗，即幻有空爲眞。（通二諦）

幻有空二諦者，斥前意也。何者？實有時無眞，滅有時無俗，二諦義不成。若明幻有者，幻有是俗，幻有不可得，即俗而眞。《大品》云：「即色是空，即空是色。」空色相即，二諦義成。是名幻有空二諦也。

文同時參看《佛性與般若》下冊，第659～665頁。又引文中括弧裡之案爲牟宗三之案語。

〔註112〕《大正藏》三十三，第855頁上。
〔註113〕《大正藏》三十三，第855頁上。
〔註114〕《佛性與般若》下冊，第660頁。

第二種二諦乃是依體法空之觀法，由生滅四諦之實有實無二諦進入無生四諦之幻有空二諦，此即通教二諦義。智者批評三藏教之二諦乃是「實有時無眞，滅有時無俗」，有、無相對立，故「二諦義不成」。依通教之體法空，即諸法之當體即見無自性，如幻如化，故爲幻有；而幻有既無自性，故當體即是空。依此故說「幻有爲俗，即幻有空爲眞」。

三、幻有爲俗（單俗），即幻有空不空共（複眞即單中）爲眞。（別接通）

四、幻有爲俗（單俗），幻有即空不空，一切法趣空不空（複中）爲眞。（圓接通）

幻有空不空二諦者，俗不異前，眞則三種不同。一俗隨三眞，即成三種二諦。其相云何？如《大品》明「非漏非無漏」。初人謂「非漏」是非俗，「非無漏」是遣著。何者？行人緣無漏生著，如緣滅生使，破其著心，還入無漏。此是一番二諦也。〔案此即上二通教二諦。漏無漏本是通教法。爲成接義，故立雙非。初人聞此雙非，還入無漏，故只是上二「幻有空」二諦也。此是通教中之鈍根人。〕

次人聞「非漏非無漏」，謂非二邊，別顯中理，中理爲眞。又是一番二諦。〔案此即此三、「幻有爲俗，即幻有空不空共爲眞」之二諦，亦即「別接通」二諦也。此即通教中之利根人。〕

又人聞「非有漏非無漏」，即知雙非正顯中道。中道法界力用廣大，與虛空等，一切法趣「非有漏非無漏」。又是一番二諦也。〔案此即此四、「幻有爲俗，幻有即空不空，一切法趣空不空、爲眞」之二諦，亦即「圓接通」二諦。此是通教中之利利人。〕

《大經》云：「聲聞之人但見於空，不見不空。智者見空及與不空。」即是此意。二乘謂著此空，破著空故，故言不空。空著若破，但是見空，不見不空也。利人謂不空是妙有，故言不空。利人聞不空，謂是如來藏，一切法趣如來藏。還約空不空即有三種二諦也。〔案此就空不空說三種人。初人謂「破著空」爲不空，還是只見空，不見不空。此即「通二諦」。二乘爲著空者。破此空著而言不空，只是通教之體法空。故如此之不空即爲「通二諦」。利人謂不空是妙有，此就別教之無量四諦說，故此即「別接通」二諦。「空不空」本是別

教法。利人謂「不空是如來藏，一切法趣如來藏」，此就「一念無明法性心即具十法界」之無作四諦說。如來藏是就事就迷而說，「一念心即如來藏理」之如來藏，非偏指眞心而言之如來藏。此即「圓接通」二諦。「一切法趣」本是圓法。〕

復次，約一切法趣「非漏非無漏」，顯三種異者，初人聞一切法趣非漏非無漏者，謂諸法不離空，周行十方界，還是缾處如。〔案此即通二諦，亦《般若經》中言一切法趣之本義，般若之作用的圓也。〕

又人聞趣，知此中理須一切行來趣發之。〔案此即「別接通」二諦，亦以眞心隨緣說一切法趣之系統。〕

又人聞一切趣，即「非漏非無漏」，顯三種異者，初人聞一切法趣非漏非無漏者，謂諸法不離空，周行十方界，還是瓶處如。〔案此即通二諦，亦《般若經》中言一切法趣之本義，般若之作用的圓也。〕

又人聞趣，知此中理須一切行來趣發之。〔案此即「別接通」二諦，亦以眞心隨緣說一切法趣之系統。〕

又人聞一切趣，即「非漏非無漏」具一切法也。〔案此即「圓接通」二諦。此「一切法趣某某」之趣不只是《般若》之作用的圓義，且亦是《法華》之存有論的圓。〕

是故說此一俗，隨三眞轉。或對單眞，或對複眞，或對不思議眞。〔案對單眞，即成通二諦。對複眞（空不空共之眞爲複眞即單中），即成「別接通」二諦。對不思議眞（即複中），即成「圓接通」二諦。〕

若隨智證，俗隨智轉。智證偏眞，即成通二諦。智證不空眞，即成別入通二諦。智證一切趣不空眞，即成圓入通二諦。

智者說明了幻有空二諦後，更就幻有空不空二諦以論三種二諦之不同，即通二諦、別接通二諦與圓接通二諦。因爲此三種二諦所見之俗諦皆指「幻有爲俗」，故智者言「俗不異前」；而所見之眞諦有不同，即所謂「一俗隨三眞」。又約空不空及一切法趣「非漏非無漏」來區別通二諦、別接通二諦與圓接通二諦之差異。

五、幻有，即空，皆名爲俗（複俗）；不有不空（單中即但中）爲眞。（別二諦）

幻有無爲俗，不有不無爲眞者，有無二，故爲俗；中道不有不無，
不二爲眞。二乘聞此眞俗，俱皆不解，故如啞如聾。《大經》云：「我
與彌勒共論世諦，五百聲聞謂説眞諦。」即此意也。

六、幻有，幻有即空，皆名爲俗（複俗）；不有不空，一切法趣不有
不空（複中）爲眞。（圓接別）

圓入別二諦者，俗與別同，眞諦則異。別人謂不空，但理而已。欲
顯此理，須緣修方便，故言一切法趣不空。圓人聞空理，即知具一
切佛法，無有缺減，故言一切法趣不空也。

以上「別二諦」與「圓入別二諦」之差異在於別二諦只見「中道不有不無，
不二爲眞」，亦即只依如來藏自性清淨心之隨緣起現以顯不有不無但中之理。
別教雖言如來藏恒沙佛法佛性，然此如來藏自性清淨心卻須待緣起修而後
顯，此即智者所謂「別人謂不空，但理而已。欲顯此理，須緣修方便，故言
一切法趣不空」。而圓教則是一聞不空之理，便悟一念無明法性心即具一切
法；一切法既是本來具足，則自是一切法趣不空。故智者說圓接別二諦即是
以此「一切法趣不空」之複中來接引別教但中之趣，令其皆入圓教。

七、幻有，幻有即空，皆爲俗；一切法趣有、趣空、趣不有不空爲
眞。（圓二諦）

圓教二諦者，直説不思議二諦也。眞即是俗，俗即是眞。如如意珠，
珠以譬眞，用以譬俗。即珠是用，即用是珠。不二而二，分眞俗耳。

所謂「眞即是俗，俗即是眞」必須在法性與無明同體依即的關係中，
亦即在「三道即三德」與「不斷斷」中方能證成，故圓教所見者爲
不思議二諦。圓教既言「一念心即具十法界三千法」，又言「一念三
千即空即假即中」，則一空一切空，無有假中而不空；一假一切假，
無有空中而不假；一中一切中，無有空假而不中。此即是一切法趣
有、趣空、趣不有不空之謂也。〔註115〕

以上透過智者之詳細分析與說明，吾人不但可以清楚瞭解七種二諦之確實涵
義，同時亦可看出智者實是藉著七種二諦間之差異及層層升進以說明諸佛開方
便門，爲示眞實相之，而此正是《妙法蓮華經》所強調之「開權顯實、發跡顯

〔註115〕《大正藏》三十三，頁702～703。

本」之精神。七種二諦既能層層升進以至於圓二諦之不思議境，則知七種二諦之分亦只是方便權施，終極只是一諦甚至無諦，唯有諸法實相爲諦。因爲《妙法蓮華經》所說的「開權顯實」之開「不是施設義，乃是順所已施設者不讓我們定死在這所已施設者之下而開發之，暢通之，決了之之謂」。〔註116〕是故，智者雖分判佛一代說法爲藏、通、別、圓四教，而《法華》圓教實是不離前三教，亦即開發決了前三教之權法即顯《法華》唯一佛乘之圓教義。故《妙法蓮華經玄義》卷第九下明四教麤妙文中有云：

> 今經聲聞受記，菩薩疑除，同開佛知見，俱入一圓因。發跡顯本，同悟實果。因圓果實，不帶方便，永異餘經，故稱爲妙也。

> 開麤者，昔緣根鈍，未堪聞讚佛乘因果，用方便因果引接近情，五味調熟，心漸通泰，決了麤因同成妙因，決諸麤果同成妙果。故低頭舉手，著法之眾，皆成佛道，更無非佛道因。佛道既成，那得猶有非佛之果？散善微因，今皆開決，悉是圓因。何況二乘行，何況菩薩行，無不皆是妙因果也。〔註117〕

由上述智者對於四教間之麤妙以及由三教之麤轉爲圓教之妙的闡釋，吾人可清楚看出《妙法蓮華經》與前三教並不屬於同一層次，因爲《妙法蓮華經》不說種種教相，而只是開權顯實，發跡顯本，亦即開發決了前三教權法之麤，令其皆入唯一眞實圓教之絕待妙。因此《法華》圓教可說是含攝了前三教並加以融通後才顯者，此亦是「不離前四味而顯醍醐味」之意也。

智者說明七種二諦後，又對七種二諦顯七種權實二智，所謂「以境妙故智亦隨妙，以法常故諸佛亦常。函蓋相稱境智，不可思議，故稱智妙」。〔註118〕智者於《妙法蓮華經玄義》卷第三下對二諦境明智妙，開爲七種權實二智時云：

> 上眞俗二諦既開七種，今權實二智亦爲七番。內外相即不相即四也，三相接合七也。
> 一、析法權實二智。（藏二智）
> 二、體法二智。（通二智）
> 三、體法含中二智。（通含別二智）

〔註116〕見《佛性與般若》下冊，第578頁，並參看同書第589～590頁。
〔註117〕《大正藏》三十三，第795頁下～769頁上。
〔註118〕《妙法蓮華經玄義》卷第二上，《大正藏》三十三，第697頁下。

四、體法顯中二智。（通含圓二智）

五、別二智。

六、別含圓二智。

七、圓二智。〔註119〕

上七番（二諦）各開隨情、隨情智、隨智，合二十一種諦。今七番二智亦各開三種，謂化他權實，自行化他權實，自行權實，合二十一權實也。

一、若析法權實二智者，照森羅分別爲權智，盡森羅分別爲實智。說此二智，逗種種緣，作種種說。隨種種欲、種種宜、種種治、種種悟，各隨堪任，當緣分別。雖復種種，悉爲析法權實所攝，故有化他二智。化他二智，隨緣之說，皆束爲權智。若內自證得，若權若實，俱是實證，束爲實智。內外相望，共爲二智，故有自行化他權實二智也。就自證權實，唯獨明了，餘人不見，更判權實，故有自行二智也。今更約三藏重分別之。此佛化二乘人，多用化他實習。二乘稟此化他之實，修成自行之實，故佛印迦葉云「我之與汝俱坐解脫床」，即此義也。若化菩薩，多用化他權智。其稟化他之權，修學得成自行之權，佛亦印言：「我亦如汝。」云云。此三種二智，若望體法二智，悉皆是權。故龍樹破云：「豈有不淨心中修菩提道？猶如毒器，不任貯食，食則殺人。」此正破析法意也。故皆是權。〔註120〕

智者說明小乘三藏所具之權實二智時，特別強調「此三種二智，若望體法二智，悉皆是權」，因爲小乘三藏只知析法空，所見既是「實有爲俗，實有滅爲眞」之二諦，則依此二諦所顯之智慧亦只是析法權實二智。

二、體法權實二智者，體森羅之色即是於空，「即是」是權智，「即空」是實智。

《大品》云：「即色是空，非色滅空。」正是此義。爲緣說二。緣別不同，說亦種種。雖復異說，悉爲化他權實所攝，故有化他二智。化他二智既是隨情，皆束爲權。內證權實既是自證，悉名爲實。以

〔註119〕《大正藏》三十三卷，第712頁上。此處引文中括弧內之註解爲牟宗三所加，參看《佛性與般若》下冊，第665～671頁。

〔註120〕《大正藏》三十三，第712頁上～中。

自之實對他之權，故有自行化他二智也。就自證得，又分權實，故有自行二智也。

此三二智望含中二智，復皆名權。何者？無中道故。云云〔註121〕

通教依體法空觀解態度看一切法，故見「幻有爲俗，即幻有空爲眞」，而依此通二諦所顯發之智慧即爲體法權實二智。體法權實二智雖已能觀照緣起法無自性，畢竟空如之諸法實相，然此只能說是偏眞或但眞，以其尙未見「空不空」之中道實相理之故。

三、體法含中權實二智者，隨情異說。雖復無量，悉是含中二智所攝，故有化他二智。化他二智本是逗機，皆名爲權。自證二智皆名爲實。於自證二智更分權實，故有自行二智。〔自行化他共，故有自行化他二智。〕〔註122〕

此三二智望顯中二智，悉皆是權。何者？帶於空眞及教道方便故。
〔註123〕

體法含權實二智所觀照者雖已由單純之體法空二諦進至如來藏恒沙佛法佛性之空不空中道實相理，然所證之空仍屬偏眞，故望顯中二智猶是權法。牟宗三對於此體法含中權實二智所以仍屬權法，曾作了如下之疏解，所謂「『帶於空眞』者，謂兼帶偏空之眞也。帶『教道方便』者，謂帶有教道方面歷別緣修以顯空不空但中之理也。凡分別說皆教道，凡教道皆方便」。〔註124〕

四、又體法顯中權實二智者，體色即空不空，一切法趣空不空。了色是權智；空不空，一切法趣空不空，是實智。

爲緣說二。緣既無量，說亦無量。無量之說悉爲顯中二智所攝，故有化他二智。化他二智既是隨緣，悉名爲權。自證二智既是證得，悉名爲實。以自望他，故有自行化他二智。就自證二智更分權實〔故有自行二智〕。〔註125〕

此三二智望別權實二智，悉皆是權。何者？帶即空及教道方便故。

〔註121〕《大正藏》三十三，第712頁中。
〔註122〕此句是牟宗三所補，原文並無，參看《佛性與般若》下冊，第667頁。
〔註123〕《大正藏》三十三，第712頁中。
〔註124〕參看《佛性與般若》下冊，第667頁。
〔註125〕此句爲牟宗三所補，參看《佛性與般若》下冊，第668頁。

〔註 126〕

所謂體法顯中權實二智，已知於體法中正顯「幻有即空不空，一切法趣空不空」之中道實相理，此所證之中道已是具足一切法而非只是畢竟空如之中道，亦即已知一念心即具十法界三千法之圓中之理。可見以上由體法權實二智而至體法含中乃至於體法顯中，雖皆由體法空而顯，然其差別之關鍵在於所證之中道實相理之內容有所差別，此即牟宗三所謂的「然曰體法而至體法含中乃至體法顯中，決不是只就體法空上加上空不空，乃至一切法趣空不空，這種泛爲增加或泛爲展轉引申。故知含中、顯中之『中』決非體法空所能決定者，必有新觀念之加入，因而有但中、圓中之別」。〔註 127〕牟宗三於此所強調之新觀念即是由「一念心即具十法界三千法即空即假即中」所顯的中道實相理，亦即必依性具思想以言一切法趣，方能顯圓中之理。

　　五、別權實二智者，體色即空不空。色、空俱是權智，不空是實智。

　　　　以此二智隨百千緣，種種分別。分別雖多，悉爲次第二智所攝，故有化他二智。化他二智悉是爲緣，皆名爲權。自證二智既是證得，悉名爲實。以自對他，故有自他二智。就自證權實，自分二智，故有自行二智。

　　　　此三二智望別含圓二智，悉復是權。何者？以次第故，帶教道教。

〔註 128〕

此別教權實二智已知依理隨緣，方便度化眾生。然因所緣理隔，故自行化他證道之智亦有次第，此即所謂「『次第』者，『色、空俱是權智，不空是實智』，權實次第說故」。〔註 129〕而別教權實二智所以是「帶教道」者，乃是其「歷別緣修以顯不空但中之理，未能直下知『一切法趣不空』也」。〔註 130〕唯有在「一切法趣不空，是趣不過」的圓修過程中，才無次第說與教道方便之權相。

　　六、別含圓權實二智者，色空不空，一切法趣不空。色空名權智，一切法趣不空爲實智。

〔註 126〕《大正藏》三十三，第 712 頁中。
〔註 127〕參看《佛性與般若》下冊，第 668 頁。
〔註 128〕《大正藏》三十三，第 712 頁下。
〔註 129〕參看《佛性與般若》下冊，第 669 頁。
〔註 130〕《佛性與般若》下冊，第 669 頁。

> 以此二智，隨百千緣，種種分別。分別雖多，悉爲別含圓二智所攝，
> 故有化他二智。化他二智既是爲，悉皆是權。自證二智既是證得，
> 悉名爲實。自他相望，共爲二智。就自證得，更分權實，故有自行
> 二智。
>
> 此三二智望圓二智，悉復是權。何者？帶次第及教道故。〔註131〕

此所謂別含圓權實二智，雖已知以圓教之「一切法趣不空」爲實智，然因權實二智仍分別說，故仍有次第說與帶教道方便之權相，故望圓二智仍屬權智。

> 七、圓權實智即是權智，權智即實智，無二無別。爲化眾生，種種
> 隨緣、隨欲、隨宜、隨治、隨悟。雖種種說，悉爲圓二智所攝，故
> 有化他二智。化他二智既是隨情，悉復是權。自證二智悉名爲實。
> 就自證中更分二智，〔故有自行二智。自他相望，故有自行化他二
> 智。〕〔註132〕故有三種不同也。
>
> 此之二智不帶析法等十八種二智方便，唯有眞權、眞實，名佛權實。
>
> 〔註133〕

圓教說一切法趣色、趣空，皆是隨種種緣方便度化眾生，故爲權智；然依圓教「一念即具十法界一切法即空即假即中」之中道實相理而言，一切法趣色趣空即是一切法趣不空，故權智即是實智，實智即是權智，無二無別。

由上述智者對於七種二諦與七種權實二智之說明，吾人可以更清晰地看出四教之間所照見之理境與所依於證悟之智慧的差別，同時亦由其層層之間權實關係，使得吾人可以更具體地把握其彼此之間可貫通接引之機，所以牟宗三在說明智者所說之七種二諦與七種權實二智時曾謂：「以上七種二諦，七種權實二智，層層上融，直融至圓實而後止。是則圓實以前皆是過渡之方便。此中層層上融本有可融之機。」〔註134〕又此中可融之機，依牟宗三之分辨，可就「觀智」、「佛性」及表達方式之不同而加以解說。即由藏教析法之「拙與麤」上通至通教體法之「巧與妙」，可由主觀觀智順理之必然而上通。而由通教上通至別教，則須加入「如來藏恒沙佛法佛性」之觀念才能通達。繼而由別教上通至圓教，

〔註131〕《大正藏》三十三，第712頁下。
〔註132〕此句爲牟宗三所補，參看《佛性與般若》下冊，第669頁。
〔註133〕《大正藏》三十三，第712頁下～713頁上。
〔註134〕參看《佛性與般若》下冊，第670頁。

則是分別說與非分別說之別，亦是「分解的展示」與「詭譎的展示」之不同。
〔註135〕既可由藏教、通教、別教層層升進以至於圓教，可見圓教實是不離前三教，亦即不離前四味而有醍醐味；而之所以能如此層層升進以至於皆入一圓實之境的關鍵則是立基於《妙法蓮華經》所倡說之「開權顯實，發跡顯本」，並依「三道即三德」與「不斷斷」之詭譎的方式才能達至。換言之，智者依「七種二諦」與「七種權實二智」之層層升進以顯天臺宗性具圓教所具之開發決了義正是開展《法華》圓教的過程中所獨具之特殊義涵。

貳、由精簡別圓以顯天臺宗性具圓教之殊義

　　吾人於緒論中曾提及就佛教內部教義之發展而言，性起與性具兩思想可說都是為了安立一切法而提出者，前者以如來藏自性清淨心為一切法之依持，依之以說明一切染淨法之生滅與流轉；而後者則主張「從無住本立一切法」，亦即以「一念無明法性心」即具十法界三千法即空即假即中，來說明一切法之存在情形。雖然這兩種思想系統對於一切法之說明皆已窮法之源，然依天臺宗之教判而言，性起思想屬於別教，而性具思想方屬圓教。有關此兩者之差異，吾人於本章第一節有關天臺宗之判教理論中已稍作說明，不過吾人於前文中所說者大致是有關天臺圓教與其它諸教間之差異以及如何由前三教層層升進、融通以至於圓教之過程，今則欲就別教圓教之義理差異再作進一步之比較，以期能更具體地說明天臺宗何以獨宗《妙法蓮華經》為究極圓教，並由之開展出所謂的性具圓教。因此，本節所要探討的問題主要是集中於：一、智者大師如何分判別圓？二、天臺宗性具思想何以發展至唐代荊溪時需要精簡別圓？荊溪又是如何精簡？三、何以說北宋四明知禮為中興天臺教觀之功臣？其又如何中興？吾人希望透過對於以上諸問題之探討，能較具體地把握天臺宗性具圓教所具之殊義。

　　依天臺智者大師「化法四教」之分判，別教指的是既與前之藏通二教有別，又不同於後之圓教，故稱為別教。高麗法師諦觀於所著之《天臺四教儀》中曾對別教作了如下之界定：

> 此教明界外獨菩薩法。教理智斷、行位因果，別前二教，別後圓教，
> 故名別也。《涅槃》云：「四諦因緣有無量相，非聲聞緣覺所知。」

〔註135〕參看《佛性與般若》下冊，第 670 頁。

> 諸大乘經廣明菩薩歷劫修行，行位次第互不相攝，此並別教之相也。
> 〔註136〕

所謂「行位次第，互不相攝」，即智者於《四教義》中約教、理、智、斷、行、位、因、果說別教之所以爲別的情形。別教既獨爲菩薩明無量四諦，不共二乘，故佛說《華嚴經》時，小乘聲聞雖在座卻如聾如啞，如此即顯別教之「隔」相，亦即諸佛所證之佛法界與其餘九界法有所隔絕。九法界法與佛法界既有所隔，則成佛須一一斷除塵沙、見思及無明等惑所分別之一切法，方能證悟佛果，故成佛必須斷惑以顯理；既有所斷，則爲「斷斷」。而此正是後來荊溪所以批評華嚴宗等性起思想爲「緣理斷九」的根據。

至於圓教依智者之界定乃是「圓以不偏爲義，此教明不思議因緣，二諦中道事理具足，不偏不別。但化最上利根之人，故名圓教也」。〔註137〕亦即是相應於《妙法蓮華經》之開權顯實與發跡顯本而說，故《法華》圓教所說之佛法是「圓妙、圓滿、圓足、圓頓」，〔註138〕也就是透過所謂「圓伏、圓信、圓斷、圓行、圓位、圓自在莊嚴、圓建立眾生」〔註139〕而成就的佛。其中所謂「圓斷」指的是「不斷而斷，無明惑斷」〔註140〕之斷，此即是「不斷斷」。圓教既不斷任一法而觀照一念三千不思議圓融三諦，因此，成佛是即於九法界法而成佛，無一法可滅亦無一法可增；而依此所成就之佛則是圓滿充實，故名之曰「圓實佛」。

又，智者於《妙法蓮華經玄義》卷第九上明「圓門入實觀」時，曾謂「上兩門〔註141〕不通中，不俟分別；別圓兩種俱通中，〔註142〕論其同異略爲十」。〔註143〕此即表示別教與圓教義理雖皆已見「空不空，一切法趣不空」之中道實相理，然因二教對於法之觀解態度不同，以至修證過程及所證得之果位亦有所差別，故智者更以十義分判別教與圓教之不同，智者云：

> 一、明融不融者，別教四門，所據決定妙有善色，不關於空；據畢

〔註136〕《大正藏》四十六，第778頁上。
〔註137〕參看智者之《四教義》，《大正藏》四十六卷，第722頁中。
〔註138〕《天臺四教儀》，《大正藏》四十六，第778頁下。
〔註139〕《天臺四教儀》，《大正藏》四十六，第778頁下。
〔註140〕《四教義》，《大正藏》四十六，第722頁中。
〔註141〕此處所謂「上兩門」即指藏、通二教而言。
〔註142〕指別圓兩教皆通「即空不空，一切法趣不空」之中道實相理。
〔註143〕《大正藏》三十三，第788頁上。

竟空，不關於有。乃至非空非有門亦如是。四門歷別，當分各通。不得意者，作定相取。……圓門虛融微妙，不可定執。說有不隔無，約有而論無；說無不隔有，說無而論有。有無不二，無決定相。假寄於有以爲言端。而此有門亦即三門。一門無量門，無量門一門。非一非四，四一一四，此即圓門相也。

復次，更約破會明融不融相。若破外道邪見，不破二乘邪曲，亦不破大乘方便。又會不圓者，如《淨名》中會凡夫反復，聲聞無也；會塵勞之儔爲如來種，無爲入正位不能反復；生死惡人、煩惱惡法，而皆被會，二乘善法、四果聖人，而不被會。又《般若》中，明二乘所行念處道嵒皆摩訶衍，貪欲無明見愛等皆摩訶衍，善惡之法悉皆被會，亦不會惡人及二乘人等，不辨其作佛。此即別門攝也。

圓破者，從別教已去皆是方便。故迦葉自破云：「自此之前，我等皆名邪見人也。」既言邪見之人，即無圓正道法，則人法俱被破也。別教人法尚爾，何況草庵人法？二乘尚爾，何況凡夫人法？是則圓破，無所固留。

圓會者，會諸凡夫著法之眾，汝等皆當作佛，我不敢輕於汝等。五逆調達亦與受記，龍畜等亦與受記，況二乘菩薩等？世間治生產業皆與實相不相違背，即會一切惡法也。汝等所行是菩薩道。析法二乘尚被會，況通況別？汝是我子，我則是父，無有人法而不被會，俱皆融妙，此即圓門攝也。……

二、即法不即法者，若說「有」爲門，此有非生死有，出生死外別論眞善妙有。空門者，出二乘眞外別論畢竟空。乃至非有非無門亦如是。是爲別四門相。

若「有」爲門，即生死之有是實相之有；一切法趣有，有即法界；出法界外，更無法可論。生死即涅槃，涅槃即生死，無二無別，舉「有」爲門端耳。實具一切法，圓通無礙，是名有門。三門亦如是。此即生死之法是圓四門相也。……

三、約佛智非佛智者，若「有」爲門，分別一切智了達空法，分別道種智照恒沙佛法，差別不同者是菩薩智，即別四門相也。若「有」爲門，分別一切種智，五眼具足，圓照法界，正遍知者，即諸佛之

智，是圓四門相也。……

四、約次第不次第者，若以「有」爲門，依門修行，漸次階差，從微至著，不能一行中即無量行，乃至非空非有門亦如是，是別四門相。若以「有」爲門，一切法趣有門，依門修行，亦一切行趣有行，一行無量行，名爲遍行，乃至非空非有門，亦如是，是圓四門相。……

五、約斷斷不斷斷者，夫至理虛無，無明體性本自不有，何須智慧？解惑既無，安用圓別？《涅槃》云：「誰有智慧？誰有煩惱？」《淨名》曰「婬怒癡性即是解脫」，又「不斷癡愛，起於明脫」。此則不論斷不斷。《大經》云：「闇時無明，明時無闇；有智慧時，則無煩惱。」此用智慧斷煩惱也。

若別有門，多就就分割截，漸次斷除五住，即是思議智斷也。乃至三門亦如是。是爲別四門相。若圓有門，解惑不二，多明「不斷斷」；五住皆不思議，即是不思議斷。乃至三門亦如是。是爲圓四門相。……

六、約實位非實位者，若有門明斷界內見思，判三十心位；斷界外見思、無明，判十地位；等覺後心斷無明盡；妙覺常果，累外無事。此乃他家之因將爲己家之果，皆方便，非實位也。後三門大同小異，皆是別四門相。

若有門從初發意，三觀一心斷界內惑，圓伏界外無明，判十信位；進發眞智，圓斷界外見思、無明，判四十心位；等覺後心無明永盡；妙覺累外，此是究竟眞實之位。乃至三門亦如是。是名圓四門相。……

七、約果縱果不縱者，若「有」爲門，從門證果，三德縱橫，言法身本有，般若修成，解脫始滿，不但果德縱成，因亦局限。如《地》人云：「初地具足檀波羅蜜，於餘非爲不修，隨力隨分。」檀滿初地，不通上地。餘法分有而不具足者，是義有餘。三門亦如是。是爲別四門相。

若「有」爲門，從門證果，三德具足，不縱不橫，亦因如是一法門具足一切法門，通至佛地。《華嚴》云：「從初一地具足諸地功德。」《大品》云：「初阿字具足四十一字功德。」三門亦如是。是爲圓四門相。……

八、約圓詮不圓詮者，若「有」爲門，門不圓融，或融一，或融二。

門前章，偏弄引；門中章，詮述不融、不即、菩薩智，乃至偏辟喻
等；門後還結不融、不即等。三門亦如是。是爲別四門相。

若「有」爲門，一門即三門；門前圓弄引，門中詮述融、即、佛智，
乃至圓譬喻等，門後結成融、即等，三門亦如是。是爲圓四門相。……

九、約問答者，若有門明義未辨圓別，須尋問答覈徵，自見圓別指
趣。三門亦如是。云云。

十、約譬喻者，諸門前後或舉金銀寶物爲譬，或舉如意、日月爲譬，
或用別合，或用圓合，圓別之相自顯。云云。

今以十意玄覽眾經，圓別兩門朗然明矣。〔註144〕

依上述智者所說之十義，吾人可以清楚地分判別教與圓教之差異。例如依別
教教義，則有所破有所不破，亦有所會有所不會，由此即顯「不融相」；而依
天臺圓教而觀，藏、通、別三教皆爲方便，故皆須開破，此即爲圓破；雖皆
破斥，卻又即此三教而會三歸一，令其皆入一圓實妙，故是圓會，如此即是
與前三教融而不隔。又，此十義中以「即不即」與「斷斷不斷斷」最能分判
別教與圓教之不同並由之以彰顯圓教之特質與殊義，吾人實可依此三義以總
攝其餘之八義；而此二義即是吾人於前文第二章第二節中所強調之「無明即
法性，法性即無明」之同體依即義，以及依此相即義必然產生之「三道即三
德」與「不斷斷」的圓教精神。智者不但以十義分判別圓，更就十義一一比
照《妙法蓮華經》之經義，以凸顯《妙法蓮華經》所開顯之圓教義，智者云：

今經十義者，觀一切法空如實相，決了聲聞法，是諸經之王，開方
便門，此是「融凡、小、大之人法」也。

一切世間治生產業皆與實相不相違背，即客作者是長者子，此是「即
法」之義也。

開示悟入佛之知見，今所應作唯佛智慧，即「佛慧」也。

著如來衣、座、室等，即「不次第行」也。

不斷五欲而淨諸根，又過五百由旬，即「不斷斷」義也。

五品六根淨，乘寶乘遊四方，即「實位」也。

〔註144〕《大正藏》三十三，第788頁上～789頁中。

佛自住大乘，定慧力莊嚴，以此度眾生，即「果不縱」也。

合掌以敬心，欲聞具足道，即今佛文前「圓詮」也。諸法實相義，
已爲汝等說，即古佛文後「圓詮」也。

智積、龍女，「問答」顯圓也。

輪王頂珠，其車高廣，皆「圓喻」也。

十意既足，圓門明矣。〔註145〕

以上吾人已說明了智者依十義以分判別圓之差異，其次則是探討何以天臺宗
發展至唐朝荊溪湛然時會特別強調精簡別圓？而知禮甚至於《十不二門指要
鈔》中明言：「此宗，若非荊溪精簡，圓義永沈也。」荊溪所處的時代，華
嚴宗之性起思想已非常盛行，故荊溪一方面要弘揚天臺一家教觀，同時亦需
對華嚴宗之思想加以簡別。演培法師在〈天臺思想的開展與批判〉一文中曾
對當時之思想情勢作了如此之敘述：「賢首及清涼，一方面將法相宗所含的
諸種緣起說，綜合統一在法界無盡緣起之下，另方面將天臺性具說，也攝於
教學體系之中，而組織成當代無比的雄大淵深的體系，迫近天臺的重要思想
理論。這麼一來，以華嚴中心原理的性起說，作爲天臺性具說的對抗原理，
乃成爲學徒間所最注目的所在！」〔註146〕荊溪既處於如此的環境之中，除
了順承智者所說之性具圓教義理以疏解智者之作品外，爲了與性起思想相抗
衡，故特別注重於別圓之精簡，因之而有《止觀義例》、《金錍鋘》，及《十
不二門》〔註147〕等重要著作問世。

　　吾人於上文中曾言及荊溪在精簡別教〔註148〕與圓教之不同時，曾批判別
教爲「緣理斷九」，所謂緣眞如理斷九法界法，主要即是立基於以上智者所說
之十義。因爲依別教之教義，十法界法，只有佛法界法是清淨眞如朗現之如

〔註145〕《大正藏》三十三，第789頁中～下。

〔註146〕參看《天臺思想論集》，第291～292頁，《現代佛教學術叢刊》五十七。

〔註147〕原爲《法華玄義釋籤》卷第十四釋「跡門十妙」後結以權實之文，後知禮特
　　　　將其妙錄別出爲單行，並爲之科判詳釋，名之曰《十不二門指要鈔》，見《大
　　　　正藏》四十六。

〔註148〕此處所謂別教實是包括阿賴耶緣起之始別教，以及如來藏緣起及唯一眞心迴
　　　　轉之眞如緣起的終別教，「始別教」與「終別教」之名出自牟宗三，可參看《佛
　　　　性與般若》下冊，第638頁。依牟宗三之見解，智者所說之別教實包含了華
　　　　嚴宗賢首法藏在《一乘教義分齊章》中所說的「小、始、終、頓、圓」五種
　　　　教判中之始與終二教，故合稱爲「始別教」與「終別教」。

理境，而其餘九法界法皆是在無明雜染中，故須將九法界之無明雜染除盡，方能顯清淨無染之佛法界。此好比「結佛界水爲九界冰，融九界冰復歸佛界水」，〔註149〕如此，則佛法界與其餘九法界法即有所隔，要證悟佛果，必須隔斷九法界無明雜染法方能成就，此即是「緣理斷九」，亦即緣眞如理以斷九法界無明。如此，則成佛必斷九法界無明法而後乃能成就；而九法界無明法既須斷除，即等於除無明即無差別法，則由斷盡無明法所證之佛果即成空無九法界法而虛懸的佛境界，故非圓實佛也。依天臺宗性具圓教之說法，此仍是別教權法，非眞圓實教，故天臺宗之知禮特別強調「十界互具如水，情執十界，局限如冰。融情執冰成互具水，斯是圓理」。〔註150〕此即表示佛法界與其餘九界是互具不隔，成佛乃是即於九法界法而成佛的，此亦即荊溪所說的「三千在理，同名無明。三千果成，咸稱常樂。三千無改，無明即明。三千並常，俱體俱用」。而別教既是「緣理斷九」，即是斷斷，亦即除佛是有所斷而成。而天臺圓教既只就一念三千當下言迷言悟，則是「低頭舉手，著法之眾，皆成佛道」，無有一法而非佛道。此乃法爾本具，故「不客觀地斷除或隔離淫怒痴等非道之惡事而主觀地即得『解心無染』也」，〔註151〕由此可知「主觀的解心無染與客觀的存在之法兩不相礙而並存」。〔註152〕故《諸法無行經》卷下有云：「貪欲是涅槃，恚痴亦如是。如此三事中，有無量佛道。若有人分別，貪欲、瞋恚、痴，是人去佛遠，譬如天與地。菩提與貪欲，是一而非二，皆入一法門，平等無有異。」〔註153〕既不須斷除任一法而言成佛，故亦可說斷無明有差別，此即是《維摩詰所說經・文殊師利問疾品》第五所言之「但除其病而不除法」。〔註154〕故天臺宗所謂的「不斷斷」乃是斷除主觀之無明虛妄分別，而不斷客觀之三千法門。因為「一切眾生皆如也，一切法亦如也，眾聖賢亦如也，至於彌勒亦如也」。〔註155〕故「『解心無染』不是獨自成一個覺解的清淨體擺在那裡，而是即於一切法之法理之如而當體即如其如而如之，此

〔註149〕見知禮《金光明經拾遺記》卷第二明「三道即三德」文，《大正藏》三十九，第 23 頁中。

〔註150〕知禮《金光明經拾遺記》卷第二明「三道即三德」文，《大正藏》三十九，第 23 頁中。

〔註151〕參看《佛性與般若》下冊，第 600 頁。

〔註152〕《佛性與般若》下冊。

〔註153〕《大正藏》十五，第 759 頁下。

〔註154〕《大正藏》十四，第 545 頁上。

〔註155〕參看《維摩詰所說經・菩薩品》第四，《大正藏》十四，第 542 頁中。

即是『不斷斷』，亦曰『解惑不二』」。〔註156〕所以天臺宗所強調之「不斷斷」乃是開決了藏、通、別前三教，且依一切法趣空趣假趣中，是趣不過的「不但中」之理而後所顯發的。

另外，荊溪於《維摩經略疏》卷第八解釋〈觀眾生品〉中所說之「五住煩惱」與「無住本」時，曾就無明與法性之關係而提出「自他」或「依他而住」之區別，並以之分判別、圓二教之不同，荊溪云：

> 問：無明依法性，即是法性爲始，何得言「無始」？
>
> 答：若無明依法性是有始者，法性非煩惱，不可指法性爲煩惱本，故言「無住則無本」。若依法性立一切法者，無明不出法性，法性即爲無明之本，此則以法性爲本。今經檢覈煩惱之本，法性非煩惱，故言「無住無本」。既無有本，不得自住，依他而住。若說自住，望法性爲他，亦得說是依他住也。說「自住」，是別教意；「依他住」即圓教意。〔註157〕

由上引文，可清楚看出荊溪分判別圓之意圖，故云「說自住是別教意；依他住即圓教意」。而關於荊溪說無住本有「自住」或「依他住」二義之別，知禮於《十不二門指要鈔》卷下「因果不二門」中曾作了詳細的疏解，知禮云：

> 問：《淨名疏》〔註158〕釋無明無住云：「說自住是別教意，依他住是圓教意。」且隨緣義，真妄和合方造諸法，正是依他，那判屬別？
>
> 答：《疏》中語簡意高，須憑《記》〔註159〕釋，方彰的旨。故釋「自住」，法性煩惱更互相望，俱立自他。結云：「故二自他並非圓義。以其惑性定能爲障，破障方乃定能顯理。」釋依他云：「更互相依，更互相即。以體同故，依而復即。」結云：「故別圓教皆云自他。由體同異，而判二教。」〔註160〕

〔註156〕參看《佛性與般若》下冊，第600頁。

〔註157〕《大正藏》三十八，第677，頁上。

〔註158〕此即指荊溪之《維摩經略疏》。

〔註159〕即指荊溪之《維摩經玄疏記》，此《記》收錄於孤山智圓之《維摩經略疏垂裕記》卷第九中，可參看《大正藏》三十八，第830頁中。

〔註160〕知禮此處只是略引，全文爲「是煩惱與法性體別，則是煩惱法性自住，俱名爲自。亦可云：離煩惱外，別有法性，法性爲他。亦可：法性爲自，離法性外，別有煩惱，煩惱爲他。故二自他並非圓義。以其惑性定能爲障，破障方乃定能顯理。依他即圓者，更互相依，以體同故，依而復即。故別圓教俱云

今釋曰：性體俱九，起修有用。用還依本，名「同體依」，此依方即。
若不爾者，非今依義。故妙樂〔註161〕云：「別教無性德九，故自他
俱須斷九。」是如「但理」隨緣作九，全無明功。既非無作，定能
爲障。故破此九，方能顯理。若全性起修，乃事即理。豈定爲障，
而定可破？若執「但理隨緣作九」爲圓義者，何故妙樂中「眞如在
迷能生九界」判爲別耶？故眞妄合，「即」義未成，猶名「自性」。
彼《疏》次文料簡開合，別教亦云「依法性住」。故須究理，不可迷
名。此宗若非荊溪精簡，圓義永沈也。〔註162〕

別教因不談性具百界，但論變造諸法，故雖亦言不變隨緣起現一切染淨法，
然皆爲有作，因全是無明之功。故知禮以無明與法性爲「體同」或「體異」
來疏解荊溪所說之「自住」與「依他住」之差異，唯有無明與法性爲同體依
即的關係，方能顯圓教即具之義理，也唯有透過此種相互依即的關係，才能
說色心、性修、因果等等皆爲不二，並由之而顯三道即三德之圓教不思議境
界。上述知禮所以依「體同」與「體異」來說明「自住」與「依他住」之差
異，主要是順著荊溪所說之「三千在理，同名無明。三千果成，咸稱常樂。
三千無改，無明即明。三千並常，俱體俱用」〔註163〕而加以疏解，而由此疏
解亦可進一步地看出知禮對於別圓二教教義之精簡，知禮云：

大乘因果皆是實相。三千皆實，相相宛然。實相在理：爲染作因，
縱具佛法，以未顯故，「同名無明」。三千離障，八倒不生，一一法
門皆成四德，故「咸稱常樂」。三千實相，皆不變性，迷悟理一。如
演若多，失頭得頭，頭未嘗異。故云「無明即明」。三千世間，一一
常住。理具三千，俱名爲體。變造三千，俱名爲用。故云「俱體俱
用」。

此四句中，初、二，明因果各具三千。三，明因果三千祇一三千，
以無改故。四，明因果三千之體俱能起用，則因中三千起於染用，

自他，由體同異，而判二教。今依各說，別自圓他。」見《大正藏》三十八，
第 830 頁中。
〔註161〕此指荊溪《法華文句記》卷第一下所說，參看《佛性與般若》下冊，第 692
頁中牟宗三之註解。
〔註162〕《大正藏》四十六，第 715 頁下～716 頁上。
〔註163〕語出荊溪解十不二門中「因果不二門」文，見《大正藏》三十三，第 919 頁上。

果上三千起於淨用。

此第四句明圓最顯。何者？夫體用之名本「相即」之義故。凡言諸法「即理」，全用即體，方可言「即」。《輔行》云：「即者，《廣雅》云：合也。若依此釋，仍似二物相合，其理猶疏。今以義求，體不二故，故名爲即。」今謂全體之用方名不二。

他宗明一理隨緣作差別法。差別是無明之相，淳一是眞如之相。隨緣時，則有差別；不隨緣時，則無差別。故知一性與無明合，方有差別。正是合義，非體不二。以除無明，無差別故。今家明三千之體隨緣起三千之用。不隨緣時，三千宛爾。故差別法與體不二。以除無明，有差別故。驗他宗明即，即義不成。以彼佛果，唯一眞如。須破九界差別，歸佛界一性故。

今家以即、離分於圓、別，不易研詳。應知不談理具，單就眞如隨緣，仍是離義。故第一記（《法華文句記》卷第一下）云：「以別教中，無性德九故，自他俱斷九也。若三千世間是性德者，九界無所破，即佛法故，『即』義方成，圓理始顯。故《金剛錍》云：『變義唯二，即具唯圓。』故知具、變雙明，方名即是。若隨闕一，皆非圓極。」荊溪云：「他家不明修性」（《法華文句記》卷第七下），若以眞如一理名性，隨緣差別爲修，則荊溪出時，甚有人說也。故知他宗極圓祇云「性起」，不云「性具」，深可思量。

又，不談性具百界，但論變造諸法，何名無作耶？世人見予立別教理有「隨緣」義，惑耳驚心，蓋由不能深究荊谿之意也。

且如《記》文（《法華文句記》卷第一下）釋阿若（《法華·序品》阿若憍陳如）文中云：「別教亦得云從無住本立一切法。無明覆理，能覆所覆，俱名無住。但即不即異，而分教殊。」既許所覆無住，眞如安不隨緣？隨緣仍未「即」者，爲非理具隨緣故也。又云：「眞如在迷，能生九界。」（同上）若不隨緣，何能生九？

又，《輔行》釋別教根塵一念爲迷解本，引《楞伽》云：「如來爲善不善因。」自釋云：「即理性如來也。」《楞伽》此句乃他宗隨緣之所據也。《輔行》爲釋此義，引《大論》云：「如大池水，象入則濁，珠入則清。當知水爲清濁本，珠象爲清濁之緣。」據此諸文，別理豈不隨

> 緣耶？故知若不談體具著，隨緣與不隨緣，皆屬別教。何者？如云黎
> 耶生一切法，或云法性生一切法。豈非別教有二義耶？〔註164〕

由知禮以上之疏解，可見出其特別強調「理具三千」與「變造三千」間之即
體即用的關係，此即是「三千並常，俱體俱用」所顯之體用不二義，亦是知
禮經常強調天臺性具圓教所說之即義必須是「當體即是」而非二物相合之所
本。而知禮即依此二者之差別以分判別教與圓教之不同，故有上文說別教乃
是「一性與無明合，方有差別。正是合義，非體不二。以除無明，無差別故」。
而天臺圓教既言一念無明法性心即具三千，則三千之體隨緣起三千之用，此
乃是即體顯用，亦是全體是用，故體用不二，此即所謂「差別法與體不二」。
而依此「全體是用」之即義所成就者則是除無明有差別，以其不斷除任何一
法之故。因此，知禮順此更強調別教雖亦談隨緣起一切法，然因其不談體具
或理具，故無明與法性不相即，「不相即」即是離義，故云「應知不談理具，
單說眞如隨緣，仍是離義」。而天臺宗性具圓教正是以無明與法性二者是即或
離來分判圓別。

　由上述荊溪與知禮之思想觀之，可見其皆稟承智者一念心即具三千之性
具圓教義理而力倡別、圓之不同。吾人於上文已概略地說明了荊溪所以精簡
別圓之時代與思想背景，繼之則是探討北宋初年時，知禮所以中興天臺教觀
之機緣與意義。天臺宗自荊溪湛然之後，歷世並無甚顯達者，直至第十五祖
螺溪義寂時，因爲吳越忠懿王之問道求法，遂使天臺宗之教觀有中興之機緣，
此可由明萬曆沙門智覺校梓高麗僧諦觀所著《天臺四教儀》之緣起得知梗概，
其文云：

> 宋修僧史，僧統贊寧通惠錄云：唐末，吳越錢忠懿王治國之暇，究
> 心内典。因閱《永嘉集》有「同除四住，此處爲齊，若伏無明，三
> 藏則劣」之句不曉，問於雪居韶國師。乃云：天臺國清寺有寂法師，
> 善弘教法，必解此語。王召法師至，詰焉。法師曰：此天臺智者大
> 師《妙玄》中文。時遭安史兵殘，近則會昌焚毀。中國教藏殘闕殆
> 盡。今惟海東高麗闡教方盛，全書在彼。王聞之，慨然即爲遺國書，
> 贄幣使高麗，求取一家章疏。高麗國君乃敕僧曰諦觀者報聘，以天

〔註164〕《大正藏》四十六，第 715 頁上～下。並參看《佛性與般若》下冊，第 845
　　　～850 頁。

臺教部還歸於我。觀既至，就稟學寂公，於螺溪終焉。大教至是重
昌矣。〔註165〕

正由於以上之機緣，故天臺教觀乃能重新經由螺溪義寂與寶雲義通（高麗僧，
爲天臺宗第十六祖）而傳至第十七祖四明知禮，並由知禮之力辯山外諸師（指
依華嚴思路以解天臺教觀之天臺宗諸師）而得以中興。因此，知禮之中興天
臺教觀實具兩層意義：「一、盛闡智者與荊溪之原義；二、辯破山外諸家之謬
誤。」〔註166〕也正因知禮有辯破山外諸師以顯山家正義之意圖，故其所著之
《四明十義書》、《十不二門指要鈔》及《四明尊者教行錄》中所收輯之〈別
理隨緣二十問〉、〈天台教與起信論融會章〉等皆可見出其精簡別圓並與山外
諸師往返論辯之思想。至於知禮如何中興天臺教觀，吾人可依宋法登〈議中
興教觀〉一文所說者見出其精神所在，文云：

> 山家教觀傳來久矣。大小部帙，典型尚在。獨稱四明法師中興者，
> 其故何哉？曰：典型雖在，而迷者異見由乎山外一家妄生穿鑿，稟
> 承既謬，見解復差，致一家教觀日就陸沈矣。古人所謂道若懸絲而
> 引石，是此之謂與？賴有四明法師而中興之，使一家教觀大概於時，
> 人到於今咸受其賜也。
>
> 嘗竊疑之，舉世皆謂四明中興天臺教觀，而不知所謂中興也。未審
> 中興之說如何定耶？請試陳之。
>
> 或謂四明事理，三千總別，生身尊特，此等莫非中興之說乎？今謂不
> 然。應知四明中興之道，非天竺慈雲法師孰能知之？彼《指要‧序》
> 〔註167〕云：「教門權實，今時同昧者，於茲判矣，別理隨緣其類也。
> 觀道所託，連代共迷者，於茲見矣，《指要》所以其立也。」大哉天
> 竺之言，斷可信矣。是即《指要鈔》中立「別理隨緣」，乃中興一家
> 圓頓之教，「立陰觀妄」顯一家境觀之道。只此二說乃中興教觀之主
> 意也。後人不知其要，委有指陳，謂能傳四明中興之道者遠矣。
>
> 疑曰：以何義故，以「別理隨緣」之說是中興教耶？以山外一派宗

〔註165〕參看《大正藏》四十六，第774頁上。
〔註166〕參看《佛性與般若》下冊，第1101頁。
〔註167〕此指天竺懺主慈雲遵式爲四明知禮之《十不二門指要鈔》所作之序，見《四
明尊者教行錄》卷第七所收輯者，《大正藏》四十六，第921頁中。

天臺者，咸謂賢首之宗大乘終教所說「隨緣」正同今家圓教隨緣之
義，擠陷本宗圓頓之談，齊彼終教。況彼更有頓圓教，則使今抗折
百家，超過諸說之談，居彼下矣。四明「從明」從而闢之，〔註168〕
以彼大乘終教隨緣正同今家別義，又格彼頓教、圓教既不談具，即
義不成，亦是今家別義，方顯今家所說圓頓談即、談具，超過諸說。
四明所謂「只一具字彌顯今宗」，中興其教不在茲乎？

所以中興觀者，亦由山外之宗不曉《止觀》觀境之旨，卻以一念而
爲眞心，不立陰境。四明斥云：「大失宗旨。」所以特立陰妄而爲所
觀，顯於妙理。故曰：「指介爾之心爲事理解行之要。」豈非中興境
觀之說乎？

得此意已，方可與論中興教觀之說。如其三諦，事理，三千總別，
有相無相，二境三觀，三身壽量，播在章記，從而可知。寄語學者，
宜宗思之。稟承教觀，須識源流，不可望風而已。〔註169〕

依法登之論述，知禮於《十不二門指要鈔》中立「別理隨緣」，亦即指出別教
眞如理有隨緣義，正是精簡別教義理並由之中興天臺性具圓教之所依；又「立
陰觀妄」，亦即強調智者《摩訶止觀》之觀不思議境乃是「即於一念無明法性
心而觀三千不思議境」，此一念心是刹那心、煩惱心，而非若山外諸師所主張
的一念眞心。知禮認爲必須即於眾生當下之陰妄心而觀，方能顯天臺宗性具
圓教之獨特觀法。因此，知禮批評山外諸師主張「一念」爲「唯眞心」，實有
違《十不二門》及《摩訶止觀》的圓教義理，知禮云：

違義者：

問：據上所引眾教，雖見相違，且如立此十門，欲通妙理，亡於名
　　相。若「一念」屬事，豈但通事？將不違作者意乎？

答：立門近要，則妙理可通。若矣指眞如，初心如何造趣？依何起
　　觀耶？今立根塵一刹那心本具三千，即空假中。稱此觀之，即
　　能成就十種妙法，豈但解知而已？如此方稱作者之意。若也偏
　　指清淨眞如，偏唯眞心，則杜初心入路，但滋名相之境。故第

〔註168〕依牟宗三之案，「從明」二字疑衍，當刪，參看《佛性與般若》下冊，第1102
　　　　頁。
〔註169〕此處引文轉引自《佛性與般若》下冊，第1101～1103頁。

－163－

一記（《法華文句》卷第一中）云：「本雖久遠，圓頓雖實，第一義雖理，望觀屬事。」他謂圓談法性便是觀心，〔註170〕爲害非少。今問：一念眞知爲已顯悟？爲現在迷？若已顯悟，不須修觀。十乘觀法將何用耶？若現在迷，全體是陰。故《金錍》云：「諸佛悟理，眾生在事。」既其在事，何名眞淨？然誰不知全體是清？其奈「濁成本有」。應知觀心，大似澄水。若水已清，何須更澄？若水未清，須澄濁水。故《輔行》釋「以識心爲妙境」云：「今文妙觀觀之，令成妙境，境方稱理。」又解「安於世諦」云：「以止觀安故，世諦方成不思議境。」故知心雖本妙，觀未成時，且名陰入。爲成妙故，用觀體之。若撥棄陰心，正當「偏指清淨眞如」之責，復招「緣理斷九」之譏。

且如今欲觀心，爲今刹那便具三千，爲須眞如體顯方具三千？若即刹那，何不便名陰心爲於妙境，而須立眞心耶？〔註171〕又大師親令觀於陰等諸境，及觀一念無明之心，何違教耶？應是宗師立名詮法未的，故自別立耶？〔註172〕

又，若謂此中〔註173〕「一念」不同《止觀》所觀陰等諸心者，此之十門因何重述？「觀法大體」，「觀行可識」，斯言謾設耶？

又，中諦一實別判屬心，與總眞心如何揀耶？心性二字不異而異。既言「不變隨緣名心」，即理之事也。「隨緣不變名性」，即事之理也。今欲於事顯理，故雙舉之。例此合云：不變隨緣名佛，隨緣不變名性。生、性亦然。應知三法（心、佛、眾生）俱事俱理，不同他解。心則約理爲通，生佛約事爲別，此乃他家解「心、佛、眾生」之義。不深本教，濫用他宗，妨害既多，

〔註170〕此處所謂「觀心」乃指山外諸師所說之觀一念靈知眞如心。

〔註171〕此乃知禮順前所設之問題而反問：若所觀之心爲刹那心，則當下一念所顯之陰入境即是所觀之不思議妙境，又何須別立眞心爲所觀境呢？

〔註172〕知禮於此處，故意以反諷之口氣設問，是否天臺大師在詮釋觀陰入境及一念無明心時，不夠的當詳實，以致於山外諸師才不遵循天臺祖師之教義，而自行別立一念眞心爲所觀？

〔註173〕即指此「十不二門」中。

旨趣安在？〔註174〕

知禮於此明言天臺宗性具圓教之觀心必即於一念陰妄心而觀，如此才能顯發智者強調「以識心爲妙境」之圓教殊義，也唯有此方能證成智者所說之「三識即三德」與「三道即三德」之圓悟與圓修。因此，知禮特別指出「故知心雖本妙，觀未成時，且名陰入。爲成妙故，用觀體之。若撥棄陰心，正當『偏指清淨眞如』之責，復招『緣理斷九』之譏」。所以吾人經由知禮之簡別與批判，不僅可以明確地瞭解山家與山外之根本差別所在，亦可更具體地明瞭智者所倡言的天臺性具圓教義理之精髓所在，以及其後繼者荊溪所以依之以精簡別圓之根據。

　　以上吾人透過智者化法四教之分判別圓以及荊溪之精簡別圓與知禮之中興天臺教觀，無非是欲凸顯天臺宗依性具思想所開展出來之圓教義理與《起信論》或華嚴宗等依如來藏自性清淨心而開展之性起思想實有很大的差別。依天臺宗性具圓教之義理而觀，則如來藏眞心之性起系統乃是「曲徑迂迴，所因處拙」，關於此，牟宗三在《圓善論》中有詳細之解說，可資吾人參考，其文云：

> 「所因處拙」者謂以唯眞心爲準的，不能即染成淨，必「緣理斷九」（緣清淨眞如理以斷九法界之無明，因而亦無九法界法，唯只一佛法身法界法）而後成佛也。「曲徑紆迴」者以通過一超越的分解以立眞心之隨緣不變統攝一切法，然後經歷劫修行，捨染取淨也。此則爲「性起」系統，非「性具系統」。「隨緣不變，不變隨緣」，眞如心隨緣起現一切法，謂之「性起」；非「一念無明法性心」當下圓具一切法，故非「性具」。隨緣隨到處可有法起現，隨不到處則無法起現，是則於一切法之存在無圓足保證也。此即等於説是無定的無限，非圓成的無限。所以如此，蓋未能眞至「色心不二」故也。在性起系統，「色心不二」是分解的綜合命題，非詭譎的相即之命題，亦可以離而二之。（色心之詭譎的相即既非分解的綜合，亦非分解的分析。）既不能眞至「色心不二」，自亦不能智識不二，亦不能有「一切法趣」之唯聲、唯色、唯香、唯味、唯觸、味識之圓。（《般若經》言「一切法趣空，是趣不過」，乃至一切法趣某某皆是趣不過。天臺宗謂「一

〔註174〕參看《十不二門指要鈔》卷上，《大正藏》四十六，第709頁中～710頁上。

切法趣」是圓教説，即圓教之標識。因此可以一切法趣識而唯識，亦可以一切法趣聲、色等，而唯聲、唯色、唯香、唯味、唯觸。）故《華嚴》圓教乃是隔離的圓教，徒顯高而不能圓，如日初出先照高山，未能照至幽谷，蓋以未歷一辯證的發展故也。（五時判教，第一時説《華嚴》，故《華嚴》圓教只就佛自身説，未經「第二時説小乘，第三時説『方等』，第四時説《般若》，最終第五時説《法華》《涅槃》」之辯證發展，故非眞正圓教，未能開權顯實、即權説實也。故在《華嚴》會上小乘如聾如啞，是則只是「中道而立，能者從之」，未能普接群機而皆圓成之也。故眞正圓教當在《法華》。）〔註175〕

透過以上牟宗三對於華嚴宗性起思想與天臺宗性具思想之詳細分辨與解釋，吾人可以清楚瞭解何以天臺宗依「一念無明法性心即具十法界一切法即空即假即中」所開顯之性具圓教方是眞正的圓頓教；同時也瞭解華嚴宗性起思想所以非爲眞正之圓教，乃是因《華嚴》圓教有三意未周，所謂「只攝大機、不開權、不發跡」，亦即未能開權顯實、即權説實，亦未能發跡顯本、從本垂跡之故。因此，吾人於本節中之所以特別著重智者、荊溪與知禮對於別、圓之分判與精簡，亦正是希望透過天臺宗性具圓教所具之殊義以充分彰顯性起與性具兩思想體系之不同，因爲唯有充分瞭解此兩種思想系統之不同，吾人方能眞正明了智者倡説「五時八教」所具之意義與重要性，同時也才能眞正體悟到天臺性具圓教所展現出來之圓滿具足與融攝無礙之精神。

〔註175〕參看《圓善論》，第272～273頁。

第四章 結 論

　　吾人透過以上之章節，已大致地探討了天臺宗性具圓教的義理根據、其開展之獨特模式以及所具之特殊義涵。因此在本章中，吾人即依前文所論述者加以整合與推論，以作爲本論文之總結。

壹、圓觀「一念三千」方顯天臺宗性具圓教義

　　吾人藉著智者大師、荊溪湛然以及四明知禮之著作，可以清楚地掌握到天臺宗之教觀，主要是依圓頓止觀之觀心法門以觀照「一念心即具十法界三千法」所成之不思議境，亦即圓觀「一念三千」方能開展出天臺宗之性具圓教思想。天臺宗強調一念心即具十法界一切法，故其由一念三千所開展出來的存有論體系，即是「心具」三千。而依天臺宗之圓頓止觀觀之，此一念心實是「一念無明法性心」，亦即於吾人一念心中，無明與法性乃是互相依即，無明無住，無明即法性；法性無住，法性即無明。無明與法性皆無住，而爲一切法作本。故從眾生主觀的心性而言，天臺宗所主張之「一念三千」的思想是「心具」，而就法性爲一切法作本而言，則是「性具」三千，亦即十法界三千法不離法性而存在，亦得言「法性是即於一切法而且具備著一切法之謂也」。〔註 1〕又法不出如，即是以空如爲一切法之性，故即於此空如法性而具備著十法界三千法，即是圓談法性所顯之性具圓教義。又依智者所說「六即」中之「理即」而言，「理即者，一念心即如來藏理。如故即空，藏故即假，理

〔註 1〕 參看《佛性與般若》下冊，第 612 頁。

故即中。三者一心中具，不可思議」。〔註2〕故知依此如來藏所顯之即空即假即中之中道實相理，實是具備著一切法，亦即依「一切法趣非空非假之中，是趣不過」而顯圓滿具足一切法之中道實相理。故天臺宗說「心具三千」或「性具三千」實亦即是「理具三千」。而天臺宗之所以能由「心具三千」而說至「性具三千」或「理具三千」，此中之關鍵在於相應《妙法蓮華經》之開權顯實與發跡顯本而圓說「一念無明法性心」即具十法界一切法，亦即相應《法華》圓教之開麤顯妙，在「三道即三德」與「不斷斷」之圓悟與圓斷中圓說一念三千。因此，吾人若能圓觀由一念三千所呈現之不思議境，則能如實了知天臺宗性具圓教之諦義。

貳、天台圓教所具之圓滿融攝義

論文的第三章，吾人藉著智者所倡說之「五時八教」說明了天臺圓教與其它諸教之關係，同時也探討天臺性具圓教所具之特殊義涵。針對所已作的工作，吾人在此想藉一個問題再作進一步的反省與探討：天臺宗之判教理論在中國佛教義理之發展上究竟具有什麼樣的分位與特殊意義？有些學者認為天臺宗立於「極違門」，而華嚴宗則立於「極順門」，故兩宗之判教理論自然不同。〔註3〕此似乎說明了兩宗所以不同的原因，但也令吾人覺得不同的判教理論似乎是各判其判、各圓其圓。然而吾人不免要追問：是否天臺宗真是相對於華嚴宗的「極順門」而立於所謂的「極違門」？若果然如此，則何以天臺宗要立於此種「極違門」而獨倡天臺宗性具圓教？若天臺宗所倡之圓教只是與其餘諸教極不相同，並排斥其它諸教為不究竟圓滿的話，那麼天臺宗自己是否即犯了權實為二，亦即違反了「即權即實，權實不二」的圓教精神。因此，依天臺性具圓教之教義而觀，吾人可以順理地說：天臺宗所以要分判各教之不同，目的不在於強調其自身與諸教之不同，而是在於令吾人瞭解各教所以不同有其原因（所謂如來設教因緣不同）。如果對藏、通、別三教各別

〔註2〕《摩訶止觀》卷第一下，《大正藏》四十六，第10頁中。

〔註3〕參看演培法師所著〈性具思想的開展與批判〉，《天臺思想論》，第291頁，《現代佛教學術叢刊》五十七。依演培法師之分析，華嚴宗與天臺宗學風之所以不同，乃在於華嚴宗重視「極相順」而天臺宗則重視「極相違」的法門所致。故華嚴宗自法藏始，即強調融攝其它諸宗之教義，如緣起因門六義、三性三無性及相即相入等思想；而天臺宗則立基於性具思想，一一分判其它教派之不同，目的則在於藉此以顯天臺圓教所獨倡之「開權顯實」方為究竟了義。

的差異沒有確實的瞭解，則亦無法眞正明瞭最後唯一佛乘的圓實教。所以智者大師分判諸教之眞正目的在於會三歸一，令一切教道權法皆能入於唯一佛乘，而成就《妙法蓮華經》所強調的究竟圓實教，而不在於立基於「極違門」而凸顯各教之差異，並由之以標顯出其自身爲最圓。如果天臺宗之目的只在於標顯自身爲最圓，而排斥其它諸教，則此圓教即非眞正的圓實教，因爲此圓教並未圓滿具足一切教法之故；同時，此圓教若與其它三教爲相對而隔別，則皆成可諍法。依天臺宗「開權顯實」之圓教義理而觀，權實若相對，則權實非相即爲一，故即未能達「廢權顯實，權實不二」之究竟圓滿境界，此實有違天臺宗性具圓教之根本精神。

因此，吾人探討智者大師所開創之天臺宗性具思想，不僅對於天臺宗之圓教義理有相應的瞭解，同時由於對天臺圓教所以開展之獨特模式的把握，使得吾人進一步明瞭佛教義理的發展，實有兩種不同的層次，即所謂第一序對各種教相之說明以及吸收；另外則是第二序上對於已說之教義的消化與批判。屬於第一序上的佛教義理乃是佛教的基本義理所在，是分解地說明佛教義理中之不同教義與體系，如小乘三藏教之說三法印、四聖諦與十二因緣等，以及大乘佛教中種種不同的緣起思想，如阿賴耶緣起與如來藏緣起等，皆屬於第一序上分別說的教相。凡分別說者皆是應機施教，方便說法，故可以有種種不同之法門相互交替；然眾生迷妄，執佛之方便權說爲定然之實法，故生種種執著與分別，亦即依佛之分別說而起諍論，故知此第一序上分別說之教義並非眞正圓滿無諍之教。而所謂第二序上的教義則是立基於第一序上並針對其之可諍處加以反省、批判，例如智者大師「化法四教」中之《法華》圓教即是立於第二序上以消化融通藏、通、別三教，其所用的方法不是分解地建構，而是即於已說的教義及體系上，透過《般若經》「般若非般若，是名爲般若」之詭譎的、無分別的方式以彰顯諸法實相，同時更依《妙法蓮華經》所獨倡之「開權顯實、發跡顯本」以開發決了一切權法，所謂「決了聲聞法，是諸經之王」。故所謂第二序上的教義並非離開第一序上之各種教義而說，亦即不離第一序上之具體教義而另外再建構一套教義系統。此即智者大師分判各種教相時，特別強調圓教不離前三教，而是即於前三教加以開發、暢通與決了，令各種權法皆能由麤轉妙，皆入一圓實妙法。因此，吾人若能藉著天臺宗性具圓教所具之圓滿融攝義而如實地掌握以上所說兩層教義之關係，則對於瞭佛教義理之發展與演變將有大的助益。

參、天臺宗性具圓教對於現實人生之積極意義與具體影響

依本論文所已作之探討觀之，藉著天臺宗性具圓教之特殊教觀，除了可以幫助吾人對於佛一代之教法能有一相應而客觀的瞭解外，而由圓教所凸顯之「三道即三德」與「不斷斷」的精神，對於吾人之現實人生亦具有相當的啓示與影響。因爲現實社會再不理想、再混亂，其終究是眾人所共同造作出來的世界（共報），因此，要想改變此現實社會，並不是另外再造一個更好的社會，而是就在當下的社會中，瞭解所有不好的因素只是人心所造作出來的。吾人若能依天臺宗性具圓教而觀，如實了知當下一念心能造惡亦能造善，而且惡的當體即是善的資成，如此自能逐漸將一切惡法化解掉，而成就一切善法。因此，這個社會仍然是一個眾人所共同造成的現實社會，所不同的是個人在面對它與造作它時之心態已經有所不同了。依天臺宗性具圓教之教義，法理上眾生本具三因（正因、緣因與了因）佛性，而此三因正是成就三德祕密藏（法身、般若與解脫）之三軌（性德、觀照與資成），故從「理即」以至於「究竟即」只是此本具之三因佛性之充分朗現，而非棄絕此岸以求彼岸。這也就是《維摩詰經》所說的「但除其病而不除法」之積極意義與具體表現，亦是天臺宗性具圓教所強調的：在「三道即三德」與「不斷斷」之下所達至之「圓伏、圓信、圓斷、圓行、圓位、圓自在莊嚴、圓建立眾生」之圓融無礙境界。而關於「三道即三德」與「不斷斷」之具體表現，吾人可以透過《諸法無行經》中有關喜根菩薩的教化之描述得到較具體的了解：

> 爾時有菩薩比丘名曰喜根，時爲法師，質直端正，不壞威儀，不捨世法。爾時眾生普皆利根，樂聞深論。其喜根法師於眾人前，不稱讚少欲、知足、細行、獨處，但教眾人諸法實相，所謂一切法性即貪欲之性，貪欲性即是諸法性，瞋恚性即是諸法性，愚痴性即是諸法性。其喜根法師以是方便教化眾生。眾生所行皆是一相，各不相是非；所行之道心無瞋癡；以無瞋癡因緣故，疾得法忍，於佛法中決定不壞。〔註4〕

由此可見喜根菩薩教化眾生乃是以無分別心說諸法實相，亦即是即於三道說三德，不斷任一法而見中道實相理。然而當時文殊師利菩薩之前身爲勝意比丘，因不明瞭喜根菩薩所說之無分別法，只是一味執著於「護持禁戒，得四

〔註4〕 參看《大正藏》十五，第 759 頁上。

禪、四無色定，行十二頭陀」。〔註5〕因其有分別心，故處處生礙，而此皆因其「以不學入音聲法門故，聞佛音聲皆喜，聞外道音聲則瞋；於梵行音聲則喜，於非梵行音聲則瞋。以不學入音聲法門故，於淨音聲則喜，於垢音聲則瞋。以不學入音聲法門故，於聖道音聲則喜，於凡夫音聲則礙。以不學入音聲法門故，於樂音聲則喜，於苦音聲則礙。以不學入音聲法門故，於出家音聲則喜，於在家音聲則礙。以不學入音聲法門故，於出世間音聲則喜，於世間音聲則礙。以不學入音聲法門故，於布施則生利想，於慳則生礙想。以不學佛法故，於持戒則生利想，於毀戒則生礙想」。〔註6〕並認為喜根菩薩「以虛妄邪見教化眾生，所謂婬非障礙，瞋恚非障礙，愚癡非障礙，一切法非障礙」。〔註7〕

因為勝意比丘之執著與分別，故喜根菩薩慈悲為其宣說如下之偈語以作為勝意比丘「修助菩提道法因緣」，偈云：

> 貪欲是涅槃，恚癡亦如是。如此三事中，有無量佛道。
> 若有人分別，貪欲瞋恚癡，是人去佛遠，譬如天與地。
> 菩提與貪欲，是一而非二，皆入一法門，平等無有異。
> ……
> 貪欲之實性，即是佛法性，佛法之實性，亦是貪欲性。
> 是二法一相，所謂是無相，若能如是知，則為世間導。
> ……
> 若人無分別，貪欲瞋恚癡，入三毒性故，則為見菩提。
> 是人近佛道，疾得無生忍。
> ……
> 若欲度眾生，勿分別其性，一切諸眾生，皆同於涅槃。
> 若能如是見，是則得成佛。
> ……
> 若人見眾生，是畢竟解脫，無有婬恚癡，知是為世將。
> ……
> 若人欲成佛，莫壞貪欲性。貪欲性即是，諸佛之功德。

〔註5〕《大正藏》十五，第759頁中。
〔註6〕《大正藏》十五，第759頁下。
〔註7〕同上。

……

若人求菩提，是人無菩提。若見菩提相，是則遠菩提。

菩提非菩提，佛以及非佛，若知是一相，是爲世間導。

若人作是念，我當度眾生，即著眾生相，是人無菩提。

……

若有人分別，是道是非道，是人終不得，無分別菩提。〔註8〕

由上述喜根菩薩所說之偈語，吾人可以看出所謂的無分別法乃是相對於有分別心而提出，是一種對治法門，而且是即於其所執著之法加以對治，如此方能但除其病而不除法。勝意比丘之執著，類似禪宗所說初學道者「見山不是山，見水不是水」的世俗觀點，並因之而認爲某某是決定須行，某某又是決定不可行。如此一來，世間法與出世間法則有所隔別，亦即須先斷除世間之有爲造作，方能證悟出世間之無爲法，此即是所謂的「斷斷」。若須斷除一切無明法而後乃能成佛，則所成就之佛亦只是虛懸、空無內容之佛，而非包融一切世間法之圓滿而充實之佛。如此之佛，對於芸芸眾生似乎只是欣羨且又遙不可及的對象。對於眾生而言，如何面對現實生活中所遭遇之種種困難皆能一一加以化解而又不需捨離現實的一切，亦即如何圓融無礙地面對一切事物，乃是最切身而重要者。故禪宗之修證工夫至最高境界仍然是「見山是山，見水是水」。而要能達至此境界，則必須依憑無分別法所蘊含之「不斷斷」精神以及如實明了「三道即三德」方能成就。由此可見，天臺性具圓教所展現之圓融無礙的精神對於吾人現實社會之轉染成淨實具有非常重要的啓發作用與參考價值。

又，由天臺性具圓教之強調「心佛與眾生，是三無差別」，所謂成佛必即於九法界法而成佛，吾人可看出天臺宗性具圓教所說的佛必須是經過圓伏、圓信、圓斷、圓行、圓位、圓自在莊嚴、圓建立眾生的圓妙、圓滿、圓足、圓實之佛。智者釋《妙法蓮華經》所說之教義何以名之爲「妙法」時，乃是依「眾生法」、「佛法」與「心法」來說明一切法，並依此三法以闡明其妙義。所謂眾生法，實指由百界千如與三種世間所形構而成的三千法，而此三千法皆即具於眾生當下之一念心中，即是所謂的「一念無明法性心即具三千法」。至於佛法，依智者之解釋，乃是「佛豈有別法，秪百界千如是佛境界，唯佛與佛究竟斯理」。〔註9〕此即明白顯示諸佛所成就者並非離於眾生界之三千法

〔註8〕《大正藏》十五，第789～760頁中。

〔註9〕《妙法蓮華經玄義》卷第二上，《大正藏》三十三，第696頁上。

外更有佛界之三千法，而是荊溪所說的「自行唯在空中，利他三千赴物。物機無量不出三千，能應雖多不出十界。……眾生由理具三千故能感，諸佛由三千理滿故能應」。〔註10〕「三千在理，同名無明。三千果成，咸稱常樂。三千無改，無明即明。三千並常，俱體俱用」。〔註11〕然而，何以即於三千眾生法即是諸佛所成就之法？此乃是因為十法界性相所成就之三千法皆為諸佛所照之境，故亦言「佛境界」。智者在說明諸佛境界時曾云：

> 以無邊佛智，照廣大佛境，到其源底，名隨自意法也。若照九法界性相，本末纖芥不遺，名隨他意法。從二法本垂十界跡，或示己身，或示他身，或說自意語，或說他意語。自意他意不可思議，己身他身微妙寂絕，皆非權非實，而能應於九界之權，一界之實，而於佛法無所損減，諸佛之法豈不妙耶？〔註12〕

依上文智者之說法，可見諸佛智慧廣大無邊，即九法界性相而觀照，除了徹見其自身之清淨佛境界外，更以種種方便法門為眾生開示諸法實相。故知佛法界非孤懸之法界，而是融攝其它九法界而成的，故諸佛所成就之法界實與眾生所面對之三千法無二無別，其差別只在於當下一念心是迷是悟，迷則三千皆妄，悟則三千皆真。若不如此瞭解佛法界與其它九界之關係，而認為唯佛法界為清淨，其它九法界法皆污染，故需破九界法方能證佛法界法，如此則會墮入所謂相宗與性宗之過失，故《天台傳佛心印記》中有云：

> 又復不了性惡即佛性異名，煩惱心、生死色皆無佛性。煩惱心無佛性，故相宗謂定性二乘，極惡闡提不成佛；生死色無佛性故，彼性宗謂牆壁瓦礫不成佛，須破九界煩惱生死修惡，顯佛界性善佛性故，但知果地融通，不了因心本具。若爾，非但無情無性，有情亦無。何者？須約真如心說唯心，則成遮那有佛性真常色，說唯色則成寂光有佛性，何關有情煩惱心、無情生死色耶？具如《金錍》中說。
>
> 〔註13〕

《妙法蓮華經》所倡說者乃是十界互融同一味，佛法界必即於九法界而成就，

〔註10〕荊溪《十不二門》解「自他不二門」文，《大正藏》四十六，第704頁上。

〔註11〕荊溪《十不二門》解「因果不二門」文，《大正藏》四十六，第703頁下。

〔註12〕《妙法蓮華經玄義》卷第二上，《大正藏》三十三，第696頁上。

〔註13〕《大正藏》四十六，第936頁上。

此即智者於《妙法蓮華經玄義》卷第一上解釋此經所以名「妙」時所說者：「今經正直捨不融，但說於融。令一坐席同一道味，乃暢如來出世本懷。故建立此經名之爲妙。」〔註14〕佛以廣大無邊之大慈大悲，隨眾生種種不同之根機而方便說法，唯一目的即在於化導一切眾生皆得成佛，與佛無二無別。因此，《妙法蓮華經》倡言一切眾生皆爲佛所授記，皆當成佛，此中即涵蘊著諸佛之大慈悲，亦肯定了一切眾生皆有成佛的可能性。故《妙法蓮華經‧觀世音菩薩普門品》第二十五中即一再強調觀世音菩薩以其廣大悲願聞聲救苦，有求必應。此種救度一切眾生不僅表示了諸佛菩薩的慈悲，亦表現了成佛必即於一切眾生（佛法界必即於其餘九法界法）而成佛，如此方能成就究竟而圓實的佛。故佛教發展至最究極了義，應是一切法皆平等平等，無有一法而非佛法，同時亦無有一眾生而非佛。

又，智者大師依性具圓教而主張「六即」的思想，亦可令吾人進一步地明了圓教意義下佛與眾生之相即不二的關係，智者於《摩訶止觀》卷第一下說明圓頓止觀之大意時曾論及「六即」，文云：

> 理即者，一念心即如來藏理。如故即空，藏教故假，理故即中。三智一心中具，不可思議，如上說。三諦一諦，非三非一。一色一香，一切法，一切心，亦復如是。是名理即是菩提心，亦是理即止觀。即寂名止，即照名觀。
>
> 名字即者，理雖即是，日用不知。以未聞三諦，全不識佛法，如牛羊眼不解方隅。或從知識、或從經卷，聞上所說一實菩提，於名字中通達解了，知一切法皆是佛法，是爲名字即菩提，亦是名字止觀。若未聞時處處馳求，既得聞已，攀覓心息名止，但信法性不信其諸名爲觀。
>
> 觀行即是者，若但聞名口說，如蟲食木，偶得成字，是蟲不知是字非字。既不通達寧是菩提？必須心觀明了，理慧相應，所行如所言，所言如所行。《華首》云：「言說多不行，我不以言說，但心行菩提。」此心口相應是觀行菩提。《釋論》四句評聞慧具足，如眼得日，照了無僻，觀行亦如是，雖未契理，觀心不息。如《首楞嚴》中射的喻，是名觀行菩提，亦名觀行止觀。恒作此想名觀，餘想息名止。
>
> 相似即是菩提者，以其逾觀逾明，逾止逾寂，如勤射鄰的名相似觀

慧。一切世間治生產業不相違背，所有思想籌量皆是先佛經中所說，
如六根清淨中說。圓伏無明名止，似中道慧名觀。

分眞即者，因相似觀力入銅輪位。初破無明見佛性，開寶藏顯眞如，
名發心住，乃至等覺，無明微薄智慧轉著。如從初日至十四日，月
光垂圓闇垂盡。若人應身得度者，即八相成道。應以九法界身得度
者，以普門示現，如經廣說，是名分眞菩提，亦名分眞止觀，分眞
智斷。

究竟即菩提者，等覺一轉入於妙覺，智光圓滿不復可增，名菩提果；
大涅槃斷更無可斷，名果果。等覺不通唯佛能通，過荼無道可說，
故名究竟菩提亦名究竟止觀。〔註15〕

由上智者說「六即」之文，可以很清楚地知道「六即」乃是依性具圓教之圓
頓止觀相應於吾人修行功夫之不同階段與境界加以一一說明。因此，明了六
即之具體內容，吾人對於修行過程與所成就之境界自然較能把握，故智者提
出以下之問答以說明如實了知「六即」之重要性：

約六即顯是者，爲初心是？後心是？

答：如論燋炷，非初不離初，非後不離後。若智信具足，聞一念即
是，信故不謗，智故不懼，初後皆是。若無信，高推聖境，非
己智分；若無智，起增上慢，謂己均佛，初後俱非。爲此事故，
須知六即。〔註16〕

可知眾生若具足智慧與誠信，則自能明了自心同於佛心，心淨國土淨。只是
「眾生唯有迷中之事理」，不若「諸佛具有悟中之事理」，是故須依「六即」
如實修行，方能由「理即」而漸入「究竟即」之境界。

依上文所述，吾人已明白指出智者大師所以說眾生法、心法與佛法爲三
法妙，主要是立基於《華嚴經》所說的「心佛與眾生，是三無差別」，而關於
此三法所以是「三無差別」與「三法妙」，吾人亦可藉牟宗三的一段話來加以
瞭解，牟宗三曾就主、客觀之相對義而說心、佛與眾生如何顯中道實相理：

此中道實相理（法性理）客觀地就心法說是法之性；主觀地就佛說，

〔註15〕《大正藏》四十六，第10頁中～下。
〔註16〕《大正藏》四十六，第10頁中。

就是在「三道即三德」下，在「不斷斷」中所證顯之理；主觀地就
眾生說，就只是一個潛伏的理，因而亦是未證顯者；眾生只有迷執
之心法，而法之性卻是未透顯者。雖未透顯，卻不可說他無「一念
心即具十法界」這一圓具之理（當圓觀眾生時），因為「並由理具，
方有事用」故；亦不可說他的一念心所即具的十法界在法性理上不
是三千宛然，即空假中，此即是說，客觀地圓說地法理自如此，眾
生的一念心即具十法界，其法理亦如此也，只不過他未證顯之而已。
是故荊溪云：「眾生但理，諸佛得事。眾生但事，諸佛證理。是則眾
生唯有迷中之事理，諸佛具有悟中之事理。」（《金剛錍》）〔註17〕

所謂「客觀地就心法說就是法之性」意指心法乃是客觀所觀之不思議境，此
三千不思議境只是由觀一念心所即具之十法界而展現者。相對於此客觀之不
思議境，則佛法與眾生法則是就主觀的迷悟而言，迷則為眾生，悟則為佛，
亦即迷則生死浮沈，三道流轉；悟則三道即三德，生死即涅槃。因此《華嚴
經》所說之「心佛與眾生，是三無差別」必須是在圓觀眾生法、心法與佛法
之下，方能充分證成。亦即須在「三道即三德」下，不斷除任一法界之性相
及所呈現之境界，方顯三者真正無差別。亦唯有如此，才能充分顯現《妙法
蓮華經・方便品》「是法住法位，世間相常住」之諦義。

又，上述「眾生但有迷中之事理，諸佛具有悟中之事理」，乃是出自荊溪
之《金剛錍》，荊溪於此文中透過問答之方式，並借客口說出正意，以彰顯天
臺性具圓教所強調的「心佛與眾生，是三無差別」之殊義。文云：

客曰：仁所立義，關諸大教，難可具陳。僕略論之，冀垂聽覺。豈
非曉最後問「三無差別」，〔註18〕即知我心彼彼眾生一一剎
那，無不與彼遮那果德身心依正，自他互融互入齊等。我及
眾生皆有此性，故名佛性。其性遍造遍變遍攝，世人不了大
教之體，唯云「無情」，不云：「有性」，是故須云「無情有性」。
了性遍已則識佛果具自他之因性。我心具諸佛之果德，果上
以佛眼佛智觀之，則唯佛無生。因中若實慧實眼冥符，亦全
生是佛無別果佛，故生外無佛。眾生以我執取之，即無佛唯

〔註17〕參看《佛性與般若》下冊，第 800 頁。
〔註18〕此即指心、佛與眾生三無差別。

生。初心能信教仰理，亦無生唯佛。亡之則無生無佛，照之則因果昭然。應知眾生但理，諸佛得事。眾生但事，諸佛證理。是則眾生唯有迷中之事理，諸佛具有悟中之事理。迷悟雖殊，事理體一。故一佛成道，法界無非此佛之依正。一佛既爾，諸佛咸然。眾生自於佛依正中，而生殊見苦藥〔註19〕昇沈，一一皆計爲己身土，淨穢宛然成壞斯在。仁所問意，豈不略爾？

余曰：善哉善哉，快領斯旨，實可總知諸問綱格。此即已答百千萬問，何獨四十六耶？〔註20〕

由以上之問答，可知就圓教即具之理而言，一切法皆平等無別，諸佛是已證理悟道之眾生，而眾生則是尚未修證之潛然佛。又諸佛與眾生皆是一念心即具十法界三千法，所差別者只是諸佛具有「悟中事理」，而眾生唯有「迷中事理」。所以是否悟道成佛之關鍵在於一念心之迷或悟，而無關三千法之穢與淨，此即知禮所謂的「圓家斷證迷悟但約染淨論之，不約善惡淨穢說也」。此亦即表示一切眾生欲修證佛果，只要能轉變主觀心念之迷情成悟智，則三千污穢法門當體即是三千清淨功德法，無有一法增減。此亦是「心淨則國土淨」之意。因之，在性具圓教之圓頓止觀下，所謂淨土並非離開現實世間別有一遙不可及的極樂世界，吾人所處的世間當下即可以是諸佛境界，而此正是「生死即涅槃」、「煩惱即菩提」等詭辭所凸顯之圓教境界。

因此，依天臺性具圓教所倡說之唯一佛乘思想，對於吾人實有其積極的意義。因其肯定一切眾生理上皆有佛性，只要在事上如理實修，亦即如實了悟「三道即三德」，並依「不斷斷」之精神實行圓頓止觀，則《阿彌陀經》中所描述的極樂境界並非神話，而是可以具體實現的。因此，依天臺性具圓教義理吾人自可作如下之推論：無有定性眾生。詳言之即：無有定性聲聞、定性緣覺與定性菩薩，當然更無一闡提斷佛種，決定不能成佛之說法。吾人可藉《四明尊者教行錄》卷第四中，四明尊者與日本國法師間之問答更具體地看出此特殊義涵，其文云：

一問：定性聲聞成佛不成。《解深密經》云：成就第一趣聲聞，一切

〔註19〕此處之「藥」疑是「樂」字之誤。
〔註20〕《大正藏》四十六，第784頁下～785頁上。

諸佛盡力教化，不能令其坐道場得無上菩提，我說名爲寂滅
聲聞。《唯識論》云：定性聲聞入無餘涅槃者，身智俱滅，猶
如虛空，非眾生數，更不發心。且經論若爾，而天臺宗若何
解釋《深密》、《唯識》之文，顯定性聲聞成佛之道理耶？

答：《深密》、《唯識》經論是顯露施權之教，聲聞趣寂，唯尚偏眞，
依理發心，但成灰斷，未知實理究竟眞常，欲趣菩提，終不可
得。及至鷲峰《法華》會上，開權顯實，正直捨方便，但說無
上道，三周授記聲聞作佛。不可更執昔日經論聲聞不得作佛也。
〔註21〕

因爲《妙法蓮華經》正直捨方便，唯說一佛乘究竟了義，所以一經圓教之開
權顯實，聲聞亦可接受授記，而得作佛，是故自不可執著有定性聲聞。

二問：闡提成佛不成佛疑。《戒經》云：若無菩薩性者，雖復發心勤
修精進，終不能得阿耨菩提。《瑜伽論》云：無種性誦持瑜伽，
以無種性故，雖則發心及修加行，不堪圓滿無上菩提。如是
經論足顯闡提無成佛義，今天臺宗於彼經論，若何融會？

答：所引《善戒》、《瑜伽》發心修證稱闡提無性者，此是藏教，發
心同前二乘，未明中實眞常之性，非是闡提人也。其闡提者，
信心未具，未能發心，謂無緣了二因，所以不云成佛。故《涅
槃》云：或有佛性闡提人有善根人無〔原註：謂闡提有惡境界
性〕；或有佛性善根人有闡提人無〔原註：謂善根人有善因緣
性故〕；或有佛性二人俱無〔原註：謂俱無緣了二性故〕。以
上無緣了二性故，說闡提無佛性義。又經云：或有佛性二人俱
有〔原註：謂有正因佛性也〕。約此正因，闡提極惡有成佛義。
是以《涅槃》終極顯性談常，不簡闡提極惡，成同正性，俱得
成佛，況二乘耶？〔註22〕

依此，可見闡提雖無緣了二因佛性，然卻有正因佛性，與佛無二無別，天臺
宗即依此正因佛性以言闡提亦可成佛。闡提既可成佛，更何況聲聞、緣覺與
菩薩？是故，必依天臺性具圓教之義理而言，諸大乘經論所謂「一切眾生悉

〔註21〕 《大正藏》四十六，第890頁上。
〔註22〕 《大正藏》四十六，第890頁上－中。

有佛性，一切眾生皆可成佛」之說法方有必然的保證。

肆、結　語

　　由上述幾方面的反省、檢討與整合，吾人不但可以較具體地了解天臺宗性具圓教之義理根據、其所以開展之獨特模式以及天臺宗性具圓教所具之特殊義涵，同時，亦從天臺宗性具圓教所具之特殊義涵中見出其對現實社會與人生之正面而積極的意義與影響。另外，吾人在此希望表明的是：本論文目前所已作的工作乃是對天臺宗性具圓教之義理系統作一概論性地闡釋，希望未來能在此基礎之上，更深入而詳細地探討天臺宗有關「性德惡」、「性德善」、「無情有性」、「十不二門」以及「別理隨緣」等問題。另外對於天臺宗有關山家、山外之論諍，知禮之後天臺宗思想之傳布與發展，以及天臺宗傳入日本之後的發展與演變等問題，希望在釐清本論文所處理的研究主題之後，能作進一步深入的了解與研究。換言之，這些問題將是吾人日後繼續研究與探討之方向。

參考書目

一、經論部分

凡根據新文豐出版公司影印之《大正新脩大藏經》版本者,皆簡稱《大正藏》。

唐、玄奘譯,《大般若波羅蜜多經》,《大正藏》八。

姚秦、鳩摩羅什譯,《摩訶般若波羅蜜經》,《大正藏》八。

姚秦、鳩摩羅什譯,《金剛般若波羅蜜經》,《大正藏》八。

姚秦、鳩摩羅什譯,《妙法蓮華經》,《大正藏》九。

西晉、竺法護譯,《正法華經》,《大正藏》八。

隋、闍那崛多共笈多譯,《添品妙法蓮華經》,《大正藏》九。

東晉、佛馱跋陀羅譯,《大方廣佛華嚴經》(六十卷),《大正藏》九。

唐、實叉難陀譯,《大方廣佛華嚴經》(八十卷),《大正藏》十。

唐、般若譯,《大方廣佛華嚴經》(四十卷),《大正藏》十。

後漢、支婁迦讖釋,《遺日摩尼寶經》,《大正藏》十二。

晉代失譯師名,《摩訶衍寶嚴經》,《大正藏》十二。

劉宋、求那跋陀羅譯,《勝鬘師子吼一乘大方便方廣經》,《大正藏》十二。

姚秦、鳩摩羅什譯,《阿彌陀經》,《大正藏》十二。

北涼、曇無讖釋,《大般涅槃經》,《大正藏》十二。

姚秦、鳩摩羅什譯,《維摩詰所經》,《大正藏》十四。

北涼、曇無讖譯,《金光明經》,《大正藏》十六。

隋、菩提燈譯,《占察善惡業報經》,《大正藏》十七。

姚秦・竺佛念譯,《菩薩瓔珞本業經》,《大正藏》二十四。

龍樹菩薩造，後秦、鳩摩羅什譯，《大智度論》，《大正藏》三十。

龍樹菩薩造，梵志青目釋，姚秦、鳩摩羅什譯，《中論》，《大正藏》三十。

無著菩薩造，陳、真諦譯，《攝大乘論》，《大正藏》三十一。

後魏、勒那摩提譯，《究竟一乘寶性論》，《大正藏》三十一。

馬鳴菩薩造，梁、真諦譯，《大乘起信論》，《大正藏》三十二。

梁、法雲撰，《法華經義記》，《大正藏》三十三。

隋、智顗說，《妙法蓮華經玄義》，《大正藏》三十三。

唐、湛然述，《法華玄義釋籤》，《大正藏》三十三。

隋、智顗說，《妙法蓮華經文句》《大正藏》三十四。

唐、湛然述，《法華文句記》，《大正藏》三十四。

新羅、元曉撰，《法華宗要》，《大正藏》三十四卷。

隋、智顗說，灌頂記，《觀音玄義》，《大正藏》三十四。

宋、知禮述，《觀音玄義記》，《大正藏》三十四。

隋、智顗說，灌頂記，《觀音義疏》，《大正藏》三十四。

宋、知禮述，《觀音義疏記》，《大正藏》三十四。

後秦、僧肇撰，《注維摩詰經》，《大正藏》三十八。

隋、智顗撰，《維摩經玄疏》，《大正藏》三十八。

隋、智顗說，唐」湛然略，《維摩經略疏》，《大正藏》三十八。

宋、智圓述，《維摩經略疏垂裕記》，《大正藏》三十八。

隋、智顗說，灌頂錄，《金光明經玄義》，《大正藏》三十九。

宋、知禮述，《金光明經玄義拾遺記》，《大正藏》三十九。

唐、法藏撰，《大乘起信論義記》，《大正藏》四十四。

唐、法藏述，《華嚴一乘教義分齊章》，《大正藏》四十五。

隋、杜順說，唐、智儼撰，《華嚴一乘十玄門》，《大正藏》四十五。

隋、智顗說，《摩訶止觀》，《大正藏》四十六。

唐、湛然述，《止觀輔行傳弘決》，《大正藏》四十六。

唐、湛然述，《止觀義例》，《大正藏》四十六。

唐、湛然述，《止觀大意》，《大正藏》四十六。

隋、智顗述，《修習止觀坐禪法要》，《大正藏》四十六。

唐、荊溪尊者述，《始終心要》，《大正藏》四十六。

梁、肅撰，《天臺止觀統例》，《大正藏》四十六。

隋、智顗說，《釋禪波羅蜜次第法門》，《大正藏》四十六。

隋、智顗述，《六妙法門》，《大正藏》四十六。

隋、智顗述，《四念處》，《大正藏》四十六。

隋、智顗述，《觀心論》，《大正藏》四十六。

隋、灌頂撰，《觀心論疏》，《大正藏》四十六。

隋、智顗說，《釋摩訶般若波羅蜜經覺意三昧》，《大正藏》四十六。

陳、慧思撰，《諸法無諍三昧法門》，《大正藏》四十六。

陳、慧思撰，《大乘止觀法門》，《大正藏》四十六。

隋、智顗撰，《法界次第初門》，《大正藏》四十六。

陳、慧思說，《法華經安樂行義》，《大正藏》四十六。

唐、湛然述，《十不二門》，《大正藏》四十六。

宋、知禮述，《十不二門指要鈔》，《大正藏》四十六。

隋、智顗撰，《四教義》，《大正藏》四十六。

隋、灌頂撰，《天台八教大意》，《大正藏》四十六。

高麗、諦觀錄，《天台四教儀》，《大正藏》四十六。

唐、湛然述，《金剛錍》，《大正藏》四十六。

陳、慧思撰，《南嶽思大禪師立誓願文》，《大正藏》四十六。

隋、灌頂撰，《國清百錄》，《大正藏》四十六。

宋、繼忠集，《法智遺編觀心二百問》，《大正藏》四十六。

宋、知禮述，《四明十義書》，《大正藏》四十六。

宋、宗曉編，《四明尊者教行錄》，《大正藏》四十六。

元、懷則述，《天台傳佛心印記》，《大正藏》四十六。

明、智旭述，《教觀綱宗》，《大正藏》四十六。

宋、志磐撰，《佛祖統紀》，《大正藏》四十九。

隋、灌頂撰，《隋天臺智者大師別傳》，《大正藏》五十。

元魏、吉迦夜共曇曜譯，《付法藏因緣傳》，《大正藏》五十。

梁、慧皎撰，《高僧傳》，《大正藏》五十。

唐、道宣撰，《續高僧傳》，《大正藏》五十。

宋、贊寧等撰，《宋高僧傳》，《大正藏》五十。

唐、惠詳撰，《弘贊法華傳》，《大正藏》五十一。

唐、士衡編，《天臺九祖傳》，《大正藏》五十一。

宋、道原纂，《景德傳燈錄》，《大正藏》五十一。

梁、僧祐撰，《弘明集》，《大正藏》五十二。

唐、道宣撰，《廣弘明集》，《大正藏》五十二。

二、今人著作

牟宗三，《佛性與般若》上、下冊，臺北：臺灣學生書局，民國 66 年。

牟宗三，《現象與物自身》，臺北：臺灣學生書局，民國 64 年。

牟宗三，《心體與性體》三冊，臺北：正中書局，民國 62 年第 2 版。

牟宗三，《中國哲學十九講》，臺北：臺灣學生書局，民國 75 年。

牟宗三，《智的直覺與中國哲》，台北商務印書館，民國 63 年 2 版。

牟宗三，《圓善論》，臺北：臺灣學生書局，民國 74 年。

唐君毅，《中國哲學原論：原性篇》，香港，新亞書院研究所，民國 57 年。

方東美，《中國大乘佛教》，臺北：黎明文化事業公司，民國 75 年。

方東美，《華嚴宗哲學》上、下冊，臺北：黎明文化事業公司，民國 70 年。

張曼濤編，《天台宗之判教與發展》，《現代佛教學術叢刊》第五十六冊，臺北：大乘文化出版社，民國 68 年。

張曼濤編，《天台思想論集》，《現代佛教學術叢刊》第五十七冊，臺北：大乘文化出版社，民國 68 年。

張曼濤編，《天台典籍研究》，《現代佛教學術叢刊》第五十八冊，臺北：大乘文化出版社，民國 68 年。

張曼濤編，《天台學概論》，《現代佛教學術叢刊》第五十五冊，臺北：大乘文化出版社，民國 68 年。

張曼濤編，《佛教邏輯與辯證法》，《現代佛教學術叢刊》第二十一冊，臺北：大乘文化出版社，民國 68 年。

張曼濤編，《佛教根本問題研究》，《現代佛教學術叢刊》第五十三、五十四冊，臺北：大乘文化出版社，民國 68 年。

張曼濤編，《佛教與中國思想及社會》，《現代佛教學術叢刊》第九十冊，臺北：大乘文化出版社，民國 68 年。

張曼濤編，《中國佛教的特質與宗派》，《現代佛教學術叢刊》第三十一冊，臺北：大乘文化出版社，民國 68 年。

張曼濤編，《佛教各宗比較研究》，《現代佛教學術叢刊》第七十冊，臺北：大乘文化出版社，民國 68 年。

釋慧岳編著，《天臺教學史》，臺北：中華佛教文獻編社，民國 68 年。

靜修法師，《教觀綱宗科釋》，妙法禪寺佛經流通處，民國 60 年。

林久稚譯，《法華思想》，臺北：文殊佛教文化中心，民國 76 年。

靜權大師述，《天台宗綱要》，臺北：佛教出版社，民國 77 年。

凝然大德，鎌田茂雄日譯，關世謙中譯，《八宗綱要》，高雄：佛光出版社，

民國 74 年。

湯次了榮，豐子愷譯，《大乘起信論新釋》，臺北：天華出版事業公司，民國
　　70 年。

田養民，楊白衣譯，《大乘起信論如來藏緣起之研究》，臺北：地平線出版社，
　　民國 67 年。

鎌田茂雄，關世謙譯，《中國佛教史》，臺北：新文出版公司，民國 71 年。

印順、妙欽合編，《中國佛教史略》，臺北：正聞學社業書，民國 55 年再版。

黃懺華，《中國佛教史》，臺北：河洛圖書出版社，民國 63 年景印初版。

黃懺華，《佛教各宗大綱》，臺北：天華出版事業公司，民國 69 年。

山口益，演培法師譯，《天台性具思想論》，臺北：慧日講堂，民國 56 年。

林傳芳，《佛學概論》，臺北：彌勒出版社，民國 68 年修訂再版。

嚴北溟，《中國佛教哲學簡史》，台北木鐸出版社，民國 76 年。

吳汝鈞，《佛學研究方法論》，臺北：臺灣學生書局，民國 72 年。

李成華編著，《大乘佛教點線面》，臺北：常春樹書坊，民國 76 年。

呂澂，《中國佛學源流略講》，臺北：里仁書局，民國 74 年。

王志遠，《宋初天台佛學窺豹》，北京：中國建設出版社，1989 年。

木鐸出版社編，《中國佛教總論（一）：佛教史略與宗派》，臺北：木鐸出版
　　社，民國 72 年。

馬定波，《中國佛教心性說之研究》，臺北：正中書局印行，民國 67 年。

黃懺華等，《魏晉南北朝佛教小史》，臺北：大乘文化出版社，民國 68 年。

蔣維喬，收入楊家駱主編，《中國佛教史》，《中國佛教史及佛教史籍》，臺北：
　　鼎文書局，民國 63 年。

陳新會，收入楊家駱主編，《中國佛教史籍概論》，《中國佛教史及佛教史籍》，
　　臺北：鼎文書局，民國 63 年。

湯錫子，《漢魏兩晉南北朝佛教史》，臺北：國史研究室，民國 62 年，台北
　　景印 1 版。

湯用彤，《隋唐佛教史稿》，臺北：木鐸出版社，民國 72 年。

李世傑，《中國佛教哲學概論》，臺北：臺灣佛教月刊社，民國 48 年。

宇井伯壽，李世傑譯，《中國佛教史》，臺北，協志工業叢書，民國 59 年。

高楠順次郎，《佛教哲學要義：印度的‧中國的‧日本的》，臺北：正文書局，
　　民國 67 年。

村上專精，《佛教唯心論概論》，釋印海譯，臺北：慧日講堂，民國 66 年。

太虛，《佛教各宗派源流》，臺北：佛教出版社，民國 66 年。

石峻等編，《中國佛教思想資料選編》，北京：中華書局新華書店北京發行

所發行，1981 年。

陳援庵，《中國佛教之歷史研究》，臺北：九思出版社，民國 66 年。

鎌田茂雄著，關世謙譯，《中國佛教史》，臺北：新文豐，民國 71 年。

顏尚文，《隋唐佛教宗派研究》，臺北：新文豐出版公司，民國 69 年。

任繼愈，《漢唐佛教思想論集》，北京：人民出版社，1973 年。

蕭登福，《漢魏六朝佛道兩教之天堂地獄說》，臺北：臺灣學生書局，民國 78 年。

張瑞良，《智者之哲學方法》，「中國哲學之方法」研討論文，國立臺灣大學哲學系主辦，民國 79 年。

張瑞良，《佛教哲學論文集：佛教眞理之探索與如來佛觀》，臺北：文鏡文化事業有限公司，民國 76 年。

陳榮灼，〈圓善與圓教〉，《當代新儒學論文集──內聖篇》，第 39～53 頁，臺北：文津出版社，民 80 年。

三、日文部分

橫超慧日，《法華經序說》，京都法藏館，1962。

安藤俊雄，《天台學：根本思想とその展開》，京都平樂寺書店，1968。

安藤俊雄，《天台學論集：止觀と淨土》，京都平樂寺書店，1975。

安藤俊雄，《天台性具思想論》，京都法藏館，1973。

多田孝正，《法華玄義》，（佛典講座 26），東京大藏出版株式會社，1985。

本田義英，《法華經論》，弘文堂書房，1944。

平川彰，《初期大乘と法華思想》，《平川彰著作集》第六卷，東京春秋社，1989。

日北宣正，《唐代天台學研究》，東京山喜房佛書林，1975。

石津照璽，《天台實相論の研究》， Tokyo：Sobunsha，1980。

玉城康四郎，《心把捉の展開──天台實相觀を中心として》，東京山善房佛書林，1961。

水野弘元編，《佛典解題事典》，東京春秋社，1977。

衛藤即應，《大乘起信論講義》，東京名著出版株式會社，1985。

境野黃洋，《法華經講義》，東京名著出版株式會社，1985。

新田雅章，《天台實相論の研究》，京都平樂寺書店，1981。

四、英文部分

Swanson, Paul L. , *Foundations of T'ien-t'ai Philosophy* :The Flowering of the Two *Truths Theory in Chineese Buddhism*, California Berkeley: Asian

Humanities Press, 1989.

Chappell, David ed. , （Compiled by Masao Ichishima） *T'ien-t'ai Buddhism: An Outline of the Fourfold Teachings*, Tokyo: Daiichi Shobo, 1983.

Ch'en, Kenneth, *Buddhism in China: A Historical Survey,* Princeton: Princeton University Press, 1964.

Donner, Neal, *"Chih-i's Meditation on Evil,"* in David W. Chappell, ed. *Buddhist and Taoist Practice in Medieval Chinese Society,* Honolulu: Universit of Hawaii Press.

Lai, Whalen *Futher Developments of the Two Truths Theory in China,* Philosophy East and West, Vol. 30, No. 2, 1980, 139～162.

Lai, Whalen, *Non-duality of the Two Truths in Sinitic Madhyamika: Origin of the "Third Truth"*, Journal of the International Association of Buddhist Studies, Vol. 2, No. 2, 1979, 45～65.

Lai, Whalen, *Sinitic understanding of the two truths theory in the Linag dynasty （502～557）: Ontologial Gnosticism in the thoughts of Prince Chao-ming,* Philosophy East and West, Vol, 28, No. 3, July 1978, 339～351.